Finanzmathematik

Lehrbuch der Zins-, Renten-, Tilgungs-, Kurs- und Renditerechnung

von

Dr. Lutz Kruschwitz

Professor für Betriebswirtschaftslehre
an der Freien Universität Berlin

4., überarbeitete und erweiterte Auflage

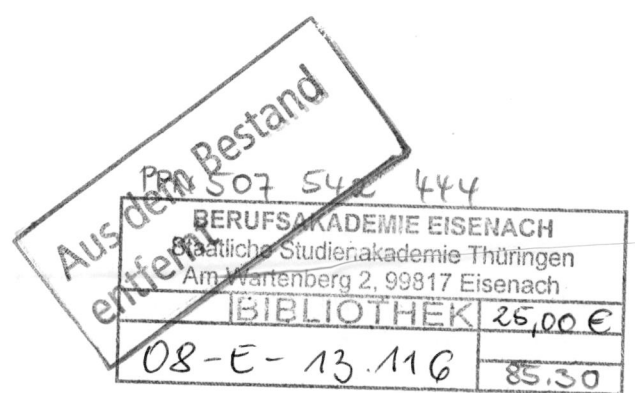
Verlag Franz Vahlen München

VERLAG
VAHLEN
MÜNCHEN
www.vahlen.de

ISBN 3 8006 3307 8

© 2006 Verlag Franz Vahlen GmbH, Wilhelmstr. 9, 80801 München
Satz: DTP-Vorlagen des Autors
Druck und Bindung: Druckhaus „Thomas Müntzer" GmbH
Neustädter Str. 1–4, 99947 Bad Langensalza
Gedruckt auf säurefreiem, alterungsbeständigem Papier
(hergestellt aus chlorfrei gebleichtem Zellstoff)

Vorwort zur vierten Auflage

Inhaltlich unterscheidet sich die Neuauflage von ihrer Vorgängerin dadurch, dass neue Abschnitte hinzugekommen sind. Bei den veränderlichen Renten, die sich arithmetisch beziehungsweise geometrisch fortentwickeln, werden jetzt auch solche betrachtet, die unterjährlich gezahlt werden.

Aufmerksame Leser haben mich freundlicherweise auf eine Reihe von Fehlern hingewiesen, die allesamt beseitigt wurden. Bei dieser Gelegenheit habe ich das Literaturverzeichnis aktualisiert und neue Aufgaben einschließlich der dazugehörigen Musterlösungen eingefügt.

Die beiden ersten Auflagen dieses Buches enthielten in BASIC geschriebene Quellcodes für alle im Buch erörterten Themen. Den Büchern lagen damals Disketten mit den entsprechenden Programmen bei. Zahlreiche Leser, die finanzmathematische Aufgaben zu lösen hatten, sich aber nicht der Mühe unterziehen wollten, das Buch im Detail zu studieren, fanden das recht nützlich. In der dritten Auflage fehlten sowohl die Disketten als auch die Quellcodes, weil BASIC-Interpreter sich inzwischen überlebt hatten. Wer heute ein finanzmathematisches Problem mit dem PC lösen will, verwendet sinnvollerweise ein Tabellenkalkulationsprogramm. Dem interessierten Leser stehen unter www.vahlen.de (und Eingabe von „Kruschwitz" in das Suchfeld) geeignete MS-Excel-Dateien zum Download zur Verfügung.

Die Dateien sind von Studierenden der Freien Universität Berlin entwickelt worden, insbesondere von Herrn *Jan Mechtel* und Frau *Daniela Lorenz*, denen ich dafür sehr dankbar bin. Bedanken will ich mich darüber hinaus bei Herrn *Jonathan Bob*, Herrn Dipl.-Kfm. *Arnd Lodowicks* und Herrn *T. Ipse* für die Unterstützung bei der Vorbereitung dieser Auflage.

Kritische Anmerkungen und Hinweise auf Verbesserungsmöglichkeiten des Textes sind nach wie vor willkommen.

Berlin, im Dezember 2005 *Lutz Kruschwitz*

Vorwort zur dritten Auflage

Finanzmathematik ist ein zeitloses Thema. Wenn sich die dritte
Auflage von ihren Vorgängerinnen trotzdem unterscheidet, so
gibt es hierfür weniger inhaltliche als technische Gründe.

Die Preisangabenverordnung (PAngV) 1985 musste auf Grund
der Richtlinie 98/7/EG des Europäischen Parlaments geändert
werden. Mit Wirkung vom 1. September 2000 ist eine neue Fassung in Kraft getreten. Deswegen ist die Berechnung von Effektivzinssätzen nach PangV 1985 jetzt obsolet. Da sie finanzmathematisch dennoch interessant ist, habe ich mich entschlossen,
die alte Berechnungstechnik nicht völlig aus dem Buch zu entfer-
nen. Selbstverständlich wird aber in der nun vorliegenden Auflage auch die Effektivzinsberechnung nach PangV 2000 diskutiert.

Die Deutsche Mark existiert als selbständige Währung seit dem
1. Januar 1999 nicht mehr. Obwohl sich an der Finanzmathematik der Sache nach nicht das geringste ändert, wenn eine Wäh-
rungsumstellung erfolgt, verwende ich jetzt in allen Beispielen
den Euro anstelle der Deutschen Mark. Selbstverständlich ist
auch das Literaturverzeichnis aktualisiert worden.

Inhaltlich gibt es zwei nennenswerte Änderungen: Erstens sind
bei den Renten mit ewiger Laufzeit nun auch veränderliche Renten berücksichtigt worden, während in den früheren Auflagen
nur gleich bleibende Renten diskutiert worden sind. Zweitens
habe ich auf Wunsch zahlreicher Leser sehr ausführliche Musterlösungen zu den Übungsaufgaben geschrieben.

Die Gelegenheit einer Neuauflage wurde benutzt, den Text mit
LATEX vollkommen neu zu erfassen. Dabei haben mich Frau *Rena-*
te Mauersberger, Herr *T. Ipse* und schließlich Herr *Dr. Christian*
Keber in dankenswerter Weise unterstützt. Die Verantwortung
für Fehler trage ich allein.

Berlin, im Dezember 2000   *Lutz Kruschwitz*

Vorwort zur zweiten Auflage

Der Text der zweiten Auflage wurde an zwei wichtigen Stellen erweitert. Erstens ist das Kapitel über die Tilgungsrechnung um unterjährliche Tilgungsformen ergänzt worden, zweitens habe ich in das Kapitel zur Kurs- und Renditerechnung eine ausführliche Darstellung der in Deutschland gebräuchlichen Methoden der Effektivzinsberechnung aufgenommen. Meine Kollegen *Herbert Büning* und *Peter-Theodor Wilrich* haben sich der Mühe unterzogen, das Manuskript kritisch durchzusehen und mich auf Fehler aufmerksam zu machen, wofür ich herzlich danke.

Für alle neu hinzugekommenen Verfahren sind wieder BASIC-Programme geschrieben worden, die die praktische Beantwortung finanzmathematischer Fragestellungen mit Hilfe des PCs auch demjenigen gestatten, der nicht genügend Zeit besitzt, sich die rechnerische Methodik im Detail anzueignen. Die Programme laufen unter IBM–BASIC, GWBASIC und QBasic.

Das Literaturverzeichnis wurde auf den aktuellen Stand gebracht. Allen Lesern, die mich auf Fehler in der ersten Auflage aufmerksam gemacht haben, danke ich sehr. Kritische Anmerkungen sind immer willkommen.

Berlin, im April 1995   *Lutz Kruschwitz*

Vorwort zur ersten Auflage

In dem vorliegenden Lehrbuch werden die klassischen Teilgebiete der Finanzmathematik systematisch dargestellt. Das erste Kapitel über Zinsrechnung ist grundlegend für das Verständnis der folgenden Kapitel über Rentenrechnung, Tilgungsrechnung und Kurs- sowie Renditerechnung. Aus diesem Grunde sollte mit deren Studium erst begonnen werden, wenn man sich in der Zinsrechnung sicher fühlt.

Finanzmathematik ist nicht ohne Formeln denkbar. Ich habe mich bemüht, den Text so abzufassen, dass die Entstehung der jeweiligen Formeln nachvollzogen werden kann. Dabei habe ich

lediglich Kenntnisse vorausgesetzt, die man von der Schulalge-
bra her im Allgemeinen mitbringt. Viele finanzmathematische
Überlegungen beruhen auf arithmetischen und geometrischen
Reihen; und sehr häufig geht es um die Nullstellenbestimmung
von Funktionen. Da Studenten, die heute auf die Fachhochschu-
len und Universitäten kommen, mit beiden Gebieten oft nicht in
ausreichendem Maße vertraut sind, habe ich das Wichtigste dazu
in zwei Anhängen dargestellt.

Wer die Finanzmathematik nicht nur oberflächlich kennen lernen, sondern gründlich studieren will, sollte die im Text enthaltenen
Beispielsaufgaben sorgfältig nachrechnen. Als Hilfsmittel stehen heute sehr leistungsfähige Taschenrechner zur Verfügung.
Es empfiehlt sich, Rechner mit mehreren Speichern zu benutzen, die über die vier Grundrechenarten hinaus mit Funktionen für das Potenzieren und Logarithmieren ausgerüstet
sind. Die Tatsache, dass man heutzutage für verhältnismäßig
wenig Geld ausgezeichnete Taschenrechner kaufen kann, hat
mich dazu veranlasst, diesem Buch nicht die sonst üblichen finanzmathematischen Tabellen (mit Aufzinsungs-, Abzinsungs-,
Rentenendwert- und Rentenbarwertfaktoren) beizufügen. Solche Tabellen sind heute ebenso überflüssig geworden wie Loga-
rithmentafeln. Während frühere Generationen aber lernen mussten, sachverständig mit den Tabellen umzugehen, müssen heuti-
ge Studenten die Fertigkeit mitbringen, mit dem Taschenrechner
zu arbeiten.

Mehr und mehr Studenten besitzen Personal–Computer oder haben Zugang zu solchen Geräten. Und so gut wie alle PC–Besitzer
verfügen über einen BASIC–Interpreter. Da sich die Lösung finanzmathematischer Probleme mit Hilfe solcher Rechner gera-
dezu aufdrängt, habe ich für alle in diesem Buch erörterten Themen BASIC-Programme geschrieben. Voraussetzung für den Einsatz der dem Buch beiliegenden Programmdiskette ist ein PC mit
dem Betriebssystem MS–DOS. Die Programme laufen unter IBM-
BASIC und unter GWBASIC, ohne dass es irgendwelcher Anpassungen bedarf. Wer die Funktionsweise der Programme nachvollziehen will, mag die Listings studieren, die am Ende eines jeden
Kapitels ausgedruckt sind.

Dozenten, die mit diesem Lehrbuch arbeiten wollen, finden außer den Beispielsaufgaben im laufenden Text eine reichhaltige

Sammlung von Übungsaufgaben mit den dazugehörigen Lösungen. Da außerdem eine umfangreiche Formelsammlung beigefügt ist, kann die Schrift nicht nur als Lehrbuch, sondern auch als Nachschlagewerk benutzt werden.

Viele Studentengenerationen haben frühere Versionen dieses Buches als Lehrmaterial in Skriptform benutzt. Sie haben durch ihre Kritik und Ermunterung dazu beigetragen, dass die vorliegende Form gefunden wurde. Frau Dipl.-Math. *Annette Röber* sowie Herrn Dipl.-Kfm. *Rolf Decker* danke ich für die Durchsicht des Textes und die Überprüfung der Zahlenbeispiele. Frau *Barbara Albers* hat sich um die Reinschrift des Manuskripts verdient gemacht. Da der Text mit Sicherheit noch an manchen Stellen verbessert werden kann, bin ich jedem Leser für kritische Anmerkungen dankbar.

Lüneburg, im März 1989   *Lutz Kruschwitz*

Inhaltsverzeichnis

1 **Zinsrechnung** 1

1.1 Grundbegriffe der Zinsrechnung 1

1.2 Die vier Fragestellungen der Zinsrechnung 4

1.3 Jährliche Verzinsung 5

    1.3.1 Einfache Zinsen 5

        1.3.1.1 Berechnung des Endkapitals 6

        1.3.1.2 Berechnung von Anfangskapital, Zinssatz und Laufzeit 8

    1.3.2 Zinseszinsen 10

        1.3.2.1 Berechnung des Endkapitals 10

        1.3.2.2 Berechnung von Anfangskapital, Zinssatz und Laufzeit 15

    1.3.3 Gemischte Zinsen 18

        1.3.3.1 Berechnung des End- und des Anfangskapitals 18

        1.3.3.2 Berechnung des Zinssatzes 21

        1.3.3.3 Berechnung der Laufzeit 26

1.4 Unterjährliche Verzinsung 29

    1.4.1 Die analoge Übertragung der Berechnungsformeln zur jährlichen Verzinsung 29

    1.4.2 Relativer, nomineller und konformer Zinssatz 33

    1.4.3 Stetige (kontinuierliche) Verzinsung 36

1.5 Vorschüssige Verzinsung (Ersatzzinssatz) 40

2 **Rentenrechnung** 43

   2.1 Grundbegriffe der Rentenrechnung 43

   2.2 Die acht Fragestellungen der Rentenrechnung 46

   2.3 Gleich bleibende Renten 48

      2.3.1 Jährliche Renten mit jährlichen Zinsen 48

         2.3.1.1 Nachschüssige Renten 48

         2.3.1.2 Vorschüssige Renten 60

      2.3.2 Jährliche Renten mit unterjährlichen Zinsen 67

         2.3.2.1 Rentenrechnung bei gegebenem Zins-
                 satz 68

         2.3.2.2 Rentenrechnung bei gesuchtem Zins-
                 satz 71

      2.3.3 Unterjährliche Renten mit jährlicher Zins-
         verrechnung 73

         2.3.3.1 Rentenrechnung bei ganzzahligen
                 Laufzeiten 74

         2.3.3.2 Rentenrechnung bei nicht-ganzzah-
                 ligen Laufzeiten 79

         2.3.3.3 Ein spezieller Anwendungsfall: Ef-
                 fektivzinsberechnung nach der 360–
                 Tage–Methode 85

      2.3.4 Unterjährliche Renten mit unterjährlicher
         Zinsverrechnung 89

         2.3.4.1 Rentenrechnung unter der Voraus-
                 setzung, dass Rentenperiode und
                 Zinsperiode identisch sind 90

         2.3.4.2 Rentenrechnung unter der Voraus-
                 setzung, dass Renten- und Zins-
                 periode nicht identisch sind 95

   2.4 Veränderliche Renten 98

      2.4.1 Sich regellos ändernde Renten 99

         2.4.1.1 Berechnung von End- und Barwerten 99

2.4.1.2 Berechnung des Zinssatzes 101

2.4.2 Sich regelmäßig ändernde Renten 104

2.4.2.1 Arithmetisch fortschreitende Renten 104

2.4.2.2 Geometrisch fortschreitende Renten 120

2.5 Ewige Renten 132

2.5.1 Ewige gleich bleibende Renten 133

2.5.2 Veränderliche Renten mit ewiger Laufzeit . . 135

3 Tilgungsrechnung 141

3.1 Grundbegriffe der Tilgungsrechnung 141

3.2 Standardformen der Schuldentilgung 142

3.2.1 Grundgleichungen der Tilgungsrechnung . . 143

3.2.2 Ratentilgung 145

3.2.3 Annuitätentilgung 148

3.3 Abweichungen von den Standardformen 154

3.3.1 Tilgungsfreie Zeiten 154

3.3.2 Tilgung mit Aufgeld 156

3.3.3 Gerundete Annuitäten 161

3.3.3.1 Prozentannuität mit Ausgleichszahlung 161

3.3.3.2 Annuitätische Tilgung von Anleihen 165

3.4 Unterjährliche Tilgung 168

3.4.1 Ratentilgung 171

3.4.1.1 Mindestens so viele Zins- wie Tilgungsperioden 171

3.4.1.2 Mehr Tilgungs- als Zinsperioden . . 173

3.4.2 Annuitätentilgung 175

3.4.2.1 Mindestens so viele Zins- wie Tilgungsperioden 175

3.4.2.2 Mehr Tilgungs- als Zinsperioden . . 177

4 Kurs- und Renditerechnung 183

  4.1 Grundbegriffe der Kurs- und Renditerechnung . . . 183

  4.2 Zinsschulden (Kuponanleihen) 187

    4.2.1 Anleihen mit Jahreskupon 187

    4.2.2 Anleihen mit Halbjahreskupon 192

  4.3 Annuitätenschulden 195

  4.4 Ratenschulden 198

  4.5 Berechnung von Effektivzinssätzen 201

    4.5.1 Methode PAngV 1985 202

    4.5.2 Methode Braeß-Fangmeyer 207

    4.5.3 Methode Moosmüller 210

    4.5.4 AIBD-Methode 213

    4.5.5 Methode PangV 2000 216

5 Aufgaben und Lösungen 219

  5.1 Aufgaben 219

    5.1.1 Zinsrechnung 219

    5.1.2 Rentenrechnung 221

    5.1.3 Tilgungsrechnung 225

    5.1.4 Kurs- und Renditerechnung 227

  5.2 Lösungen der Aufgaben 230

    5.2.1 Zinsrechnung 230

    5.2.2 Rentenrechnung 234

    5.2.3 Tilgungsrechnung 252

    5.2.4 Kurs- und Renditerechnung 262

Inhaltsverzeichnis

A Mathematischer Anhang 277

  A.1 Arithmetische und geometrische Reihen 277

    A.1.1 Arithmetische Reihen 277

    A.1.2 Geometrische Reihen 284

  A.2 Nullstellenbestimmung von Funktionen 286

    A.2.1 Intervallhalbierung 288

    A.2.2 Sekantenverfahren (Regula falsi) 290

    A.2.3 Newtons Verfahren 291

    A.2.4 Vereinfachtes Newtonverfahren 292

B Formelsammlung 295

  B.1 Zinsrechnung 295

  B.2 Rentenrechnung 296

  B.3 Tilgungsrechnung 301

  B.4 Kurs- und Renditerechnung 302

Literaturverzeichnis 307

Sachverzeichnis 311

1 Zinsrechnung

1.1 Grundbegriffe der Zinsrechnung

Um die Grundbegriffe der Zinsrechnung kennen zu lernen, denken Sie an ein alltägliches Geldgeschäft: Sie haben 1500 € geschenkt bekommen und entschließen sich, diesen Betrag jetzt nicht auszugeben, sondern für die Ferien im nächsten Jahr zu sparen. Sie gehen zur Bank, eröffnen ein Sparbuch und zahlen Ihre 1500 € ein. Einem Aushang entnehmen Sie, dass Spareinlagen zur Zeit mit 3 % p.a. verzinst werden. Ein halbes Jahr später „plündern" Sie das Sparbuch bis auf den letzten Cent und bekommen 1522,50 € ausgezahlt. Sie erhalten also Zinsen in Höhe von 22,50 €. Der wirtschaftliche Kern dieses Beispiels lässt sich auch in einer Welt wiederfinden, in der es das Zahlungsmittel Geld nicht gibt. Stellen Sie sich beispielsweise vor, dass ein Bekannter Ihnen sein Auto für drei Tage ausborgt, damit Sie einen Umzug durchführen können. Nach Ablauf der drei Tage geben Sie Ihrem Bekannten das Auto zurück und revanchieren sich bei ihm dadurch, dass Sie ihn zum Essen einladen.

Formal haben beide Vorgänge folgende Struktur: Es wird ein Vertrag zwischen zwei Partnern geschlossen, von denen wir den einen als Kapitalgeber, den anderen als Kapitalnehmer bezeichnen. Zu Beginn der Beziehung besitzt der Kapitalgeber ein Anfangskapital, dessen Nutzung er eine bestimmte Zeit lang dem Kapitalnehmer überlässt. Am Ende der Laufzeit des Vertrages erhält der Kapitalgeber vom Kapitalnehmer einen Betrag zurück, den wir Endkapital nennen. Das Endkapital ist größer als das Anfangskapital. Die Differenz wird gezahlt, um den Kapitalgeber für den vorübergehenden Konsumverzicht zu entschädigen. Sie wird als Zins bezeichnet. Anfangskapital, Laufzeit, Endkapital und Zins sind die vier Grundbegriffe der Zinsrechnung.

Damit wir Rechenvorschriften (Formeln) schreiben können, die
besagen, wie die vier Kategorien Anfangskapital, Laufzeit, Endkapital und Zins miteinander in Beziehung stehen, ist es zweckmäßig, Symbole zu vereinbaren, die diese Begriffe repräsentieren. Dabei folgen wir den in der Literatur üblichen Konventionen,
wenn wir folgende Vereinbarungen treffen:

i := Zinssatz,
K_0 := Anfangskapital,
K_n := Endkapital,
n := Laufzeit.

Um sich mit den Begriffen eindeutig verständigen zu können,
braucht man klare Messvorschriften.

Das Anfangskapital wird ebenso wie das Endkapital in Währungseinheiten gemessen, also beispielsweise in Schweizer Fran-
ken, US-Dollar oder Euro.

Als Maßeinheit für die Laufzeit verwenden wir grundsätzlich
das Jahr, mitunter aber auch kürzere Zeitintervalle wie Halbjahre (Semester), Quartale, Monate und Tage. Der Standardfall
für die Laufzeitmessung ist das Jahr. Gewisse Probleme entstehen durch die Tatsache, dass Kalenderjahre nicht immer gleich
lang sind (Schaltjahr) und dass auch Monate, Quartale und Halbjahre keine eindeutige Länge besitzen, wenn man sie in Tagen
misst. Um diese Schwierigkeiten unseres Kalenders zu vermeiden, arbeitet man im Bankwesen und in der Finanzmathematik
mit standardisierten Zeitintervallen, und zwar

1 Monat   = 30 Tage
1 Quartal = 90 Tage
1 Halbjahr = 180 Tage
1 Jahr   = 360 Tage.

Was die Messung der Zinsen betrifft, so wollen wir zwischen
Zinsbetrag und Zinssatz unterscheiden. Der Zinsbetrag ist nichts
anderes als die Differenz zwischen End- und Anfangskapital. Er
muss daher in Währungseinheiten gemessen werden. Im Spar-
buchbeispiel belief er sich auf 22,50 €. Der Zinssatz betrug im
Beispiel 3 % p.a., wurde also als Prozentsatz gemessen. Das bedeutet, dass Sie bei einem Anfangskapital von 100 € nach Ablauf

eines Jahres Anspruch auf einen Zinsbetrag von 3 € besitzen. Hieran erkennt man, dass der Zinssatz in zweierlei Hinsicht normiert sein muss, und zwar erstens in Hinsicht auf die Laufzeit (in unserem Beispiel: ein Jahr) und zweitens auf einen bestimmten Währungsbetrag (im Beispiel: das Anfangskapital).

In der Regel sind Zinssätze auf eine Frist von einem Jahr bezogen. Man spricht in diesem Fall von jährlichen Zinssätzen. Oder man sagt, dass der Zinssatz $x\%$ *pro anno* oder *per annum* (abgekürzt: p.a.) beträgt. Mitunter wird der Zinssatz auch auf kürzere Laufzeiten gerechnet, z.B. auf ein Quartal. In diesem Fall ist von unterjährlichen Zinssätzen die Rede, und man gibt an, dass der Zinssatz bei $x\%$ *pro rata temporis* (abgekürzt: p.r.t.) liegt.

Als Bezugsgröße des Zinssatzes verwendet man das dem Geschäft zugrunde liegende Kapital. Dabei sind zwei Möglichkeiten denkbar. Entweder benutzt man das zu Beginn der Periode vorhandene Kapital, oder man nimmt das Kapital am Ende der Zinsperiode. Im ersten Fall spricht man von *nachschüssigen* oder auch dekursiven Zinsen, im zweiten von *vorschüssigen* oder rekursiven Zinsen. In der Praxis rechnet man fast ausnahmslos mit nachschüssigen Zinsen.

Ein nachschüssiger Jahreszinssatz ist definiert als Zinsbetrag eines Jahres dividiert durch das Kapital zu Beginn des Jahres,

$$i_{\text{nach}} = \frac{K_1 - K_0}{K_0}.$$

Beträgt etwa das Kapital am Anfang des Jahres 90 und am Ende des Jahres 99, so beläuft sich der nachschüssige Zinssatz auf $i = \frac{99-90}{90} = 10\%$. Demgegenüber definiert man den vorschüssigen Jahreszinssatz als Jahreszinsbetrag dividiert durch das Kapital am Ende des Jahres,

$$i_{\text{vor}} = \frac{K_1 - K_0}{K_1}.$$

So ergibt sich bei einem Kapital von 90 am Anfang des Jahres und einem Betrag von 100 am Ende des Jahres ein vorschüssiger Zinssatz von $i = \frac{100-90}{100} = 10\%$.

Tabelle 1.1 gibt eine Übersicht über die möglichen Alternativen der Normierung von Zinssätzen.

Tabelle 1.1: Einteilung der Zinssätze

Länge der Zinsperiode	1. jährlicher Zinssatz (Zinsperiode ist das Jahr) 2. unterjährlicher Zinssatz (Zinsperiode ist der Bruchteil eines Jahres, z.B. ein Quartal)
rechnerische Bezugsgröße	1. nachschüssige Verzinsung (Bezugsgröße ist das Kapital zu Beginn der Zinsperiode) 2. vorschüssige Verzinsung (Bezugsgröße ist das Kapital am Ende der Zinsperiode)
Standardfall	jährlicher nachschüssiger Zinssatz

1.2 Die vier Fragestellungen der Zinsrechnung

Wenn jemand zu Beginn einer Geschäftsbeziehung einem Kapitalnehmer den Betrag K_0 zur Verfügung stellt und mit dem Vertragspartner den Zinssatz i verabredet, so interessiert ihn, wie hoch das Endkapital K_n nach einer Laufzeit von n Jahren ist. Dies ist die erste mögliche Fragestellung der Zinsrechnung.

gegeben:	Anfangskapital	K_0
	Zinssatz	i
	Laufzeit	n
gesucht:	Endkapital	K_n

Will ein Kapitalgeber nach n Jahren bei einem Zinssatz von i ein bestimmtes Endkapital von K_n erhalten, so wird ihm das nur gelingen, falls er dem Kapitalnehmer heute ein genügend hohes Anfangskapital K_0 überlässt. Die Suche nach dessen Höhe ergibt die zweite mögliche Fragestellung der Zinsrechnung.

gegeben:	Endkapital	K_n
	Zinssatz	i
	Laufzeit	n
gesucht:	Anfangskapital	K_0

Besitzt der Kapitalgeber heute Vermögen in Höhe von K_0 und will er nach n Jahren K_n besitzen, so muss er sein Kapital zu einem bestimmten Zinssatz anlegen. Dies ergibt die dritte mögliche Fragestellung der Zinsrechnung.

gegeben:	Anfangskapital	K_0
	Endkapital	K_n
	Laufzeit	n
gesucht:	Zinssatz	i

Schließlich kann es sein, dass jemand heute ein Anfangskapital K_0 besitzt, ihm ein bestimmter Zinssatz i geboten wird und er das Bedürfnis hat, ein Endkapital in Höhe von K_n zu besitzen. Dann interessiert ihn, wie lange er warten muss, um das gesteckte Ziel zu erreichen. Das ist die vierte und letzte Fragestellung der Zinsrechnung.

gegeben:	Anfangskapital	K_0
	Endkapital	K_n
	Zinssatz	i
gesucht:	Laufzeit	n

1.3 Jährliche Verzinsung

Im Folgenden betrachten wir zunächst ausschließlich den Standardfall eines jährlichen nachschüssigen Zinssatzes. Wir gehen also grundsätzlich davon aus, dass der Zinssatz sich auf das Kapital zu Beginn der Zinsperiode bezieht und dass die Zinsperiode sich genau auf ein Jahr beläuft. Der nachschüssige jährliche Zinssatz ist definiert als das Verhältnis des jährlichen Zinsbetrages zum Kapital am Beginn der Zinsperiode, d.h.

$$i = \frac{K_1 - K_0}{K_0}. \tag{1.1}$$

1.3.1 Einfache Zinsen

Das Modell der einfachen Zinsrechnung beruht auf dem Grundsatz, dass Zinsansprüche, die während der Laufzeit des Kapitalüberlassungsvertrages entstehen, dem zinstragenden Kapital niemals zugeschlagen werden.

1.3.1.1 Berechnung des Endkapitals

Wenn i der jährliche Zinssatz ist und K_0 das Anfangskapital darstellt, so hat der Kapitalgeber nach Ablauf eines Jahres Anspruch
auf Zinsen in Höhe von iK_0. Wäre die Laufzeit des Vertrages genau in diesem Zeitpunkt beendet, so beliefe sich das Endkapital
auf die Summe aus Anfangskapital und Zinsen,

$$K_1 = K_0 + iK_0.$$

Ist die Laufzeit aber noch nicht beendet, sondern wird sie um ein
weiteres Jahr verlängert, so erwirbt der Kapitalgeber zusätzliche
Zinsansprüche. Diese sind ebenso groß wie die Zinsansprüche
am Ende des ersten Jahres der Laufzeit, denn das zinstragende
Kapital ist nach wie vor K_0, weil die Zinsen des ersten Jahres
bei einfacher Verzinsung nicht zugeschlagen werden. Insgesamt
besitzt der Kapitalgeber nach zwei Jahren daher

$$\begin{aligned} K_2 &= K_0 + iK_0 + iK_0 \\ &= K_0 + 2\,iK_0. \end{aligned}$$

Die Entwicklung des Kapitals in den folgenden Jahren vollzieht
sich nach gleich bleibendem Muster, so dass

$$\begin{aligned} K_1 &= K_0 + iK_0 \\ K_2 &= K_0 + 2\,iK_0 \\ K_3 &= K_0 + 3\,iK_0 \\ &\;\;\vdots \\ K_n &= K_0 + niK_0 \end{aligned}$$

oder nach einfacher Umformung

$$\boxed{K_n = K_0\,(1 + ni)} \tag{1.2}$$

entsteht.

Bisher haben wir uns mit Laufzeiten beschäftigt, die ganze Vielfache von Jahren waren. Gleichung (1.2) wird bei einfacher Zinsrechnung jedoch generell benutzt, also auch dann, wenn wir es
nicht mit Laufzeiten von glatten Jahren zu tun haben.

Nun erhebt sich die Frage nach der Höhe des Zinsbetrages für ein Zeitintervall, das kleiner als ein ganzes Jahr ist. Um diesen anteiligen Zinsbetrag zu berechnen, zerlegen wir die Laufzeit in zwei Komponenten, nämlich den ganzzahligen Anteil n_1 und die restliche Laufzeit n_2, also

$$n_1 = \text{int}(n)$$
$$n_2 = n - n_1.$$

int($\cdot$) repräsentiert hier die vom Taschenrechner her geläufige Integer– oder Ganzzahligkeitsfunktion. Man kann auch sagen: n_1 ist die größte ganze Zahl, für die $n_1 \leq n$ gilt. Aus der Konstruktion von n_1 und n_2 folgt, dass n_2 auf das Intervall von 0 bis 1 beschränkt ist, $n_2 \in [0, 1)$.

Bezeichnen wir mit x den Zinsbetrag für das Zeitintervall mit der Länge n_2, so muss nach dem bisher Gesagten

$$x = K_{n_1+n_2} - K_{n_1}$$

gelten. Das ist unter Verwendung von Gleichung (1.2)

$$x = K_0 (1 + (n_1 + n_2)i) - K_0 (1 + n_1 i),$$

was sich zu

$$x = n_2 i K_0 \tag{1.3}$$

vereinfachen lässt. Mit anderen Worten: der zeitanteilige Zinsbetrag ergibt sich, indem man den jährlichen Zinsbetrag (iK_0) proportional auf das Zeitintervall verrechnet. Beläuft sich n_2 etwa auf ein halbes Jahr, so erhält der Kapitalgeber nach Ablauf des halben Jahres den halben jährlichen Zinsbetrag. An diesem Resultat scheint nicht Überraschendes zu sein. Es ist quasi „natürlich".

Stellt man die Entwicklung des Endkapitals in Abhängigkeit von der Laufzeit bei einfacher Verzinsung grafisch dar, so erhält man Abbildung 1.1. Das Endkapital ist eine lineare Funktion der Laufzeit.

Beispiel 1 *Agnes legt 400 € zu einem Zinssatz von 4 % p.a. mit einfachen Zinsen an. Wie hoch ist ihr Endkapital nach*

(a) nach 3 Jahren,
(b) nach 3 Jahren und 3 Monaten?

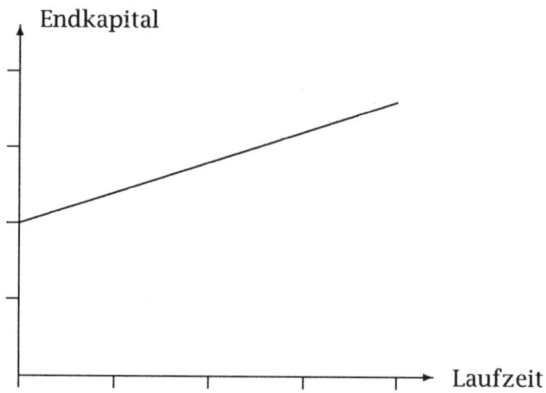

Abbildung 1.1: Endkapital in Abhängigkeit von der Laufzeit bei einfacher Verzinsung

(a) $K_3 = 400 \cdot (1 + 3 \cdot 0,04) = 448$
(b) $K_{3,25} = 400 \cdot (1 + 3,25 \cdot 0,04) = 452$

1.3.1.2 Berechnung von Anfangskapital, Zinssatz und Laufzeit

Anfangskapital. Gleichung (1.2) bildet die Grundlage für die Beantwortung aller anderen möglichen Fragestellungen der Zinsrechnung. Löst man (1.2) etwa nach K_0 auf, so ergibt sich

$$K_0 = \frac{K_n}{1 + ni}. \tag{1.4}$$

Damit lässt sich die Frage beantworten, wie hoch das Anfangskapital sein muss, das man dem Kapitalnehmer über eine Laufzeit von n Jahren zur Verfügung stellen muss, wenn man dann ein Endkapital in Höhe von K_n haben will und i als Zinssatz vereinbart wird.

Beispiel 2 *Bernd will in 8 Jahren und 6 Monaten ein Kapital von 10000€ haben. Ein Bekannter bietet ihm 5,3% p.a. Zins mit einfachen Zinsen. Wie viel muss Bernd seinem Bekannten heute an Kapital überlassen?*

$$K_0 = \frac{10000}{1 + 8,5 \cdot 0,053} = 6894,17$$

Zinssatz. Auflösen der Gleichung (1.2) nach dem Zinssatz führt auf

$$i = \frac{1}{n}\left(\frac{K_n}{K_0} - 1\right). \tag{1.5}$$

Hiermit kann man die Frage nach dem Zinssatz beantworten, der einem Kapitalgeber versprochen werden muss, damit ein bestimmtes Anfangskapital innerhalb einer bestimmten Zeit auf ein vorgegebenes Endkapital wächst.

Beispiel 3 *Christa besitzt 777 € und möchte in 5 Jahren 1000 € haben. Welchen Zinssatz p.a. muss sie bei einfacher Verzinsung verlangen?*

$$i = \frac{1}{5} \cdot \left(\frac{1000}{777} - 1\right) = 0,0574$$

Laufzeit. Schließlich erhält man durch Auflösen der Gleichung (1.2) nach der Laufzeit

$$n = \frac{1}{i}\left(\frac{K_n}{K_0} - 1\right). \tag{1.6}$$

Mit dieser Formel lässt sich dann auch die vierte Fragestellung der Zinsrechnung beantworten, bei der es darum geht, die Laufzeit zu bestimmen, wenn Anfangskapital, Endkapital und Zinssatz gegeben sind.

Beispiel 4 *Dieter möchte wissen, wie lange er ein Kapital von 4000 € zu einfachen Zinsen bei einem Zinssatz von 4 % p.a. ausleihen muss, damit es auf 5000 € anwächst.*

$$n = \frac{1}{0,04} \cdot \left(\frac{5000}{4000} - 1\right) = 6,25.$$

1.3.2 Zinseszinsen

Für das Modell der Zinseszinsrechnung ist der Grundsatz charakteristisch, dass Zinsansprüche, die während der Laufzeit des Engagements entstehen, jeweils am Ende des Jahres dem zinstragenden Kapital zugeschlagen werden. In der zweiten Zinsperiode werden daher die Zinsen der ersten Zinsperiode mitverzinst; in der dritten Zinsperiode werden die Zinsen der ersten und der zweiten Periode mitverzinst und so fort.

1.3.2.1 Berechnung des Endkapitals

Während des ersten Jahres der Laufzeit erwirbt der Kapitalgeber Zinsansprüche in Höhe von iK_0. Daher beläuft sich sein Kapital am Ende des ersten Jahres ebenso wie bei einfachen Zinsen auf

$$
\begin{aligned}
K_1 &= K_0 + iK_0 \\
&= K_0\,(1 + i).
\end{aligned}
$$

Im zweiten Jahr entstehen Zinsansprüche in Höhe von iK_1, so dass man am Ende des zweiten Jahres über ein Kapital von

$$
\begin{aligned}
K_2 &= K_1 + iK_1 \\
&= K_1\,(1 + i) \\
&= K_0\,(1 + i)\,(1 + i) \\
&= K_0\,(1 + i)^2
\end{aligned}
$$

verfügt. Das setzt sich in entsprechender Weise fort, so dass wir es im Zeitablauf mit folgender Kapitalentwicklung zu tun haben,

$$
\begin{aligned}
K_1 &= K_0\,(1 + i) \\
K_2 &= K_0\,(1 + i)^2 \\
K_3 &= K_0\,(1 + i)^3 \\
&\;\;\vdots \\
K_n &= K_0\,(1 + i)^n.
\end{aligned}
$$

Um Schreibarbeit zu sparen, führt man den Zinsfaktor

$$
q = 1 + i
$$

ein und kann die Gleichung zur Berechnung des Endkapitals bei
Zinseszins in der Form

$$K_n = K_0 q^n$$ (1.7)

darstellen. q^n wird als Aufzinsungsfaktor bezeichnet. Gleichung
(1.7) stellt die allgemeine Zinseszinsformel dar.

Beispiel 5 *Erich legt ein Kapital von 15000 € für fünf Jahre zu
5 % p.a. an. Wie hoch ist sein Endkapital*

(a) bei einfacher Verzinsung,
(b) bei Zinseszins?

(a) $K_5 = 15000 \cdot (1 + 5 \cdot 0,05) = 18750$
(b) $K_5 = 15000 \cdot (1 + 0,05)^5 = 19144,22$

In früheren Jahren, als es die heutigen Taschenrechner sowie
Personalcomputer noch nicht gab, fand man in den Lehrbüchern
der Finanzmathematik regelmäßig Tabellen, in denen die Aufzinsungsfaktoren für übliche Zinssätze und Laufzeiten angegeben waren. Einen Eindruck vermittelt Tabelle 1.2.

Tabelle 1.2: Aufzinsungsfaktoren für ausgewählte Zinssätze und
Laufzeiten

n	2,50 %	5,00 %	7,50 %	10,00 %
1	1,02500	1,05000	1,07500	1,10000
2	1,05063	1,10250	1,15563	1,21000
3	1,07689	1,15763	1,24230	1,33100
4	1,10381	1,21551	1,33547	1,46410
5	1,13141	1,27628	1,43563	1,61051
6	1,15969	1,34010	1,54330	1,77156
7	1,18869	1,40710	1,65905	1,94872
8	1,21840	1,47746	1,78348	2,14359
9	1,24886	1,55133	1,91724	2,35795
10	1,28008	1,62889	2,06103	2,59374
20	1,63862	2,65330	4,24785	6,72750
30	2,09757	4,32194	8,75496	17,44940
40	2,68506	7,03999	18,04424	45,25926
50	3,43711	11,46740	37,18975	117,39085

Das Beispiel 5 zeigt, dass Zinseszinsrechnung bei Laufzeiten von mehr als einem Jahr unter sonst gleichen Bedingungen zu höherem Endkapital führt als einfache Verzinsung. Dieser Zinseszinseffekt ist um so größer, je höher der Zinssatz und je länger die Laufzeit, vgl. dazu Abbildung 1.2.

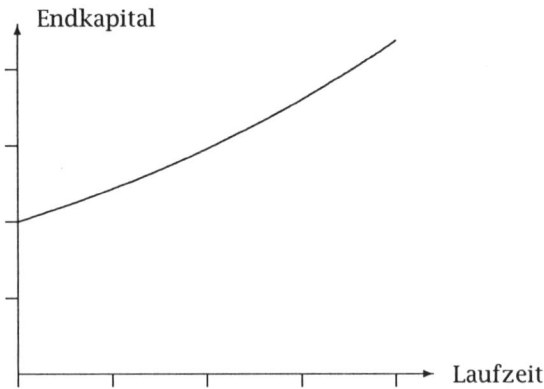

Abbildung 1.2: Endkapital in Abhängigkeit von der Laufzeit bei Zinseszins

Ein drastisches Beispiel für das Ausmaß dieses Zinseszinseffekts ist das folgende.

Beispiel 6 *Karl (der Große) legt anlässlich seiner Krönung im Jahre 800 bei der Kreissparkasse zu Aachen 1 € zu 1 % p.a. an. Wie hoch ist das Endkapital im Jahre 2000, wenn*

(a) einfache Zinsen,
(b) Zinseszinsen

gutgeschrieben werden?

(a) $K_{2000} = 1 \cdot (1 + 1200 \cdot 0,01) = 13,00$
(b) $K_{2000} = 1 \cdot 1,01^{1200} = 153337,56$

Bei der Würdigung dieses Ergebnisses ist zu berücksichtigen, dass Kreditinstitute Zinsansprüche am Ende eines Jahres nur gutschreiben, wenn sie mindestens einen Cent ausmachen. Zinsansprüche, die geringer sind, werden vernachlässigt. Dieser harmlos erscheinende Cent–Effekt würde im Beispiel Karls des

Großen dazu führen, dass tatsächlich nur gut die Hälfte des mit der Zinseszinsformel berechneten Betrages zur Verfügung stünde, nämlich 86921,99 €. Aber auch diese Zahl übersteigt das bei einfacher Verzinsung zu erreichende Endkapital noch erheblich.

Wieder haben wir uns bisher nur mit solchen Fällen auseinander gesetzt, in denen die Laufzeit ein ganzzahliges Vielfaches der Zinsperiode ist. Gleichung (1.7) wird bei reiner Zinseszinsrechnung jedoch auch dann verwendet, wenn diese einschränkende Voraussetzung nicht erfüllt ist.

Stellt man die Entwicklung des Endkapitals bei Zinseszins in Abhängigkeit von der Laufzeit grafisch dar, so erhält man eine Exponentialfunktion, vgl. Abbildung 1.2. Die Zeichnung zeigt zugleich, dass das Endkapital mit Zinseszinsen bei Laufzeiten von mehr als einem Jahr größer ist als das Endkapital bei einfachem Zins.

Beispiel 7 *Fritz legt ein Kapital von 8000€ mit 5,75 % p.a. Zinseszins an. Wie groß ist sein Kapital*

(a) nach drei Jahren,
(b) nach drei Jahren und drei Monaten?

(a) $K_3 = 8000 \cdot 1,0575^3 = 9460,87$
(b) $K_{3,25} = 8000 \cdot 1,0575^{3,25} = 9594,03$

Wieder stellt sich die Frage nach der Höhe des Zinsbetrages für Zeiträume, die kürzer als ein Jahr sind. Im Zusammenhang mit der einfachen Zinsrechnung[1] hatten wir hierauf die „natürliche" Antwort gefunden, dass der Zinsanspruch des laufenden Jahres proportional auf das kürzere Intervall umgerechnet wird. Wie sieht das nun bei reiner Zinseszinsrechnung aus?

Wenn wir die Laufzeit ebenso wie bei einfacher Zinsrechnung in die Komponenten n_1 und n_2 zerlegen, wobei

$$n_1 = \text{int}(n) \quad \text{und}$$
$$n_2 = n - n_1$$

---

[1] Vgl. oben Gleichung (1.3).

gelten soll, so ist der auf den Zeitraum n_2 entfallende anteilige Zinsbetrag als

$$x = K_{n_1+n_2} - K_{n_1}$$

definiert. Setzt man Gleichung (1.7) ein, so erhält man

$$
\begin{aligned}
x &= K_0(1+i)^{n_1+n_2} - K_0(1+i)^{n_1} \\
  &= K_0(1+i)^{n_1}(1+i)^{n_2} - K_0(1+i)^{n_1} \\
  &= K_0(1+i)^{n_1}\left((1+i)^{n_2} - 1\right) \\
  &= K_{n_1}\left((1+i)^{n_2} - 1\right).
\end{aligned}
$$

Multiplizieren wir die Gleichung noch mit $\frac{i}{i}$, so können wir auch

$$x = \frac{(1+i)^{n_2} - 1}{i}\, iK_{n_1} \tag{1.8}$$

schreiben. Diese Darstellung erlaubt es uns, folgendes festzustellen: Bei reiner Zinseszinsrechnung ermittelt man den zeitanteiligen Zinsbetrag für Fristen, die kürzer als ein Jahr sind, indem man den Zinsbetrag für das gesamte Jahr (iK_{n_1}) mit dem Faktor $\frac{(1+i)^{n_2}-1}{i}$ multipliziert. Das entspricht nicht der oben auf Seite 7 als „natürlich" bezeichneten Vorgehensweise bei einfacher Zinsrechnung. Vielmehr wird der Kapitalgeber schlechter gestellt. Es gilt nämlich für positive Zinssätze immer die Relation

$$\frac{(1+i)^{n_2} - 1}{i} < n_2,$$

ohne dass wir das hier ausdrücklich beweisen wollen.

Woran uns aber gelegen sein muss, ist die Frage, ob die für die Zinseszinsrechnung charakteristische Methode anteiliger Zinsverrechnung ökonomisch sinnvoll ist oder nicht. Hilfreich mag in diesem Zusammenhang das folgende Beispiel sein.

Beispiel 8 *Gerda besitzt 1000€ und will diesen Betrag für ein Jahr anlegen. Als Zinssatz wird ihr 10 % p.a. angeboten. Wie hoch ist ihr Kapital nach einem Jahr, wenn sie folgenden „Trick" anstellt? Sie hebt ihr Kapital nach einem halben Jahr vom Sparbuch ab und legt ihn unmittelbar danach für ein weiteres halbes Jahr an. Man berechne das Endkapital nach einem Jahr, wenn*

(a) einfache Zinsen,
(b) Zinseszinsen

verrechnet werden?

(a) $K_{0,5} = 1000,00 \cdot (1 + 0,5 \cdot 0,1) = 1050,00$
$K_{1,0} = 1050,00 \cdot (1 + 0,5 \cdot 0,1) = 1102,50$
Gerda erreicht mit Hilfe ihres Tricks eine Verzinsung von mehr als 10 %.

(b) $K_{0,5} = 1000,00 \cdot (1 + 0,1)^{0,5} = 1048,81$
$K_{1,0} = 1048,81 \cdot (1 + 0,1)^{0,5} = 1100,00$
Gerdas Trick bleibt ohne Folgen. Sie erreicht genau die zugesagten 10 % pro Jahr.

Das Beispiel zeigt, dass in der zeitanteiligen Verrechnung, wie sie für die einfache Zinsrechnung typisch ist, ein „ökonomischer Denkfehler" steckt, den man wie folgt präzisieren kann: Falls jemand ein Kapital für ein Jahr ausleiht, so erhält er am Jahresende den vollen Zinsbetrag. Leiht er das Kapital nur für ein halbes Jahr aus, so müsste er am Jahresende den halben Zinsbetrag bekommen. Zahlt man den halben Zinsbetrag früher, nämlich in der Jahresmitte aus, so kann man aus der Wiederanlage der Zinsen einen Vorteil ziehen. Diese Möglichkeit entfällt, wenn die „zu frühe" Auszahlung des halben Zinsbetrages in der Weise bestraft wird, dass dieser Betrag um ein halbes Jahr diskontiert (abgezinst) wird. Genau dies erfolgt bei der für die Zinseszinsrechnung typischen Form zeitanteiliger Zinsverrechnung. Zugleich bedeutet das aber, dass bei Laufzeiten von weniger als einem Jahr die einfache Zinsrechnung zu höherem Endkapital führt als die reine Zinseszinsrechnung, vgl. Abbildung 1.3.

1.3.2.2 Berechnung von Anfangskapital, Zinssatz und Laufzeit

Anfangskapital. Wir hatten uns im vorigen Abschnitt klargemacht, dass Gleichung (1.7) sich zur Berechnung des Endkapitals bei Zinseszinsen eignet, wenn Anfangskapital, Zinssatz und Laufzeit gegeben sind. Wird das Anfangskapital gesucht, so ist (1.7) nach K_0 aufzulösen. Zu diesem Zweck dividiert man die

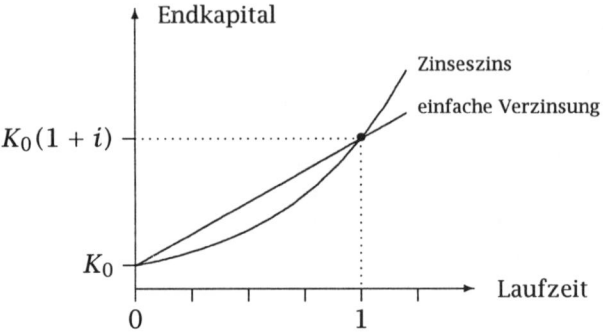

Abbildung 1.3: Einfache Zinsrechnung und reine Zinseszinsrechnung bei Laufzeiten bis zu einem Jahr

Gleichung durch q^n und erhält

$$K_0 = \frac{K_n}{q^n}$$

oder, weil

$$\frac{1}{q^n} = q^{-n}$$

ist, auch die bequemere Schreibweise

$$K_0 = K_n q^{-n}. \tag{1.9}$$

Beispiel 9 *Wie viel muss Heinrich heute anlegen, wenn er bei 6 % p.a. Zinseszins in acht Jahren über 1000 € verfügen will?*

$$K_0 = 1000 \cdot 1,06^{-8} = 627,41$$

Der Faktor, mit dem man das Endkapital zu multiplizieren hat, um das Anfangskapital zu berechnen, ist q^{-n}. Man nennt ihn Abzinsungsfaktor oder auch Diskontierungsfaktor. Es handelt sich um den Kehrwert des Aufzinsungsfaktors. Tabelle 1.3 vermittelt einen Eindruck davon, welche Größenordnungen die Abzinsungsfaktoren annehmen, wenn man mit gängigen Zinssätzen und Laufzeiten arbeitet.

Tabelle 1.3: Abzinsungsfaktoren für ausgewählte Zinssätze und Laufzeiten

n	2,50%	5,00%	7,50%	10,00%
1	0,97561	0,95238	0,93023	0,90909
2	0,95181	0,90703	0,86533	0,82645
3	0,92860	0,86384	0,80496	0,75131
4	0,90595	0,82270	0,74880	0,68301
5	0,88385	0,78353	0,69656	0,62092
6	0,86230	0,74622	0,64796	0,56447
7	0,84127	0,71068	0,60275	0,51316
8	0,82075	0,67684	0,56070	0,46651
9	0,80073	0,64461	0,52158	0,42410
10	0,78120	0,61391	0,48519	0,38554
20	0,61027	0,37689	0,23541	0,14864
30	0,47674	0,23138	0,11422	0,05731
40	0,37243	0,14205	0,05542	0,02209
50	0,29094	0,08720	0,02689	0,00852

Zinssatz. Will man den Zinssatz berechnen, so ist Gleichung (1.7) nach i aufzulösen. Als Ausgangspunkt benutzt man (1.7) in der Form

$$K_n = K_0 (1 + i)^n.$$

Dividieren durch K_0 und anschließendes Wurzelziehen führt auf

$$i = \sqrt[n]{\frac{K_n}{K_0}} - 1. \tag{1.10}$$

Beispiel 10 *Imke möchte wissen, zu welchem Zinssatz sie 1000 € anlegen muss, damit sie in sieben Jahren den doppelten Betrag besitzt.*

$$i = \sqrt[7]{\frac{2000}{1000}} - 1 = 0,1041.$$

Laufzeit. Schließlich kann noch die Berechnung der Laufzeit von Interesse sein. Dazu gehen wir von (1.7) in der Form

$$K_n = K_0 q^n$$

aus. Um n zu ermitteln, dividiert man durch K_0 und logarithmiert anschließend die Gleichung. Das führt zu

$$\ln q^n = \ln \frac{K_n}{K_0}.$$

Da nach den Rechenregeln für Logarithmen

$$\ln q^n = n \ln q$$

ist, kann man auch

$$n \ln q = \ln \frac{K_n}{K_0}$$

schreiben. Dividieren durch $\ln q$ führt endlich zu der gesuchten Formel für die Laufzeit,

$$n = \frac{\ln \frac{K_n}{K_0}}{\ln q}. \tag{1.11}$$

Beispiel 11 *Jakob bekommt bei der Bank 4% p.a. Zinsen. Er hat 9000 € und spart für ein Auto, das seiner Vorstellung nach 10000 € kosten soll. Wie lange muss er sparen?*

$$n = \frac{\ln \left(\frac{10000}{9000} \right)}{\ln 1,04} = 2,69$$

1.3.3 Gemischte Zinsen

Gemischte Zinsrechnung und reine Zinseszinsrechnung unterscheiden sich nur dann voneinander, wenn gebrochene Laufzeiten auftreten, wenn also die Laufzeit kein ganzzahliges Vielfaches der Zinsperiode ist – oder noch anders gesagt – wenn n keine natürliche Zahl ist.

1.3.3.1 Berechnung des End- und des Anfangskapitals

Endkapital. Grundsätzlich spalten wir die Laufzeit in solchen Fällen in die beiden Komponenten $n_1 = \text{int}(n)$ und $n_2 = n - n_1$

auf. Bis zum Zeitpunkt n_1 rechnet man das Endkapital zunächst
ebenso wie bei reiner Zinseszinsrechnung aus. Das Endkapital
entwickelt sich dabei wie folgt:

$$
\begin{aligned}
K_1 &= K_0\,(1 + i) \\
K_2 &= K_0\,(1 + i)^2 \\
K_3 &= K_0\,(1 + i)^3 \\
&\;\;\vdots \\
K_{n_1} &= K_0\,(1 + i)^{n_1}\,.
\end{aligned}
\tag{1.12}
$$

Nun fallen noch Zinsen für das angebrochene restliche Jahr der
Laufzeit an, für das Zeitintervall mit der Länge n_2. Hier verwendet man, anders als bei reiner Zinseszinsrechnung, das von
der einfachen Zinsrechnung her bekannte Konzept. Mit anderen Worten: vom Jahresbetrag des $(n_1 + 1)$-ten wird ein Anteil
vergütet, der sich proportional zur Zeit verhält. Dieser anteilige
Zinsbetrag beläuft sich mithin auf

$$
K_{n_1 + n_2} - K_{n_1} = n_2 i K_{n_1}\,.
$$

Setzt man Gleichung (1.12) ein und löst nach K_n auf, so erhält
man folgende Formel zur Berechnung des Endkapitals bei gemischter Verzinsung,

$$
\boxed{
\begin{aligned}
K_n &= K_0(1 + i)^{n_1}(1 + n_2 i) \\
\text{mit} \quad n_1 &= \text{int}(n) \\
n_2 &= n - n_1
\end{aligned}
}
\tag{1.13}
$$

Gemischte Verzinsung ist in der Bankpraxis üblich. So erfolgt etwa die Verzinsung von Sparguthaben genau nach diesem Muster.
Am Ende eines Kalenderjahres werden Zinsen gutgeschrieben
und von diesem Zeitpunkt an mitverzinst. Für Festlegungsdauern, die kürzer als ein Jahr sind, werden dagegen „nur" einfache
Zinsen vergütet.

Das Wörtchen „nur" steht im vorigen Satz deswegen in Anfüh-
rungszeichen, weil das Endkapital bei gemischter Verzinsung,
jedenfalls dann, wenn man es mit gebrochenen Laufzeiten zu
tun hat, stets etwas höher ist als bei reiner Zinseszinsrechnung,
vgl. Beispiel 12.

Beispiel 12 *Lena legt 400 € für vier Jahre und 6 Monate zu 10 %*
p.a. an. Wie hoch ist ihr Kapital

(a) bei reiner Zinseszinsrechnung,
(b) bei gemischter Verzinsung?

(a) $K_{4,5} = 400 \cdot 1,1^{4,5} = 614,22$,
(b) $K_{4,5} = 400 \cdot 1,1^4 \cdot (1 + 0,5 \cdot 0,1) = 614,92$.

Dieser Effekt lässt sich auch zeichnerisch recht gut veranschaulichen. Stellt man nämlich das Endkapital als Funktion der Laufzeit gemäß Gleichung (1.13) grafisch dar, so erhält man eine stückweise lineare Funktion, die stetig ist und streng monoton steigt. Sie berührt die Exponentialfunktion der reinen Zinseszinsrechnung (vgl. Abbildung 1.2) genau in ihren Knickstellen. Diese liegen immer dort, wo die Laufzeit gerade ein ganzes Vielfaches eines Jahres ist. Für alle anderen Laufzeiten besitzt sie dagegen größere Funktionswerte, so dass die Kurve der gemischten Verzinsung dort immer über der Zinseszinskurve liegt (vgl. Abbildung 1.4).

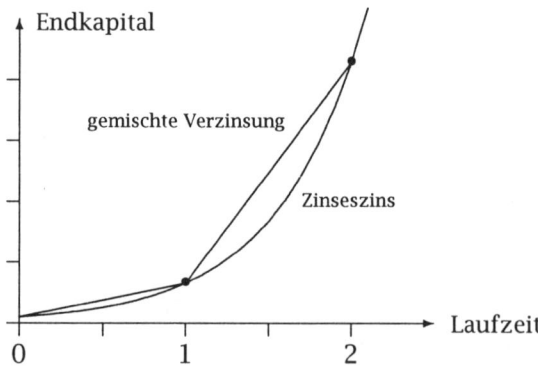

Abbildung 1.4: Endkapital in Abhängigkeit von der Laufzeit bei reiner Zinseszinsrechnung und bei gemischter Verzinsung

Der absolute Unterschied zwischen dem Endkapital bei reiner Zinseszinsrechnung und bei gemischter Verzinsung ist verhältnismäßig bescheiden. Grafisch deutlich sichtbar machen kann man ihn daher nur, wenn man enorm hohe Zinssätze benutzt. Um die Jahresmitte herum fällt der Unterschied, wie auch Abbildung 1.4 erkennen lässt, besonders hoch aus. Gegen Jahresanfang und Jahresende wird er wieder kleiner. Der Zeitpunkt, an dem der Unterschied zwischen beiden Formen der Endkapitalberechnung am größten wird, liegt immer etwas jenseits der Jahresmitte, und zwar um so weiter, je höher der Zinssatz ist. Jedoch erscheint es nicht notwendig, diese Zusammenhänge hier noch weiter zu vertiefen.

Anfangskapital. Das Anfangskapital zu berechnen, bereitet keine besonderen Schwierigkeiten, da sich Gleichung (1.13) leicht nach K_0 auflösen lässt. Man erhält

$$K_0 = \frac{K_n}{(1 + i)^{n_1}(1 + n_2 i)}\,. \tag{1.14}$$

Zur Veranschaulichung mag das folgende Zahlenbeispiel dienen.

Beispiel 13 *Michael will in drei Jahren und 7 Monaten über 10000 € verfügen und bekommt bei seiner Bank Zinsen in Höhe von 5,25 % p.a. Wie viel muss er bei gemischter Verzinsung heute anlegen?*

$$K_0 = \frac{10000}{1,0525^3 \cdot (1 + 0,5833 \cdot 0,0525)} = 8322,10\,.$$

1.3.3.2 Berechnung des Zinssatzes

Die Ermittlung des Zinssatzes bei gegebenem Anfangskapital, gegebenem Endkapital und gegebener Laufzeit ist methodisch ungleich schwieriger, weil sich die Endkapitalgleichung (1.13) nicht allgemein nach i auflösen lässt. Man kann daher keine explizite Gleichung für den Zinssatz schreiben, wie das bei einfacher Zinsrechnung und Zinseszinsrechnung möglich war. Wir müssen uns darauf beschränken, den Zinssatz näherungsweise zu berechnen, können dies allerdings mit beliebiger Genauigkeit tun. Probleme solcher Art hat man in der Finanzmathematik recht häufig, wir begegnen ihm aber an dieser Stelle unseres Buches zum ersten Mal und werden uns aus diesem Grunde ein wenig ausführlicher damit auseinandersetzen. Formal geht es darum, denjenigen Zinssatz i zu finden, der die Gleichung (1.13) erfüllt, wenn K_0, K_n und n gegeben sind.

Beispiel 14 *Nicole will wissen, zu welchem Zinssatz sie 100 € anlegen muss, damit daraus bei gemischter Verzinsung innerhalb von 4 Jahren und 3 Monaten 150 € geworden sind.*

Wenn man genügend Zeit hat und die Mühe nicht scheut, so könnte man mit verschiedenen Zinssätzen so lange herumprobieren, bis man einen gefunden hat, bei dem Gleichung (1.13) genügend genau erfüllt ist. Im Einzelfall mag ein derartiges Vorgehen zum Erfolg führen. Überzeugend ist es nicht, und die angewandte Mathematik kennt eine ganze Reihe von Verfahren, mit denen man sehr viel besser zum Ziel kommt. Man muss nur in den richtigen „Instrumentenkasten" greifen.

Zu diesem Zweck formen wir Gleichung (1.13) in der Weise um, dass wir auf beiden Seiten der Gleichung das Endkapital K_n subtrahieren. Dann entsteht eine neue Funktion. Wir schreiben $f(i)$ in der Form[2]

$$f(i) = -K_n + K_0(1 + i)^{n_1}(1 + n_2 i).$$ (1.15)

In dieser etwas veränderten Darstellung besteht unser Problem darin, denjenigen Wert von i zu bestimmen, der die Funktion $f(i)$ genau den Wert null annehmen lässt. In den Lehrbüchern zur angewandten Mathematik werden solche Probleme im Kapitel Nullstellenbestimmung von Funktionen behandelt. Das ist gleichermaßen das Etikett auf dem „Instrumentenkasten".

Wie bereits gesagt, haben die Mathematiker viele Verfahren zur Nullstellenbestimmung von Funktionen, und das ist auch notwendig, weil es sehr unterschiedliche Arten von Funktionen gibt, die man entsprechend differenziert behandeln muss. Die Funktionen, mit denen wir es in der Finanzmathematik zu tun haben, sind ausgesprochen „gutmütig". In aller Regel - und das trifft auch für die Funktion (1.15) zu - sind sie stetig, monoton wachsend oder fallend und differenzierbar (vgl. Abbildung 1.5). All dies sind äußerst günstige Voraussetzungen für die Nullstellenbestimmung. Es ist daher völlig ausreichend, wenn man ein Standardverfahren zur Nullstellenbestimmung auswählt.

Eine der bekanntesten Methoden ist *Newtons* Tangentenverfahren, das im Anhang genauer erläutert und begründet wird. Es

[2]Lies „f von i".

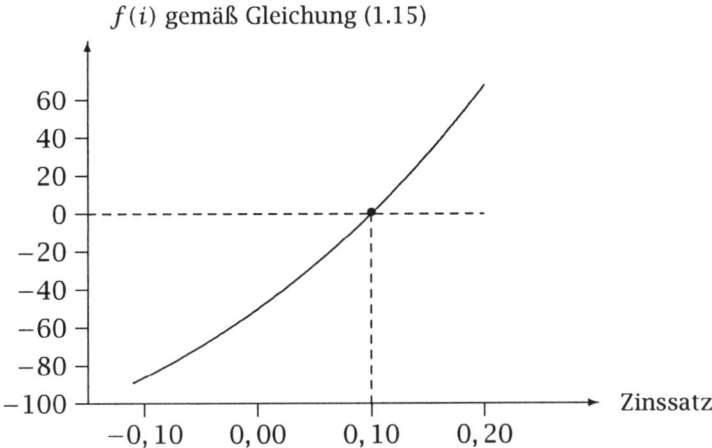

$f(i)$ gemäß Gleichung (1.15)

Abbildung 1.5: Zinssatzberechnung bei gemischter Verzinsung

handelt sich um ein Iterationsverfahren, das die gesuchte Lösung beginnend mit einem Versuchswert schrittweise verbessert. Wenn i_k der Wert ist, den i beim k-ten Verbesserungsschritt erhalten hat, so berechnet man den $(k+1)$-ten Wert aus *Newtons* Gleichung

$$i_{k+1} = i_k - \frac{f(i_k)}{f'(i_k)}. \tag{1.16}$$

Dabei ist $f(i_k)$ der Wert, den die Funktion $f(i)$ annimmt, wenn $i = i_k$ ist, und $f'(i_k)$ ist der Wert der ersten Ableitung der Funktion an der gleichen Stelle. Um unser Problem mit *Newtons* Methode zu lösen, benötigen wir also die erste Ableitung der Funktion $f(i)$ nach i. Gehen wir zu diesem Zweck von Gleichung (1.15) aus und multiplizieren aus. Dann erhalten wir

$$f(i) = -K_n + K_0(1+i)^{n_1} + K_0(1+i)^{n_1} n_2 i.$$

Bilden wir nun die erste Ableitung nach i, so ergibt sich unter Beachtung der Produktregel

$$f'(i) = n_1 K_0(1+i)^{n_1-1} + n_1 K_0(1+i)^{n_1-1} n_2 i + K_0(1+i)^{n_1} n_2$$

oder nach geeigneter Umformung

$$f'(i) = (1+i)^{n_1} K_0 \left(\frac{n_1(1+n_2 i)}{1+i} + n_2 \right). \tag{1.17}$$

Damit haben wir die wichtigsten Vorbereitungen abgeschlossen und können uns schon an die Lösung unseres Beispielproblems heranwagen. Wir beginnen mit der Feststellung $K_0 = 100$, $K_n = 150$, $n = 4,25$, $n_1 = 4$, $n_2 = 0,25$ und benötigen einen ersten Versuchswert für i. Willkürlich benutzen wir 5 %, also $i_0 = 0,05$, setzen diesen Wert in Gleichung (1.15) ein und ermitteln einen Funktionswert von

$$f(0,05) = -150 + 100 \cdot 1,05^4 \cdot (1 + 0,25 \cdot 0,05) = -26,93.$$

Anschließend setzen wir i_0 in Gleichung (1.17) ein und berechnen den Wert der ersten Ableitung mit

$$f'(0,05) = 1,05^4 \cdot 100 \cdot \left(\frac{4 \cdot (1 + 0,25 \cdot 0,05)}{1,05} + 0,25 \right) = 499,23.$$

Für die erste Verbesserung bekommt man durch Einsetzen in *Newtons* Gleichung

$$i_1 = 0,05 - \frac{-26,93}{499,23} = 0,1039.$$

Diesen Wert setzen wir wieder in Gleichung (1.15) ein, dieses Mal mit dem Ergebnis

$$f(0,1039) = -150 + 100 \cdot 1,1039^4 \cdot (1 + 0,25 \cdot 0,1039) = 2,38.$$

Die erste Ableitung nimmt jetzt den Wert

$$f'(0,1039) = 1,1039^4 \cdot 100$$
$$\cdot \left(\frac{4 \cdot (1 + 0,25 \cdot 0,1039)}{1,1039} + 0,25 \right) = 589,26$$

an. Somit erhalten wir durch Einsetzen der neuen Werte in *Newtons* Gleichung die zweite Verbesserung mit

$$i_2 = 0,1039 - \frac{2,38}{589,26} = 0,0999.$$

Neuerliches Einsetzen in die Funktionsgleichung (1.15) bringt uns zu dem Ergebnis

$$f(0,0999) = -150 + 100 \cdot 1,0999^4 \cdot (1 + 0,25 \cdot 0,0999) = 0,01.$$

Das ist nahe genug bei null. Also brechen wir das Approximationsverfahren ab und stellen fest, dass der gesuchte Zinssatz (ungefähr) $i = 9,99 \%$ ist. Fassen wir die Ergebnisse unserer schrittweisen Berechnung systematisch zusammen, so erhalten wir Tabelle 1.4. Offensichtlich können wir den Rechenaufwand redu-

Tabelle 1.4: Iterative Berechnung des Zinssatzes bei gemischter Verzinsung mit Hilfe von *Newtons* Methode

k	i_k	$f(i_k)$ gem. Gl. (1.15)	$f'(i_k)$ gem. Gl. (1.17)
0	0,0500	−26,93	499,23
1	0,1039	2,38	589,26
2	0,0999	0,01	

zieren, wenn wir das Iterationsverfahren mit einem geeigneten ersten Versuchswert für i beginnen. Je näher die erste Abschätzung an der tatsächlichen Lösung liegt, um so weniger Aufwand muss man mit Verbesserungen betreiben. In Beispiel 12 hatten wir gesehen, dass die betragsmäßigen Unterschiede bei der Berechnung des Endkapitals unter der Voraussetzung gemischter Zinsen gegenüber der Endkapitalberechnng unter der Voraussetzung reiner Zinseszinsen verhältnismäßig klein sind. Daher liegt es nahe, den ersten Versuchswert für i mit Hilfe von Gleichung (1.10) zu ermitteln. Bei Verwendung dieser Vorgehensweise lautet das Rechenverfahren zur Ermittlung des Zinssatzes bei gemischter Verzinsung schließlich

$$i_{k+1} = i_k - \frac{f(i_k)}{f'(i_k)}$$

mit $f(i)$ wie in Gleichung (1.15)

$f'(i)$ wie in Gleichung (1.17)

i_0 wie in Gleichung (1.10)

Rechnen wir Nicoles Problem mit diesem Ansatz durch, so sind wir bereits mit der ersten Iteration am Ziel, denn die Abschätzung des gesuchten Zinssatzes mit Hilfe von Gleichung (1.10) ist sehr nahe an der eigentlichen Lösung (vgl. Tabelle 1.5).[3]

---

[3]Der Zinssatz, mit dem wir das Iterationsverfahren beginnen, ergibt sich aus

$$i_0 = \sqrt[n]{\frac{K_n}{K_0}} - 1 = \sqrt[4,25]{\frac{150}{100}} - 1 = 0,1001.$$

Tabelle 1.5: Iterative Berechnung des Zinssatzes bei gemischter
Verzinsung mit Hilfe von *Newtons* Methode und Abschätzung
des ersten Versuchswerts mit Hilfe reiner Zinseszinsrechnung

k	i_k	$f(i_k)$ gem. Gl. (1.15)	$f'(i_k)$ gem. Gl. (1.17)
0	0,1001	0,13	582,49
1	0,0999	0,00	

1.3.3.3 Berechnung der Laufzeit

Ähnliche Schwierigkeiten wie mit der Zinssatzberechnung hat
man bei gemischter Verzinsung, wenn man sich die Aufgabe
stellt, die Laufzeit zu ermitteln, die zu gegebenem Anfangskapital, gegebenem Endkapital und gegebenem Zinssatz gehört.
Diese Schwierigkeiten entstehen dadurch, dass Gleichung (1.13)
nicht ohne weiteres nach n aufgelöst werden kann. Trotzdem ist
es möglich, eine explizite Formel für die Laufzeitberechnung an-
zugeben. Um sie zu entwickeln, beginnen wir mit der Definition

$$n = n_1 + n_2$$
$$\text{mit } 0 \leq n_2 < 1 \tag{1.18}$$

und der Feststellung, dass n_1 eine natürliche Zahl ist. Sodann
unterstellen wir für einen Moment, dass wir n_1 bereits kennen
und lösen Gleichung (1.13) nach n_2 auf. Die Gleichung lautete

$$K_n = K_0(1 + i)^{n_1}(1 + n_2 i).$$

Dividieren durch $K_0(1 + i)^{n_1}$ ergibt

$$1 + n_2 i = \frac{K_n}{K_0(1 + i)^{n_1}},$$

und daraus entsteht rasch

$$n_2 = \frac{1}{i}\left(\frac{K_n}{K_0(1 + i)^{n_1}} - 1\right). \tag{1.19}$$

Zur Berechnung von n_1 benutzen wir folgende Überlegung. Es
muss immer

$$n_1 \leq n < n_1 + 1$$

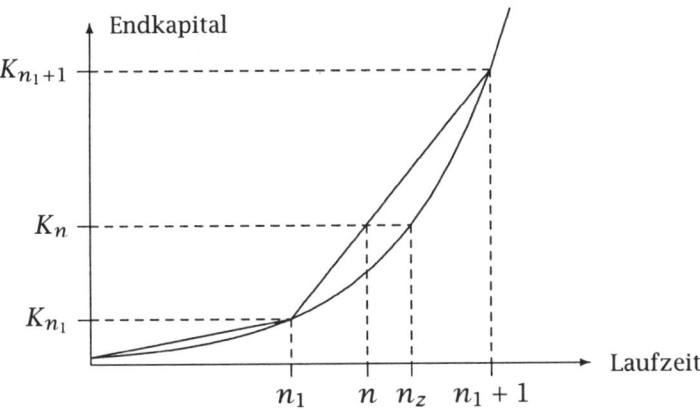

Abbildung 1.6: Laufzeitberechnung bei gemischter Verzinsung

sein. Die gesuchte Laufzeit kann eine natürliche Zahl ($n_1 = n$) sein. Andernfalls ($n_1 < n$) ist n kleiner als die auf n_1 folgende natürliche Zahl.

Betrachten wir Abbildung 1.6. Dort sieht man ähnlich wie in Abbildung 1.4 die Endkapitalfunktionen in Abhängigkeit von der Laufzeit bei Zinseszins und gemischter Verzinsung. Gibt man nun ein bestimmtes Endkapital vor, so lassen sich offenkundig zwei Fälle unterscheiden.

Fall 1: n ist eine natürliche Zahl. Dann ist die Laufzeit bei reiner Zinseszinsrechnung (n_z) ebenso groß wie die Laufzeit bei gemischter Verzinsung (n). Beide Kurven berühren sich in einer Knickstelle, und es muss

$$n_z = n = n_1$$

gelten. Da sich die Laufzeit bei reiner Zinseszinsrechnung (n_z) aus Gleichung (1.11) berechnen lässt, können wir auch n_1 berechnen, und es heißt

$$n_1 = \frac{\ln \frac{K_n}{K_0}}{\ln q}.$$

Fall 2: n ist keine natürliche Zahl. Dann muss die Laufzeit bei reiner Zinseszinsrechnung (n_z) größer sein als die Laufzeit bei gemischter Verzinsung (n). Wir befinden uns zwischen zwei Knickstellen, und es muss

$$n_1 < n < n_z < n_1 + 1$$

gelten. n_z liegt in diesem Fall notwendigerweise zwischen zwei benachbarten natürlichen Zahlen, von denen wir die kleinere berechnen wollen. Dies gelingt uns offenkundig, wenn wir

$$n_1 = \text{int}\left(\frac{\ln \frac{K_n}{K_0}}{\ln q}\right) \tag{1.20}$$

verwenden. Diesen Ansatz hätten wir auch im Fall 1 benutzen dürfen, nur ist die Integerfunktion dort überflüssig, weil n_z voraussetzungsgemäß bereits eine natürliche Zahl ist.

Damit sind wir am Ende unserer Überlegungen und können die fertige Gleichung zur Berechnung der Laufzeit bei gemischter Verzinsung schreiben. Wir setzen einfach (1.20) und (1.19) in Gleichung (1.18) ein und erhalten so

$$n = \text{int}\left(\frac{\ln \frac{K_n}{K_0}}{\ln q}\right) + \frac{1}{i}\left(\frac{K_n}{K_0(1+i)^{n_1}} - 1\right). \tag{1.21}$$

Zur Veranschaulichung des Rechenganges benutzen wir das folgende Beispiel.

Beispiel 15 *Oskar besitzt 789,74 € und hat von seiner Bank einen Zinssatz von 4,25 % p.a. bei gemischter Verzinsung angeboten bekommen. Wie lange muss er sparen, um auf ein Endkapital von 1000 € zu kommen?*

Zunächst ist n_1 zu berechnen, und zwar nach Gleichung (1.20). Man erhält

$$n_1 = \text{int}\left(\frac{\ln \frac{1000}{789,74}}{\ln 1,0425}\right) = \text{int}(5,6714) = 5.$$

Danach ergibt sich n_2 gemäß Gleichung (1.19) mit

$$n_2 = \frac{1}{0,0425} \cdot \left(\frac{1000}{789,74 \cdot 1,0425^5} - 1\right) = 0,667.$$

Die Laufzeit beträgt daher insgesamt

$$n = 5 + 0,667 = 5,667$$

Jahre. Das sind exakt 5 Jahre und 8 Monate.

1.4 Unterjährliche Verzinsung

Im vorangehenden Abschnitt haben wir uns ausführlich mit allen Formen der Zinsrechnung vertraut gemacht. Dabei sind wir allerdings immer vom Standardfall der nachschüssigen jährlichen Verzinsung ausgegangen. Die Zinssätze, die wir bisher benutzt haben, waren immer auf die Zinsperiode eines Jahres normiert. Im Folgenden werden wir mit kürzeren Zinsperioden arbeiten, beispielsweise mit Halbjahren (Semestern), Quartalen, Monaten oder sogar Tagen. Wir werden mit unterjährlichen Zinssätzen rechnen. Kapitalgeber und Kapitalnehmer vereinbaren also beispielsweise einen Zinssatz von 0,5 % pro Monat oder einen Zinssatz von 1,25 % je Quartal.

Um mit unterjährlichen Zinsen rechnen zu können, braucht man drei zusätzliche Symbole, und zwar

m := Anzahl der Zinsperioden je Jahr,
    wenn Zinsperiode = 1 Tag, dann $m = 360$
    wenn Zinsperiode = 1 Monat, dann $m = 12$
    wenn Zinsperiode = 1 Quartal, dann $m = 4$
    wenn Zinsperiode = 1 Semester, dann $m = 2$
j := unterjährlicher (auf die Zinsperiode bezogener) Zinssatz,
N := Laufzeit der Kapitalanlage, gemessen in Zinsperioden.

1.4.1 Die analoge Übertragung der Berechnungsformeln zur jährlichen Verzinsung

Mit unterjährlichen Zinsen zu rechnen ist ebenso einfach (oder schwierig) wie mit jährlichen Zinsen. Man muss sich eigentlich nur eines klarmachen: An die Stelle des Jahres tritt jetzt allgemein die Zinsperiode. Die Laufzeit wird nicht mehr in Jahren gemessen, sondern in Zinsperioden. Wenn die Laufzeit (gemessen in Jahren) $n = 4,3$ beträgt und als Zinsperiode das Quartal benutzt wird, so beläuft sich die Laufzeit (gemessen in Quartalen) auf $N = 4 \cdot n = 17,2$. Die wichtigste Gleichung im Zusammenhang mit der unterjährlichen Verzinsung lautet daher einfach

$$N = n\,m.$$

Unter Zuhilfenahme dieser grundlegenden Gleichung können wir alle im Kapitel über jährliche Verzinsung angegebenen Gleichungen und Berechnungsprozeduren leicht analog auf den Fall der unterjährlichen Verzinsung übertragen. Dabei ist nur folgendes Muster zu befolgen:

- · an die Stelle von n tritt N und

- · an die Stelle von i tritt j.

Das ist alles.

Einfache Zinsen. Die Formel zur Berechnung des Endkapitals bei einfachen jährlichen Zinsen lautete

$$K_n = K_0 \, (1 + ni)$$

Im Falle der unterjährlichen Verzinsung wird daraus

$$\boxed{K_N = K_0 \, (1 + Nj)}, \tag{1.22}$$

und schon ist man fertig.

Hat man die Absicht, das Anfangskapital, den Zinssatz oder die Laufzeit zu berechnen, so ist Gleichung (1.22) nach K_0, j oder N aufzulösen. Das können wir uns hier ersparen und auf die entsprechenden Gleichungen aus dem vorangehenden Kapitel verweisen.[4]

Zinseszinsen. Wollte man das Endkapital unter Berücksichtigung von Zinseszinsen bei jährlicher Verzinsung berechnen, so musste man die Formel

$$K_n = K_0 \, (1 + i)^n$$

benutzen. Daraus wird bei unterjährlicher Verzinsung

$$\boxed{K_N = K_0 \, (1 + j)^N}, \tag{1.23}$$

und wieder ist man bereits fertig.

Auch im Rahmen des Zinseszinsmodells verzichten wir darauf, die Endkapitalformel (1.23) nach K_0, j und N aufzulösen. Stattdessen verweisen wir auf die entsprechenden Ergebnisse im Kapitel über die jährliche Verzinsung.[5]

---

[4]Vgl. Gleichungen (1.4), (1.5) und (1.6).
[5]Vgl. Gleichungen (1.9), (1.10) und (1.11).

Gemischte Verzinsung. Die analoge Übertragung führt auch bei gemischter Verzinsung schnell zum Ziel. Im Falle der jährlichen Verzinsung lautete die Formel zur Berechnung des Endkapitals

$$K_n = K_0(1 + i)^{n_1}(1 + n_2 i)$$
$$\text{mit} \quad n_1 = \text{int}(n)$$
$$n_2 = n - n_1$$

Ersetzt man i durch j sowie n durch N, dann heißt es bei unterjährlicher Verzinsung

$$\boxed{\begin{aligned} K_N &= K_0(1 + j)^{N_1}(1 + N_2 j) \\ \text{mit} \quad N_1 &= \text{int}(N) \\ N_2 &= N - N_1 \end{aligned}} \qquad (1.24)$$

und wir sind wieder fertig. Wegen der Berechnung des Anfangskapitals, des Zinssatzes und der Laufzeit wird auf die entsprechenden Formeln bei jährlicher Verzinsung hingewiesen.[6] Sie sind analog anzuwenden.

Beispiel 16 *Petra hat 4000 € und bekommt einen Zinssatz von 1,875 % je Quartal geboten. Wie groß ist ihr Kapital nach 4 Jahren und 10 Monaten bei*

(a) einfacher Verzinsung,
(b) Zinseszins,
(c) gemischter Verzinsung?

Zunächst ist die Laufzeit (in Jahren) zu berechnen, danach die Laufzeit in Quartalen. Das ergibt

$$n = 4 + \frac{10}{12} = 4,833, \quad N = 4 \cdot 4,833 = 19,333.$$

Danach wendet man die Gleichungen (1.22), (1.23) und (1.24) an und erhält

(a) $K_N = 4000 \cdot (1 + 19,333 \cdot 0,01875) = 5450,00$
(b) $K_N = 4000 \cdot 1,01875^{19,333} = 5728,41$
(c) $K_N = 4000 \cdot 1,01875^{19} \cdot (1 + 0,333 \cdot 0,01875) = 5728,63$

---

[6]Vgl. Gleichungen (1.14), (1.16), (1.21).

Beispiel 17 *René besitzt heute ein Kapital in Höhe von 1000 €, und er will in 10 Monaten 1050 € haben. Welchen Zinssatz pro Halbjahr muss er bekommen, um dieses Ziel zu erreichen, wenn*

(a) einfache Zinsen,
(b) Zinseszinsen,
(c) gemischte Zinsen

gerechnet werden?

Die Laufzeit (in Jahren) beträgt $n = \frac{10}{12} = 0,833$; gemessen in Halbjahren beläuft sie sich auf $N = 2 \cdot 0,833 = 1,667$. Nun sind die Gleichungen (1.5), (1.10) und (1.16) sinngemäß anzuwenden. Man erhält die folgenden Ergebnisse.

(a) $j = \frac{1050-1000}{1,667 \cdot 1000} = 0,03$

(b) $j = \sqrt[1,667]{\frac{1050}{1000}} - 1 = 0,02971$

(c) Bei gemischter Verzinsung ist (1.16) analog anzuwenden. Hierbei handelt es sich um ein Iterationsverfahren, das auf (1.15) und auf (1.17) zurückgreift. Übersetzt man auch diese Gleichungen analog auf den Fall der unterjährlichen Verzinsung, so lauten sie

$$f(j) = -K_N + K_0(1 + j)^{N_1}(1 + N_2 j)$$

sowie

$$f'(j) = (1 + j)^{N_1} K_0 \left(\frac{N_1(1 + N_2 j)}{1 + j} + N_2 \right).$$

Benutzen wir nun *Newtons* Iterationsverfahren zur Berechnung des Zinssatzes und beginnen mit $j_0 = 0,02971$ als erstem Versuchswert, so erhalten wir folgende Ergebnisse.

k	j_k	$f(j_k)$	$f'(j_k)$
0	0,02971	-0,10	-1706,28
1	0,02965	0,00	

Der Halbjahreszinssatz bei gemischter Verzinsung beträgt $j = 2,965\,\%$.

1.4.2 Relativer, nomineller und konformer Zinssatz

In Abschnitt 1.4.1 haben wir gezeigt, dass man sämtliche Gleichungen der Zinsrechnung mit jährlichen Zinssätzen auf die Zinsrechnung mit unterjährlichen Zinssätzen übertragen kann, wenn man zwei einfache Substitutionen vornimmt. An die Stelle des Jahreszinssatzes i tritt der unterjährliche Zinssatz j; und an die Stelle der in Jahren gemessenen Laufzeit n tritt die in Zinsperioden (Halbjahren, Quartalen, Monaten, Wochen, Tagen) gemessene Laufzeit N.

Nun kann man zu genau denselben Ergebnissen auch kommen, indem man die Laufzeit unverändert in Jahren misst und die Zinssätze anpasst. Diesen – vollkommen ebenbürtigen – Weg werden wir jetzt beschreiben, wobei wir uns allerdings auf den Fall der einfachen Zinsrechnung und den der reinen Zinseszinsrechnung beschränken werden. Die gemischte Verzinsung stellt, wie wir inzwischen wissen, ohnehin nur eine Kombination aus beiden Formen der Zinsverrechnung dar.

Relativer Zinssatz. Bei den folgenden Betrachtungen setzen wir den unterjährlichen Zinssatz j als gegeben voraus und nehmen uns zum Ziel, den dementsprechenden Jahreszinssatz zu bestimmen. Der unterjährliche wird in diesem Zusammenhang oft auch als relativer Zinssatz bezeichnet.

Nomineller Zinssatz. Unter dem nominellen Jahreszinssatz i versteht man genau denjenigen, der im Rahmen der einfachen Zinsrechnung dem relativen entspricht, wenn man die Laufzeit nicht in Zinsperioden, sondern in Jahren misst. Unter Rückgriff auf die Gleichungen (1.2) und (1.22) lautet die Äquivalenzbeziehung

$$K_0(1 + ni) = K_0(1 + Nj).$$

Setzt man für $N = mn$ und löst vorstehende Gleichung nach i auf, so ergibt sich für den nominellen Jahreszinssatz die einfache Formel

$$\boxed{i = m\,j}\,. \tag{1.25}$$

Konformer Zinssatz. Als konformen Jahreszinssatz i^* bezeichnet man denjenigen, welcher dem relativen Zinssatz bei reiner Zinseszinsrechnung entspricht. Für die Äquivalenzbeziehung verwenden wir daher die Gleichungen (1.7) und (1.23)

$$K_0(1 + i^*)^n = K_0(1 + j)^N.$$

Wieder setzt man $N = mn$ und löst danach nach i^* auf. Für den konformen Jahreszinssatz erhält man auf diese Weise

$$\boxed{i^* = (1 + j)^m - 1}. \tag{1.26}$$

Um zu kontrollieren, ob man mit Hilfe des Konzepts vom nominellen und konformen Jahreszinssatz zu den gleichen Resultaten gelangt wie mit der zuvor beschriebenen analogen Anwendung der Formeln für die jährliche Verzinsung, betrachten wir das folgende Beispiel.

Beispiel 18 *Sabine hat die Möglichkeit, Kapital zu 0,35 % pro Monat anzulegen. Sie benötigt in anderthalb Jahren 1000 € und möchte wissen, wie viel sie heute anlegen muss, wenn*

(a) einfache Zinsen,
(b) Zinseszinsen

gerechnet werden.

Bei analoger Anwendung der Gleichungen für den Fall jährlicher Verzinsung ist zunächst die Laufzeit in Monaten auszurechnen. Man erhält $N = 12 \cdot 1,5 = 18$ Monate.

  (a) Sodann ist bei einfacher Zinsrechnung analog zu Gleichung (1.4)

$$K_0 = \frac{1000}{1 + 18 \cdot 0,0035} = 940,73$$

  zu rechnen.

  (b) Bei Zinseszinsrechnung erhält man analog zu Gleichung (1.9)

$$K_0 = 1000 \cdot 1,0035^{-18} = 939,05.$$

Will man die Lösung dagegen mit Hilfe von nominellen und konformen Zinssätzen ermitteln, so ist zunächst der relative Zinssatz umzurechnen. Das ergibt

$$i = 12 \cdot 0,0035 = 0,042 \quad \text{und}$$
$$i^* = 1,0035^{12} - 1 = 0,04282.$$

Danach können die Gleichungen (1.4) und (1.9) direkt angewandt werden.

(a) Im Falle einfacher Zinsrechnung führt das auf

$$K_0 = \frac{1000}{1 + 1,5 \cdot 0,042} = 940,73.$$

(b) Bei Zinseszinsrechnung ergibt sich

$$K_0 = 1000 \cdot 1,04282^{-1,5} = 939,05.$$

Erwartungsgemäß erhält man die gleichen Zahlen wie bei analoger Rechnung.

Nicht bei allen in der Praxis vorkommenden Aufgabenstellungen kann davon ausgegangen werden, dass der relative Zinssatz j gegeben ist. Mitunter ist der konforme Zinssatz bekannt, und man möchte wissen, wie die zu ihm korrespondierenden relativen und nominellen Zinssätze aussehen; oder der nominelle Zinssatz ist gegeben, und man möchte den relativen sowie den konformen Zinssatz ermitteln. Tabelle 1.6 enthält alle Formeln, mit denen man die drei Zinssätze ineinander umrechnen kann.

Tabelle 1.6: Relativer, nomineller und konformer Zinssatz

gegeben \ gesucht	relativ	nominell	konform
relativ	j	mj	$(1+j)^m - 1$
nominell	$\frac{i}{m}$	i	$\left(1 + \frac{i}{m}\right)^m - 1$
konform	$\sqrt[m]{1 + i^*} - 1$	$m\left(\sqrt[m]{1 + i^*} - 1\right)$	i^*

Beispiel 19 *Thomas ist Bankangestellter und arbeitet für die Sparkundschaft neuartige Konditionen aus. Gegenwärtig zahlt seine Bank 4 % Zins p.a. Wie viel müsste sie bei*

(a) vierteljährlicher,
(b) monatlicher Zinsgutschrift

zahlen?

Gegeben ist der konforme Jahreszinssatz mit 4 %. Gesucht ist der diesem entsprechende relative Zinssatz. Dieser berechnet sich wie folgt:

(a) $\sqrt[4]{1,04} - 1 = 0,00985 = 0,985\,\%$ je Quartal,

(b) $\sqrt[12]{1,04} - 1 = 0,00327 = 0,327\,\%$ je Monat.

1.4.3 Stetige (kontinuierliche) Verzinsung

Bisher haben wir immer nur diskrete Zinsperioden betrachtet, also Jahre, Halbjahre, Quartale, Monate oder Tage. Formaler ausgedrückt: Die Zahl der jährlichen Zinsperioden m war in unseren bisherigen Betrachtungen stets eine endliche Zahl. Nun wollen wir untersuchen, was es bedeutet, wenn die Zahl der Zinsperioden immer größer wird und über alle Grenzen wächst. Zu diesem Zweck halten wir den nominellen Jahreszinsfuß i fest, lassen m wachsen und rechnen den jeweiligen konformen Zinssatz aus. Laut Tabelle 1.6 gilt für den konformen Zinssatz immer

$$i^* = \left(1 + \frac{i}{m}\right)^m - 1.$$

Tabelle 1.7 zeigt, dass der konforme Jahreszinsfuß um so größer wird, je höher die Zahl der Zinsperioden ist. Das Wachstum verlangsamt sich aber rasch und strebt offensichtlich einem Grenzwert zu. Diesen wollen wir bestimmen. Der fragliche Grenzwert beläuft sich auf

$$x = \lim_{m \to \infty} \left(1 + \frac{i}{m}\right)^m - 1. \qquad (1.27)$$

Nun sollte bekannt sein, dass ein sehr ähnlicher Ausdruck einen Grenzwert besitzt, den man als *Eulersche* Zahl bezeichnet.[7] Und

---

[7] *Leonhard Euler* (1707–1783), Schweizer Mathematiker.

Tabelle 1.7: Abhängigkeit des konformen Jahreszinssatzes von der Zahl der Zinsperioden je Jahr

m	i^*	
	$i = 0,05$	$i = 0,10$
1	0,05000	0,10000
2	0,05062	0,10250
4	0,05095	0,10381
6	0,05105	0,10426
12	0,05116	0,10471
52	0,05125	0,10506
360	0,05127	0,10516
$\vdots$		
∞	0,05127	0,10517

zwar ist

$$e = \lim_{h \to \infty} \left(1 + \frac{1}{h}\right)^h = 1 + \frac{1}{1!} + \frac{1}{2!} + \frac{1}{3!} + \ldots = 2,71828\ldots. \quad (1.28)$$

Wir nehmen nun in Gleichung (1.27) eine Substitution vor, indem wir

$$h = \frac{m}{i} \quad (1.29)$$

benutzen. Einsetzen in Gleichung (1.27) ergibt

$$\begin{aligned} x &= \lim_{hi \to \infty} \left(1 + \frac{1}{h}\right)^{hi} - 1 \\ &= \left(\lim_{hi \to \infty} \left(1 + \frac{1}{h}\right)^h\right)^i - 1. \end{aligned}$$

Ein Blick auf (1.29) zeigt, dass h über alle Grenzen wächst, wenn m gegen unendlich geht, denn i - der Zinssatz - ist stets eine positive Zahl. Infolgedessen dürfen wir

$$x = \left(\lim_{h \to \infty} \left(1 + \frac{1}{h}\right)^h\right)^i - 1$$

schreiben oder unter Benutzung von (1.28) schließlich auch

$$x = e^i - 1.$$

Erinnern wir uns an unseren Ausgangspunkt, so gilt offenbar

$$\lim_{m \to \infty} \left(1 + \frac{i}{m}\right)^m - 1 = e^i - 1. \tag{1.30}$$

Endkapital. Will man das Endkapital unter der Voraussetzung berechnen, dass die Zahl der Zinsperioden je Jahr über alle Grenzen geht, so hat man keine andere Wahl, als dies über den konformen Zinsfuß zu tun, denn der relative Zinsfuß für eine unendlich kleine Zinsperiode geht notwendigerweise gegen null. Ein brauchbarer relativer Zinssatz lässt sich also bei stetiger Verzinsung überhaupt nicht angeben. Die Gleichung zur Berechnung des Endkapitals bei kontinuierlicher Verzinsung lautet unter Berücksichtigung von (1.30) daher

$$\boxed{K_n = K_0 e^{in}}. \tag{1.31}$$

Beispiel 20 *Ulrike legt 700 € 4 Jahre und 3 Monate zum nominellen Zinssatz von 4 % p.a. an. Wie hoch ist ihr Endkapital bei*

(a) vierteljährlicher Zinsgutschrift,
(b) monatlicher Zinsgutschrift,
(c) kontinuierlicher Verzinsung?

(a) Bei vierteljährlicher Zinsperiode ist der konforme Jahreszinssatz

$$i^* = \left(1 + \frac{0,04}{4}\right)^4 - 1 = 0,0406$$

und das Endkapital nach 4,25 Jahren beträgt

$$K_{4,25} = 700 \cdot 1,0406^{4,25} = 829,01.$$

(b) Bei monatlicher Verzinsung kommt man auf

$$i^* = \left(1 + \frac{0,04}{12}\right)^{12} - 1 = 0,04074 \quad \text{und}$$
$$K_{4,25} = 700 \cdot 1,04074^{4,25} = 829,48.$$

(c) Im Falle kontinuierlicher Verzinsung erreicht der konforme Jahreszinssatz den Wert

$$i^* = 2,71828^{0,04} - 1 = 0,04081,$$

und das Endkapital beträgt dann

$$K_{4,25} = 700 \cdot 1,04081^{4,25} = 829,71.$$

Anfangskapital. Wer das Anfangskapital berechnen will, muss (1.31) nach K_0 auflösen. Dies ergibt

$$K_0 = K_n e^{-in}.$$

Beispiel 21 *Viktor hat den Wunsch, in drei Jahren ein Endkapital von 750 € zu besitzen. Wie viel muss er heute anlegen, wenn ihm 5 % Zins p.a. bei kontinuierlicher Verzinsung geboten werden?*

$$K_0 = 750 \cdot 2,71828^{-0,05\cdot 3} = 645,53.$$

Zinssatz. Gleichung (1.31) kann ohne nennenswerte Schwierigkeiten auch nach i aufgelöst werden. Man erhält

$$K_n = K_0 e^{in}$$
$$e^{in} = \frac{K_n}{K_0}$$
$$\ln e^{in} = \ln \frac{K_n}{K_0}$$
$$in = \ln \frac{K_n}{K_0}$$
$$i = \frac{\ln \frac{K_n}{K_0}}{n}.$$

Beispiel 22 *Wiebke braucht in 3 Jahren und 6 Monaten 10000 €. Sie besitzt heute 8765 €. Welchen (nominellen) Zinssatz muss sie bei kontinuierlicher Verzinsung verlangen?*

$$i = \frac{\ln \frac{10000}{8765}}{3,5} = 0,0377.$$

Laufzeit. Geht es darum, die Laufzeit bei stetiger Verzinsung zu ermitteln, so löst man (1.31) nach n auf,

$$n = \frac{\ln \frac{K_n}{K_0}}{i}.$$

1.5   Vorschüssige Verzinsung (Ersatzzinssatz)

Bisher haben wir immer mit nachschüssigen Zinssätzen gear-
beitet. In der Praxis sind diese auch eindeutig vorherrschend.
Man geht nicht zu weit, wenn man behauptet, dass vorschüssige
Zinsen eine exotische Ausnahme sind. Deswegen wollen wir uns
mit ihnen auch nur am Rande beschäftigen. Ein nachschüssiger
Zinssatz ist als das Verhältnis des jährlichen Zinsbetrages zum
Kapital am Beginn der Zinsperiode definiert,

$$i_{\text{nach}} = \frac{K_1 - K_0}{K_0}.$$

Dagegen setzt man bei vorschüssigem Zinssatz den jährlichen
Zinsbetrag in Beziehung zum Kapital am Ende der Zinsperiode,

$$i_{\text{vor}} = \frac{K_1 - K_0}{K_1}. \tag{1.32}$$

Ein einfaches Beispiel mag die unterschiedliche Art der Vorgehensweise im Verhältnis zur vertrauten nachschüssigen Methode deutlicher machen. Gibt jemand Kredit über 100 € für ein Jahr
unter der Bedingung vorschüssiger Zinsen in Höhe von 10 % p.a.,
so überlässt er dem Kapitalnehmer 90 € und verpflichtet ihn zur
Rückzahlung von 100 € in einem Jahr. Die Zinsen in Höhe von
$0,1 \cdot 100 = 10$ € zahlt der Kapitalnehmer damit am Anfang der
Zinsperiode (vorschüssig).

Bei nachschüssiger Verzinsung zu 10 % p.a. wäre davon die Rede,
dass der Kapitalgeber 90 € ausleiht und der Kapitalnehmer in
einem Jahr an den Kapitalgeber 99 € zurückzuzahlen hat. Darin
enthalten wären Zinsen in Höhe von $0,1 \cdot 90 = 9$ €, die am Ende
der Zinsperiode (nachschüssig) gezahlt werden.

Wegen der geringen Bedeutung der vorschüssigen Verzinsung
wäre es nun unangemessen, wenn man alles, was wir über nachschüssige Zinsen in den Abschnitten zuvor dargestellt haben, im
Folgenden sinngemäß für den Fall vorschüssiger Zinsen rekon-
struiert. Statt dessen erscheint es zweckmäßig, wenn wir uns
auf die Berechnung des Endkapitals bei reiner Zinseszinsrechnung konzentrieren und alle anderen Fragen vernachlässigen.
Löst man Gleichung (1.32), die Definitionsgleichung für den vorschüssigen Zinssatz, nach K_1 auf, so erhält man für das Kapital

nach einem Jahr Laufzeit die Formel

$$K_1 = K_0(1 - i_{\text{vor}})^{-1}.$$

Betrachtet man das Kapital nach zweijähriger Laufzeit, so muss es analog hierzu

$$\begin{aligned} K_2 &= K_1(1 - i_{\text{vor}})^{-1} \quad \text{oder} \\ &= K_0(1 - i_{\text{vor}})^{-2} \end{aligned}$$

heißen. Auf entsprechende Weise erhält man nach dreijähriger Laufzeit

$$\begin{aligned} K_3 &= K_2(1 - i_{\text{vor}})^{-1} \quad \text{oder} \\ &= K_0(1 - i_{\text{vor}})^{-3} \end{aligned}$$

und allgemein für ein Kapital nach n Jahren Laufzeit

$$K_n = K_0(1 - i_{\text{vor}})^{-n}$$

oder in noch etwas anderer Schreibweise

$$\boxed{K_n = K_0\left(\frac{1}{1 - i_{\text{vor}}}\right)^n}. \tag{1.33}$$

Beispiel 23 *Xaver leiht für 7 Jahre 6543 € zu 12 % p.a. vorschüssig aus. Wie groß ist sein Kapital am Ende der Laufzeit, und wie groß wäre es bei nachschüssiger Verzinsung?*

Bei vorschüssiger Verzinsung beläuft sich das Endkapital auf

$$K_7 = 6543 \cdot (1 - 0,12)^{-7} = 16010,25.$$

Bei nachschüssiger Verzinsung würde man nur

$$K_7 = 6543 \cdot (1 + 0,12)^7 = 14464,40$$

erreichen.

Nun lässt sich die Endkapitalgleichung (1.33) für den Fall vorschüssiger Zinseszinsen leicht in eine Form bringen, die ebenso aussieht wie die bekannte Endkapitalgleichung für nachschüssige Zinseszinsen.[8] Zu diesem Zweck bestimmt man einen nachschüssigen Ersatzzinsfuß, so dass

$$1 + i_{\text{nach}}^{\text{ers}} = \frac{1}{1 - i_{\text{vor}}}$$

gilt. Löst man diese Gleichung nach dem Ersatzzinsfuß auf, so erhält man

$$i_{\text{nach}}^{\text{ers}} = \frac{i_{\text{vor}}}{1 - i_{\text{vor}}} \, .$$

Rechnen wir Beispiel 23 mit diesem Konzept nach, so ergibt sich ein Ersatzzinsfuß in Höhe von

$$i_{\text{nach}}^{\text{ers}} = \frac{0,12}{1 - 0,12} = 0,13636 \, ,$$

und man erhält wieder ein Endkapital von

$$K_7 = 6543 \cdot 1,13636^7 = 16010,25 \, .$$

---

[8]Vgl. Gleichung (1.7).

2 Rentenrechnung

2.1 Grundbegriffe der Rentenrechnung

Wer beginnt, sich mit der Rentenrechnung vertraut zu machen, sollte sichere Kenntnisse der Zinsrechnung mitbringen. Rentenrechnung ist angewandte Zinsrechnung. Wir definieren eine Rente als eine regelmäßig wiederkehrende Zahlung. Der einfachste Fall ist derjenige, bei dem in Jahresabständen ein Betrag in gleich bleibender Höhe gezahlt wird. Jedoch muss die Regelmäßigkeit der Zahlungen nicht unbedingt so weit gehen. Beginnen wir damit, uns einen Überblick über die verschiedenen Rentenformen zu verschaffen.

Es gibt Merkmale, mit deren Hilfe man Ordnung in die verschiedenen Formen von Rentenrechnungsmodellen bringen kann, und zwar

- die Rentenhöhe,
- die Rentendauer,
- die Terminierung einer einzelnen Rentenzahlung,
- das Verhältnis von Renten- und Zinsperiode.

Rentenhöhe. Was die Höhe der Rentenzahlungen betrifft, so kann diese entweder gleich bleiben oder veränderlich sein. Im ersten Fall könnten wir von konstanten, im zweiten von variablen Renten sprechen. Bei den veränderlichen Renten lassen sich noch zwei Unterfälle unterscheiden. Entweder folgt die Veränderung der Renten einer bestimmten Gesetzmäßigkeit (z.B. Verdoppelung) oder nicht. Insgesamt unterscheiden wir also:

1. gleich bleibende Renten,

2. veränderliche Renten,

   (a) sich regelmäßig ändernde Renten,

   (b) sich regellos ändernde Renten.

Rentendauer. Als Maß für die Rentendauer benutzen wir nahe-
liegenderweise die Anzahl der Rentenzahlungen. Da es sich bei
Renten definitionsgemäß um wiederkehrende Zahlungen handelt, ist die Mindestzahl der Rentenzahlungen zwei. Nach oben
ist die Zahl der Zahlungen nicht begrenzt. So ist vorstellbar,
dass jemand ein Grundstück pachtet und die Verpflichtung über-
nimmt, dem Verpächter und seinen Rechtsnachfolgern als Gegenleistung auf ewig eine Rente zu zahlen. Infolgedessen unterscheidet man bezüglich der Rentendauer:

1. endliche Renten,

2. ewige Renten.

Terminierung einer einzelnen Rentenzahlung. Betrachten wir
den Fall einer gleich bleibenden endlichen Rente in Höhe von
100 €, die 10 Jahre lang gezahlt wird. Solange die Terminierung
der einzelnen Zahlungen nicht genauer festgelegt ist, wissen wir
nur, dass zwischen den Zahlungen immer genau ein Jahr liegt.
Ob aber die erste Zahlung zu Beginn, in der Mitte oder am Ende
des ersten Jahres erfolgt, ist noch offen. Erfolgen die Zahlungen
stets zu Beginn der Periode (also am 1. Januar), dann spricht man
von vorschüssigen Renten. Wird dagegen am Ende der Periode
(d.h. hier am 31. Dezember) gezahlt, so ist von einer nachschüssigen Rente die Rede. Bezüglich des Zeitpunktes unterscheidet
man demnach:

1. vorschüssige Renten,

2. nachschüssige Renten.

Verhältnis von Renten- und Zinsperiode. Der zeitliche Abstand zwischen zwei Rentenzahlungen wird als Rentenperiode

bezeichnet, der zeitliche Abstand zwischen zwei Zinszuschlägen als Zinsperiode. Wenn Rentenzahlungen in Jahresabständen erfolgen oder – anders gesagt – die Rentenperiode ein Jahr ist, spricht man von jährlichen Renten. Ist die Rentenperiode kürzer als ein Jahr, wird also die Rente beispielsweise in Quartals- oder Monatsabständen gezahlt, so ist von unterjährlichen Renten die Rede. Im Rahmen der Zinsrechnung hatten wir zwischen jährlicher und unterjährlicher Verzinsung unterschieden. Betrachten wir sowohl Renten- als auch Zinsperioden, so kann es die folgenden Kombinationen geben:

1. Jährliche Renten

   (a) mit jährlichen Zinsen
   (b) mit unterjährlichen Zinsen

2. Unterjährliche Renten

   (a) mit jährlichen Zinsen
   (b) mit unterjährlichen Zinsen
      i. Zinsperiode > Rentenperiode
      ii. Zinsperiode = Rentenperiode
      iii. Zinsperiode < Rentenperiode

Zum besseren Verständnis sei erläutert, warum im Falle unterjährlicher Renten mit unterjährlichen Zinsen noch drei Unterfälle unterschieden werden müssen. Gehen wir von vierteljährlicher Rentenzahlung aus, so können die Zinsen halbjährlich verrechnet werden (Zinsperiode > Rentenperiode); die Zinsen können quartalsweise verrechnet werden (Zinsperiode = Rentenperiode); oder die Zinsen können monatlich verrechnet werden (Zinsperiode < Rentenperiode)[1]

Die wichtigsten Symbole, die wir im Rahmen der Rentenrechnung benutzen werden, sind folgende:

i := (jährlicher) Zinssatz
n := Laufzeit der Rente (in Jahren)
r_t := Rentenzahlung im Zeitpunkt t
R_0 := Rentenbarwert
R_n := Rentenendwert

---

[1]Renten- und/oder Zinsperioden, die länger als ein Jahr sind, pflegt man nicht zu betrachten.

Für den Fall, dass mit unterjährlichen Renten und/oder mit unterjährlichen Zinsen gearbeitet werden soll, brauchen wir zwei zusätzliche Symbole, und zwar

$m_r :=$ Anzahl der Rentenperioden je Jahr
$m_z :=$ Anzahl der Zinsperioden je Jahr

Um uns die Schreibarbeit bequem zu machen, werden wir im Verlaufe der Darstellung noch einige zusätzliche Symbole einführen.

2.2   Die acht Fragestellungen der Rentenrechnung

Falls jemand über einen Zeitraum von n Jahren Renten in Höhe von r auf ein Konto einzahlt und Zinsgutschriften nach Maßgabe des Zinssatzes i erhält, so besitzt er am Ende der Rentenlaufzeit ein bestimmtes Endkapital, das man als Rentenendwert bezeichnet. Geht es darum, diesen zu ermitteln, so handelt es sich um die erste mögliche Fragestellung der Rentenrechnung.

gegeben:	Rente	r
	Zinssatz	i
	Laufzeit	n
gesucht:	Rentenendwert	R_n

Will jemand an einen Dritten n Jahre lang Renten in Höhe von r zahlen und wird Kapital mit dem Zinssatz i verzinst, so braucht man dazu ein bestimmtes Anfangskapital. Dieses Anfangskapital nennt man Rentenbarwert. Die Suche nach ihm ergibt die zweite mögliche Fragestellung der Rentenrechnung.

gegeben:	Rente	r
	Zinssatz	i
	Laufzeit	n
gesucht:	Rentenbarwert	R_0

Will jemand nach n Jahren ein Endkapital von R_n besitzen und wird Kapital zum Zinssatz i verzinst, so müssen Renten in ausreichender Höhe gezahlt werden. Geht es darum, diese zu ermitteln, so hat man es mit der dritten möglichen Frage zu tun.

gegeben:	Rentenendwert	R_n
	Zinssatz	i
	Laufzeit	n
gesucht:	Rente	r

Wenn ein bestimmtes Anfangskapital in Höhe von R_0 vorhanden ist und der Zinssatz i feststeht, so kann man über eine vorgegebene Dauer von n Jahren eine bestimmte Rente zahlen, so dass das Kapital schließlich verbraucht ist. Soll die zahlbare Rente unter diesen Bedingungen berechnet werden, sprechen wir von der vierten möglichen Fragestellung der Rentenrechnung.

gegeben:	Rentenbarwert	R_0
	Zinssatz	i
	Laufzeit	n
gesucht:	Rente	r

Interessiert man sich für den Zinssatz i, den man von einer Bank geboten bekommen muss, damit regelmäßig wiederkehrende Zahlungen in Höhe von r nach n Jahren endlich zu einem Kapital von R_n anwachsen, so handelt es sich um die fünfte Fragestellung.

gegeben:	Rentenendwert	R_n
	Rente	r
	Laufzeit	n
gesucht:	Zinssatz	i

Fragt man nach dem Zinssatz, zu dem man ein Anfangskapital R_0 anlegen muss, damit daraus über n Jahre eine Rente von r gezahlt werden kann, so verbirgt sich dahinter die sechste Aufgabenstellung der Rentenrechnung.

gegeben:	Rentenbarwert	R_0
	Rente	r
	Laufzeit	n
gesucht:	Zinssatz	i

Abschließend kann man noch nach der Laufzeit fragen, und zwar entweder unter der Voraussetzung, dass der Rentenendwert gegeben ist, oder unter der Bedingung, dass der Barwert bekannt ist. Will jemand wissen, wie lange er die Rente r zahlen muss, um bei einem Zinssatz von i ein Endkapital von R_n zu erreichen, so ist das die siebente Fragestellung.

gegeben:	Rentenendwert	R_n
	Rente	r
	Zinssatz	i
gesucht:	Laufzeit	n

Geht es endlich darum zu berechnen, wie lange man aus einem Anfangskapital von R_0 eine Rente in Höhe von r zahlen kann, falls das Kapital zum Satz i verzinst wird, so ergibt dies die achte und letzte Fragestellung der Rentenrechnung.

gegeben:	Rentenbarwert	R_0
	Rente	r
	Zinssatz	i
gesucht:	Laufzeit	n

2.3 Gleich bleibende Renten

In dem jetzt folgenden Kapitel gehen wir immer davon aus, dass wir es mit endlichen Rentenzahlungen in gleich bleibender Höhe zu tun haben. Für eine Dauer von n Jahren wird also wiederkehrend eine Rente in Höhe von r gezahlt.

2.3.1 Jährliche Renten mit jährlichen Zinsen

Am einfachsten ist nun der Standardfall mit Renten- und Zinsperioden von jeweils genau einem Jahr. Das Zeitintervall zwischen den einzelnen Rentenzahlungen ist ebenso lang wie das Zeitintervall zwischen den Zinszuschlagsterminen.

2.3.1.1 Nachschüssige Renten

Wenn die Laufzeit der Rente n Jahre umfasst, so werden insgesamt n Rentenzahlungen geleistet. Erfolgen diese Zahlungen am Jahresanfang, so handelt es sich um eine vorschüssige Rente. Wird jeweils am Jahresende gezahlt, so nennt man die Rente nachschüssig. Wir behandeln zunächst nur nachschüssige Renten oder präziser und zusammenfassend gleich bleibende, endliche, nachschüssige, jährliche Renten mit jährlichen Zinsen. Die Zeitstruktur der Zahlungen kann man sich am besten mit Hilfe von Abbildung 2.1 veranschaulichen.

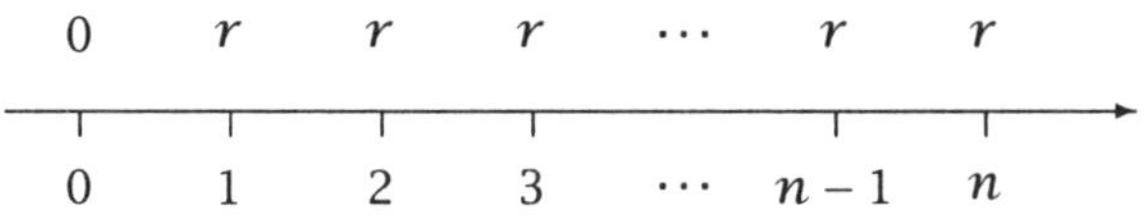

$$
\begin{array}{ccccccc}
0 & r & r & r & \cdots & r & r \\
\hline
0 & 1 & 2 & 3 & \cdots & n-1 & n
\end{array}
$$

Abbildung 2.1: Zeitstruktur einer gleich bleibenden endlichen nachschüssigen Rente

Berechnung des Endwerts und des Barwerts

Rentenendwert. Um den Endwert einer nachschüssigen jährlichen Rente zu berechnen, muss man sich vorstellen, dass jeweils am Ende eines Jahres der Betrag r_t auf ein Konto eingezahlt wird, das nach Jahresfrist mit dem Satz i verzinst wird. Wir verwenden $q = 1 + i$ als Zinsfaktor und verfolgen die Entwicklung des Kontos im Zeitablauf bis zum Zeitpunkt $t = n$. Dann erhalten wir folgendes Bild.

$$
\begin{aligned}
R_1 & & & = r_1 \\
R_2 & = r_2 + R_1 q & & = r_2 + r_1 q \\
R_3 & = r_3 + R_2 q & & = r_3 + r_2 q + r_1 q^2 \\
&\vdots \\
R_n & = r_n + R_{n-1} q & & = r_n + r_{n-1} q + r_{n-2} q^2 + \ldots + r_1 q^{n-1}
\end{aligned}
$$

Die Endwertformel lautet somit

$$
R_n = r_n + r_{n-1} q + r_{n-2} q^2 + \ldots + r_1 q^{n-1}. \tag{2.1}
$$

Bei der Herleitung von Gleichung (2.1) haben wir jede Rentenzahlung mit einem Zeitindex versehen, um damit zum Ausdruck zu bringen, wann die Rentenzahlung erfolgt. Da wir die Voraussetzung, dass wir uns zunächst ausschließlich mit gleich bleibenden Renten beschäftigen wollen, bisher gar nicht benutzt haben, ist (2.1) eine Formel, die wir bei der Berechnung von Rentenend-werten allgemein verwenden können, also auch dann, wenn wir es mit veränderlichen Renten zu tun haben. Nun aber wollen wir uns dem Spezialfall der gleich bleibenden Rente zuwenden, also den Fall

$$r_1 = r_2 = \ldots = r_n = r$$

betrachten. Lassen wir in Gleichung (2.1) den Zeitindex der Rente fort, so kann man r ausklammern und erhält

$$R_n = r \left(1 + q^1 + q^2 + \ldots + q^{n-1} \right). \tag{2.2}$$

Der Ausdruck

$$1 + q^1 + q^2 + \ldots + q^{n-1}$$

ist eine Summe von Aufzinsungsfaktoren. Formal betrachtet handelt es sich um eine geometrische Reihe, weil der Quotient aus zwei benachbarten Summanden jeweils eine Konstante ist,

$$\frac{q^1}{1} = \frac{q^2}{q^1} = \frac{q^3}{q^2} = \ldots = \frac{q^{n-1}}{q^{n-2}} = q.$$

Mit geometrischen Reihen hat man es in der Finanzmathematik häufig zu tun. Wegen dieser grundsätzlichen Bedeutung und der Tatsache, dass Kenntnisse über geometrische Reihen nicht als allgemein bekannt vorausgesetzt werden können, sei auf den mathematischen Anhang verwiesen.[2] Dort findet man auch eine Begründung dafür, dass für die Summe der endlichen geometrischen Reihe

$$1 + q^1 + q^2 + \ldots + q^{n-1} = \frac{q^n - 1}{q - 1}$$

gilt. Setzt man das in Gleichung (2.2) ein, so erhält man

$$R_n = r \frac{q^n - 1}{q - 1}$$

für die Berechnung des Endwerts einer gleich bleibenden nach-schüssigen jährlichen Rente. Diese Formel ist bereits sehr kom-pakt und – wie wir gleich sehen werden – auch leicht auszuwer-ten. Berücksichtigt man noch, dass für den Zinsfaktor $q = 1 + i$ gilt, so kommt man schließlich zu der Rentenendwertgleichung

$$\boxed{R_n = r \frac{q^n - 1}{i}}. \tag{2.3}$$

---

[2]Siehe unten Seite 284.

Beispiel 24 *Anton zahlt vier Jahre lang nachschüssig eine Rente von 300 € auf ein Konto, das mit 6 % verzinst wird. Wie hoch ist sein Kapital am Ende des vierten Jahres?*

Ein umständlicher Lösungsweg benutzt Gleichung (2.1) und ergibt

$$R_4 = 300 + 300 \cdot 1,06 + 300 \cdot 1,06^2 + 300 \cdot 1,06^3 = 1312,38.$$

Einfacher ist es, mit der Endwertformel (2.3) zu arbeiten. Danach ist ebenfalls

$$R_4 = 300 \cdot \frac{1,06^4 - 1}{0,06} = 1312,38.$$

Der rechentechnische Vorteil von Gleichung (2.3) gegenüber der ursprünglichen Gleichung (2.1) zeigt sich insbesondere bei langen Laufzeiten.

Beispiel 25 *Barbara will wissen, wie viel Geld sie nach 20 Jahren besitzt, wenn sie nachschüssig jährlich 1000 € einzahlt und der Zinssatz 5 % beträgt.*

$$R_{20} = 1000 \cdot \frac{1,05^{20} - 1}{0,05} = 33065,95.$$

Betrachten Sie für einen Moment Gleichung (2.3), und Sie sehen, dass man den Rentenendwert berechnet, indem man eine einfache Multiplikation ausführt. Die jährliche Rente r ist mit dem nachschüssigen Rentenendwertfaktor

$$\boxed{REFN = \frac{q^n - 1}{i}} \qquad (2.4)$$

zu multiplizieren. Tabelle 2.1 zeigt, welche Werte diese Faktoren bei üblichen Zinssätzen und Laufzeiten annehmen. Mit der Endwertformel (2.3) können wir ausrechnen, wie hoch das Endkapital ist, wenn n-mal nachschüssig eine Rente in Höhe von r auf ein Konto eingezahlt wird, das jährlich zum Satz i verzinst wird. Damit lässt sich die erste Fragestellung der Rentenrechnung beantworten.

Tabelle 2.1: Nachschüssige Rentenendwertfaktoren (REFN) für ausgewählte Zinssätze und Laufzeiten

n	2,50%	5,00%	7,50%	10,00%
1	1,00000	1,00000	1,00000	1,00000
2	2,02500	2,05000	2,07500	2,10000
3	3,07563	3,15250	3,23063	3,31000
4	4,15252	4,31013	4,47292	4,64100
5	5,25633	5,52563	5,80839	6,10510
6	6,38774	6,80191	7,24402	7,71561
7	7,54743	8,14201	8,78732	9,48717
8	8,73612	9,54911	10,44637	11,43589
9	9,95452	11,02656	12,22985	13,57948
10	11,20338	12,57789	14,14709	15,93742
20	25,54466	33,06595	43,30468	57,27500
30	43,90270	66,43885	103,39940	164,49402

Rentenbarwert. Bei der zweiten möglichen Frage, der Frage nach dem Rentenbarwert, geht es um folgendes Problem: Wie viel Kapital muss jemand im Zeitpunkt $t = 0$ besitzen, wenn er an einen Dritten n Jahre lang eine nachschüssige Rente in Höhe von r zahlen will und das (jeweilige Rest-)Kapital zum Satz i verzinst wird?

Um den Rentenbarwert zu berechnen, muss man nichts anderes tun, als den Rentenendwert um n Jahre abzuzinsen, denn aus der Zinseszinsrechnung kennen wir

$$K_n = K_0 q^n,$$

und für das Verhältnis von Rentenendwert und Rentenbarwert gilt entsprechend

$$R_n = R_0 q^n.$$

Löst man nach dem Barwert auf und setzt Gleichung (2.3) ein, so erhält man

$$\boxed{R_0 = r \, \frac{q^n - 1}{i \, q^n}}. \tag{2.5}$$

Beispiel 26 *Christian braucht für die Finanzierung seines Studiums die Unterstützung seiner Eltern. Ihm soll vier Jahre lang* *nachschüssig eine jährliche Zuwendung von 6000 € gezahlt werden. Wie viel Kapital müssen Christians Eltern zu Beginn des ersten Studienjahres bereitstellen, wenn der jährliche Zins 5 % ist?*

$$R_0 = 6000 \cdot \frac{1,05^4 - 1}{0,05 \cdot 1,05^4} = 21275,70$$

Im Rahmen von Tabelle 2.2 wird gezeigt, wie sich der Kontostand über die einzelnen Jahre entwickelt. Die Zahlen der Tabelle belegen

Tabelle 2.2: Entwicklung eines Anfangskapitals bei laufender Auszahlung einer nachschüssigen Rente

Jahr	Kapital zu Jahresbeginn	Zinsen 5 %	Rente	Kapital zu Jahresende
1	21275,70	1063,79	-6000,00	16339,49
2	16339,49	816,97	-6000,00	11156,46
3	11156,46	557,82	-6000,00	5714,29
4	5714,29	285,71	-6000,00	0,00

zugleich, dass Gleichung (2.5) den Rentenbarwert korrekt ermittelt. Ein Blick auf diese Gleichung zeigt, dass der Rentenbarwert sich als Produkt aus Rente r und nachschüssigem Rentenbarwertfaktor

$$\boxed{RBFN = \frac{q^n - 1}{i \, q^n}} \tag{2.6}$$

darstellen lässt. Tabelle 2.3 ist eine systematische Zusammenstellung der Werte solcher Faktoren für ausgewählte Zinssätze und Laufzeiten.

Berechnung der Rentenhöhe

Bei der dritten und der vierten möglichen Fragestellung der Rentenrechnung geht es um die Ermittlung der Rentenhöhe bei gegebenem Endwert beziehungsweise gegebenem Barwert. Um solche Berechnungen vornehmen zu können, geht man von der Endwertformel (2.3) oder der Barwertformel (2.5) aus und löst nach r auf. Das bereitet keine Schwierigkeiten,

$$r = R_n \frac{i}{q^n - 1} \tag{2.7}$$

Tabelle 2.3: Nachschüssige Rentenbarwertfaktoren (RBFN) für ausgewählte Zinssätze und Laufzeiten

n	2,50%	5,00%	7,50%	10,00%
1	0,97561	0,95238	0,93023	0,90909
2	1,92742	1,85941	1,79557	1,73554
3	2,85602	2,72325	2,60053	2,48685
4	3,76197	3,54595	3,34933	3,16987
5	4,64583	4,32948	4,04588	3,79079
6	5,50813	5,07569	4,69385	4,35526
7	6,34939	5,78637	5,29660	4,86842
8	7,17014	6,46321	5,85730	5,33493
9	7,97087	7,10782	6,37889	5,75902
10	8,75206	7,72173	6,86408	6,14457
20	15,58916	12,46221	10,19449	8,51356
30	20,93029	15,37245	11,81039	9,42691

und

$$r = R_0 \,\frac{i\,q^n}{q^n - 1}. \tag{2.8}$$

Der Rentenendwert ist mit dem Kehrwert des Rentenendwertfaktors, der Barwert mit dem Kehrwert des Rentenbarwertfaktors zu multiplizieren, wenn die Höhe der (nachschüssigen) Rente berechnet werden soll.

Beispiel 27 *Wie viel muss Dagmar am Ende eines jeden Jahres auf ihr Sparbuch einzahlen, wenn der Zinssatz 2,75 % p.a. beträgt und sie nach 6 Jahren einen Kontostand von 8000 € erreichen will?*

$$r = 8000 \cdot \frac{0,0275}{1,0275^6 - 1} = 1244,57$$

Tabelle 2.4 zeigt die Entwicklung von Dagmars Konto zur Probe.

Beispiel 28 *Eriks Großvater hinterlässt seinem Enkel einen Betrag von 64000 €. Das Kapital wird zu 4 % angelegt, und Erik hat die Absicht, davon drei Jahre lang zu leben. Wie viel kann er am Ende jeden Jahres abheben?*

Tabelle 2.4: Entwicklung eines Kapitals bei laufender Einzahlung einer nachschüssigen Rente

Jahr	Kapital zu Jahresbeginn	Zinsen 2,75%	Rente	Kapital zu Jahresende
1	0,00	0,00	1244,57	1244,57
2	1244,57	34,23	1244,57	2523,36
3	2523,36	69,39	1244,57	3837,32
4	3837,32	105,53	1244,57	5187,41
5	5187,41	142,65	1244,57	6574,63
6	6574,63	180,80	1244,57	8000,00

$$r = 64000 \cdot \frac{0,04 \cdot 1,04^3}{1,04^3 - 1} = 23062,31$$

Der Leser überprüfe mit Hilfe einer Aufstellung entsprechend Tabelle 2.2, ob diese Rechnung aufgeht.

Annuitätenfaktor. Kehren wir für einen Augenblick noch einmal zu Gleichung (2.8) zurück. Um zu berechnen, wie hoch die Rente ist, die man bei gegebenem Zinssatz und vorgegebener Laufzeit aus einem Anfangskapital zahlen kann, multipliziert man das Anfangskapital (den Barwert) mit dem Kehrwert des nachschüssigen Rentenbarwertfaktors. Man nennt den Kehrwert auch Annuitätenfaktor oder Wiedergewinnungsfaktor, und wir werden diesem Ausdruck

$$\boxed{ANNF = \frac{i\,q^n}{q^n - 1} = \frac{1}{RBFN}}$$

im Rahmen der in Kapitel 3 dieses Buches zu behandelnden Tilgungsrechnung wieder begegnen. Tabelle 2.5 zeigt für gängige Zinssätze und Laufzeiten, welche Werte die Annuitätenfaktoren annehmen.

Berechnung des Zinssatzes

Weder die Endwertgleichung (2.3) noch die Barwertgleichung (2.5) lassen sich allgemein nach i auflösen. Will man den Zinssatz bei gegebenem End- oder Barwert ermitteln, so muss man

Tabelle 2.5: Annuitätenfaktoren (ANNF) beziehungsweise Kehr-
werte nachschüssiger Rentenbarwertfaktoren für ausgewählte
Zinssätze und Laufzeiten

n	2,50%	5,00%	7,50%	10,00%
1	1,02500	1,05000	1,07500	1,10000
2	0,51883	0,53780	0,55693	0,57619
3	0,35014	0,36721	0,38454	0,40211
4	0,26582	0,28201	0,29857	0,31547
5	0,21525	0,23097	0,24716	0,26380
6	0,18155	0,19702	0,21304	0,22961
7	0,15750	0,17282	0,18880	0,20541
8	0,13947	0,15472	0,17073	0,18744
9	0,12546	0,14069	0,15677	0,17364
10	0,11426	0,12950	0,14569	0,16275
20	0,06415	0,08024	0,09809	0,11746
30	0,04778	0,06505	0,08467	0,10608

daher zu einem geeigneten Verfahren der näherungsweisen Nullstellenbestimmung greifen. Die Vorgehensweise sei zunächst am
Beispiel der Endwertgleichung

$$R_n = r \, \frac{q^n - 1}{i}$$

beschrieben. Gesucht ist derjenige Zinssatz (mit $i = q - 1$), der
vorstehende Gleichung erfüllt. Subtrahiert man auf beiden Seiten
R_n, so geht es darum, denjenigen Wert von i zu finden, für den
die Funktion

$$f(i) = -R_n + r \, \frac{q^n - 1}{i} \tag{2.9}$$

den Wert null hat.

Beispiel 29 *Frauke möchte erfahren, welchen Zins ihre Bank bieten muss, damit vierzig nachschüssige Einzahlungen von jeweils
1000 € zu einem Endkapital von 200000 € führen.*

Aus mathematischer Sicht ist die Berechnung der Nullstelle der
Funktion $f(i)$ nicht schwierig, weil es sich um eine stetige, monoton steigende differenzierbare Funktion handelt. Wir können

daher sehr einfache Iterationsverfahren benutzen, wie beispielsweise *Newtons* Tangentenmethode. Beginnend mit einen Versuchswert i_k in der Umgebung des Lösungswerts berechnet man
bei diesem Iterationsverfahren einen verbesserten Lösungswert
aus

$$i_{k+1} = i_k - \frac{f(i_k)}{f'(i_k)}. \qquad (2.10)$$

Dabei ist $f(i_k)$ der Wert, den die Funktion an der Stelle i_k besitzt, und $f'(i_k)$ ist der Wert, den die erste Ableitung der Funktion an der gleichen Stelle hat. Um das Tangentenverfahren in
Gang setzen zu können, benötigt man also die erste Ableitung
der Funktion $f(i)$ gemäß Gleichung (2.9). Diese ergibt sich unter
Beachtung der Quotientenregel zu

$$f'(i) = r \frac{i\,n\,q^{n-1} - q^n + 1}{i^2}. \qquad (2.11)$$

Wählen wir als ersten Startwert $i_0 = 6\,\%$ und begnügen uns mit
einer Zinsberechnung auf vier Stellen genau, so sind wir nach
zwei Iterationen am Ziel, vgl. Tabelle 2.6.

Tabelle 2.6: Iterative Berechnung des Zinssatzes einer nachschüssigen Rente bei gegebenem Endwert mit Hilfe des *Newton*-
Verfahrens

k	i_k	$f(i_k)$ gem. Gl. (2.9)	$f'(i_k)$ gem. Gl. (2.11)
0	0,0600	−45238,03	3889638,90
1	0,0716	8218,74	5386282,38
2	0,0701	173,72	5160235,10
3	0,0701	0,08	5155358,90
4	0,0701	0,00	

Bisher haben wir den Zinssatz einer Rente unter der Voraussetzung berechnet, dass der Rentenendwert gegeben ist. Entsprechend ist bei gegebenem Rentenbarwert zu verfahren.

Beispiel 30 *Gerhard besitzt ein Kapital von 27406,39 € und
möchte daraus viermal eine nachschüssige Rente von jeweils
8000 € ziehen. Zu welchem Zinssatz muss er das Kapital anlegen?*

Zur Lösung benutzen wir wieder *Newtons* Verfahren. Die Funktion, deren Nullstelle zu bestimmen ist, lautet bei gegebenem Barwert

$$f(i) = -R_0 + r\,\frac{(1+i)^n - 1}{i\,(1+i)^n}, \tag{2.12}$$

und deren erste Ableitung nach i ergibt sich (nach einigen Umformungen) zu

$$f'(i) = r\,\frac{q + ni - q^{n+1}}{i^2\,q^{n+1}}. \tag{2.13}$$

Verwendet man im Beispiel 30 als ersten Versuchszinssatz $i_0 =$ 5 % und verbessert diesen Zinssatz mit *Newtons* Methode entsprechend Gleichung (2.10), so erhält man die in Tabelle 2.7 zusammengestellten Zahlen. Beschränkt man sich auf eine Genauigkeit von drei Stellen nach dem Komma, so hat man das Resultat i = 6,5 % nach zwei Iterationen gefunden.

Tabelle 2.7: Iterative Berechnung des Zinssatzes einer nachschüssigen Rente bei gegebenem Barwert mit Hilfe des *Newton*-Verfahrens

k	i_k	$f(i_k)$ gem. Gl. (2.12)	$f'(i_k)$ gem. Gl. (2.13)
0	0,05000	961,21	−65895,33
1	0,06459	25,75	−62406,01
2	0,06500	0,02	−62310,88
3	0,06500	0,00	

Berechnung der Laufzeit

Wir kommen nun in Bezug auf die gleich bleibende jährliche nachschüssige Rente zu den beiden letzten möglichen Fragestellungen. Es geht darum, die Laufzeit zu ermitteln, wenn entweder der Endwert R_n oder der Barwert R_0 gegeben ist. Die Endwertformel lautete

$$R_n = r\,\frac{q^n - 1}{i}.$$

Sie lässt sich nach n auflösen, indem man zunächst zu

$$q^n = 1 + \frac{iR_n}{r}$$

umformt und anschließend logarithmiert. Dividiert man noch durch $\ln q$, so erhält man schließlich

$$n = \frac{\ln\left(1 + \frac{iR_n}{r}\right)}{\ln q}.$$

Beispiel 31 *Hilke möchte wissen, wie oft sie nachschüssig jährlich 500 € einzahlen muss, damit sie bei einem Zinssatz von 4 % auf ein Endkapital von 3949,15 € kommt.*

$$n = \frac{\ln\left(1 + \frac{0,04 \cdot 3949,15}{500}\right)}{\ln 1,04} = 7$$

Um die Laufzeit einer Rente bei gegebenem Barwert zu berechnen, gehen wir von der Barwertformel

$$R_0 = r\,\frac{q^n - 1}{i\,q^n}$$

aus und lösen diese nach n auf. Wir erhalten hier bei zum Endwertproblem analoger Vorgehensweise die Formel

$$n = \frac{\ln\left(\frac{r}{r-iR_0}\right)}{\ln q}.$$

Beispiel 32 *Ingo besitzt 3001,03 €, die er zu 4 % anlegen kann. Er will aus diesem Kapital jährlich eine nachschüssige Rente in Höhe von 500 € zahlen. Wie oft kann er das tun?*

$$n = \frac{\ln\left(\frac{500}{500-0,04\cdot 3001,03}\right)}{\ln 1,04} = 7$$

Die Ausführungen zur Berechnung der Laufzeit von Renten lassen sich damit aber noch nicht abschließen, denn wir können im Gegensatz zu den Bedingungen der Beispiele 31 und 32 nicht immer damit rechnen, dass wir eine ganzzahlige Lösung erhalten.

Beispiel 33 *Jette verfügt über 3500 €, die sie von einer Bank zu 5 % verzinst bekommt. Sie will von diesem Kapital jährlich nachschüssig eine Rente von 500 € zahlen. Wie lange kann sie das tun?*

$$n = \frac{\ln\left(\frac{500}{500-0,05\cdot 3500}\right)}{\ln 1,05} = 8,829$$

Wie ist diese Lösung zu interpretieren? Die Rente in Höhe von 500 € kann achtmal gezahlt werden. Für ein neuntes Mal reicht es nicht. Nach acht Jahren ist aber noch ein Restkapital vorhanden. Dieses beläuft sich (vgl. Tabelle 2.8) auf

$$R_0 q^{\mathrm{int}(n)} - r \cdot \frac{q^{\mathrm{int}(n)}-1}{i} = 3500 \cdot 1,05^8 - 500 \cdot \frac{1,05^8 - 1}{0,05}$$
$$= 396,54.$$

Zuzüglich der Zinsen in Höhe von 5 % für das letzte Jahr reicht dies am Ende des neunten Jahres noch für eine Ausgleichszahlung in Höhe von 416,37 €.

Tabelle 2.8: Nachschüssige Rente mit nicht-ganzzahliger Laufzeit

Jahr	Kapital zu Jahresbeginn	Zinsen 2,75 %	Rente	Kapital zu Jahresende
1	3500,00	175,00	−500,00	3175,00
2	3175,00	158,75	−500,00	2833,75
3	2833,75	141,69	−500,00	2475,44
4	2475,44	123,77	−500,00	2099,21
5	2099,21	104,96	−500,00	1704,17
6	1704,17	85,21	−500,00	1289,38
7	1289,38	64,47	−500,00	853,85
8	853,85	42,69	−500,00	396,54
9	396,54	19,83	−416,37	0,00

2.3.1.2 Vorschüssige Renten

Bisher haben wir uns ausschließlich mit gleich bleibenden jährlichen Renten beschäftigt. Dabei sind wir immer vom Fall der nachschüssigen Rentenzahlung ausgegangen, haben also unterstellt, dass die Rentenzahlung jeweils am Ende eines Jahres erfolgt. Jetzt wollen wir uns mit vorschüssigen Renten befassen, nehmen also an, dass die Zahlung der Rente jeweils zu Beginn des Jahres stattfindet, vgl. Abbildung 2.2.

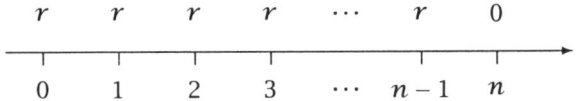

Abbildung 2.2: Zeitstruktur einer gleich bleibenden endlichen vorschüssigen Rente

Rentenendwert. Unser wichtigstes Anliegen wird die Entwicklung einer Formel sein, mit der man den Rentenendwert berechnen kann, wenn jemand n vorschüssige Renten konstanter Höhe ($r_t = r$) zahlt und Kapital zum Satz i verzinst wird. Es geht also um die Herleitung einer Gleichung zur Ermittlung des Rentenendwerts.

Bei vorschüssiger Zahlungsweise erfolgt die erste Zahlung im Zeitpunkt $t = 0$, die zweite im Zeitpunkt $t = 1$ und die letzte im Zeitpunkt $t = n - 1$. Verwendet man wieder $q = 1 + i$ als Zinsfaktor und verfolgt die Kapitalentwicklung im Zeitablauf, so entsteht folgendes Bild:

$$
\begin{aligned}
R_1 &= & &= r_0 q \\
R_2 &= & r_1 q + R_1 q &= r_1 q^1 + r_0 q^2 \\
R_3 &= & r_2 q + R_2 q &= r_2 q^1 + r_1 q^2 + r_0 q^3 \\
&\vdots \\
R_n &= & r_{n-1} q + R_{n-1} q &= r_{n-1} q^1 + r_{n-1} q^2 + \ldots + r_0 q^n
\end{aligned}
$$

Also lautet die Endwertformel allgemein

$$R_n = r_{n-1} q^1 + r_{n-2} q^2 + \ldots + r_0 q^n \, .$$

Lässt man den Zeitindex fort, weil es sich im hier speziell betrachteten Fall um eine gleich bleibende Rente mit

$$r_0 = r_1 = \ldots = r_{n-1} = r$$

handelt, so kann man r ausklammern und bekommt

$$R_n = r \left(q^1 + q^2 + q^3 + \ldots + q^n \right)$$

oder, wenn man auch noch q ausklammert,

$$R_n = r q \left(q^1 + q^2 + \ldots + q^{n-1} \right) \, .$$

Unter Verwendung der Summenformel für die geometrische Reihe lässt sich dafür einfacher

$$R_n = rq\frac{q^n - 1}{q - 1}$$

und wegen $1 + i = q$ schließlich

$$\boxed{R_n = rq\frac{q^n - 1}{i}} \tag{2.14}$$

schreiben. Um den Rentenendwert einer gleich bleibenden jährlichen vorschüssigen Rente zu berechnen, ist also die Rentenzahlung eines Jahres mit dem vorschüssigen Rentenendwertfaktor

$$\boxed{REFV = \frac{q(q^n - 1)}{i}} \tag{2.15}$$

zu multiplizieren.

Vergleicht man die Gleichungen (2.14) und (2.15) mit den entsprechenden Gleichungen bei nachschüssigen Renten (2.3) und (2.4), so zeigt sich, dass der vorschüssige Rentenendwert nichts anderes ist als der um eine Periode aufgezinste nachschüssige Rentenendwert, oder

$$REFV = q \cdot REFN.$$

Beispiel 34 *Kurt beabsichtigt, 10 Jahre lang jeweils zum 1. Januar 1000 € auf ein Konto einzuzahlen, das mit 6,375 % verzinst wird. Wie hoch ist ihr Kapital nach Ablauf des zehnten Jahres?*

$$R_{10} = 1000 \cdot \frac{1,06375 \cdot (1,06375^{10} - 1)}{0,06375} = 14270,46$$

Tabelle 2.9 zeigt im Einzelnen, wie sich das Kapital im Laufe der zehn Jahre entwickelt.

Beispiel 35 *Lieselotte hat die gleichen Pläne wie Kurt im Beispiel 34 mit einem einzigen Unterschied. Sie will die 1000 € jeweils erst am Jahresende einzahlen. Wie hoch ist ihr Kapital nach Ablauf von zehn Jahren?*

Tabelle 2.9: Entwicklung eines Kapitals bei Einzahlung einer vorschüssigen gleich bleibenden Rente

Jahr	Kapital zu Jahresbeginn vor Renten- zahlung	Rente	Kapital zu Jahresbeginn nach Renten- zahlung	Zinsen 6,375 %	Kapital zu Jahresende
1	0,00	1000,00	1000,00	63,75	1063,75
2	1063,75	1000,00	2063,75	131,56	2195,31
3	2195,31	1000,00	3195,31	203,70	3399,02
4	3399,02	1000,00	4399,02	280,44	4679,45
5	4679,45	1000,00	5679,45	362,07	6041,52
6	6041,52	1000,00	7041,52	448,90	7490,41
7	7490,41	1000,00	8490,41	541,26	9031,68
8	9031,68	1000,00	10031,68	639,52	10671,20
9	10671,20	1000,00	11671,20	744,04	12415,24
10	12415,24	1000,00	13415,24	855,22	14270,46

$$R_{10} = 1000 \cdot \frac{1,06375^{10} - 1}{0,06375} = 13415,25$$

Im Beispiel 35 haben wir es mit einer nachschüssigen Rente zu
tun. Daher ist Kurts Endwert genau um den Faktor $q = 1,06375$
größer als Lieselottes Endwert. Tabelle 2.10 zeigt, welche Werte
die vorschüssigen Rentenendwertfaktoren bei üblichen Zinssätzen und Laufzeiten besitzen.

Rentenbarwert. Von der Endwertformel vorschüssiger Renten
zur Barwertformel bedarf es nur eines kleinen Schrittes. Man
zinst den Endwert gemäß Gleichung (2.14) um n Perioden mit
dem Resultat

$$R_0 = r \, \frac{q(q^n - 1)}{i \, q^n} \qquad (2.16)$$

ab. Von den in der Gleichung noch enthaltenen Kürzungsmög-
lichkeiten machen wir keinen Gebrauch. Wir erkennen so nämlich klarer, dass sich der vorschüssige Rentenbarwertfaktor

$$RBFV = \frac{q(q^n - 1)}{i \, q^n} \qquad (2.17)$$

Tabelle 2.10: Vorschüssige Rentenendwertfaktoren (REFV) für
ausgewählte Zinssätze und Laufzeiten

n	2,50%	5,00%	7,50%	10,00%
1	1,02500	1,05000	1,07500	1,10000
2	2,07563	2,15250	2,23063	2,31000
3	3,15252	3,31013	3,47292	3,64100
4	4,25633	4,52563	4,80839	5,10510
5	5,38774	5,80191	6,24402	6,71561
6	6,54743	7,14201	7,78732	8,48717
7	7,73612	8,54911	9,44637	10,43589
8	8,95452	10,02656	11,22985	12,57948
9	10,20338	11,57789	13,14709	14,93742
10	11,48347	13,20679	15,20812	17,53117
20	26,18327	34,71925	46,55253	63,00250
30	45,00027	69,76079	111,15436	180,94342

ebenfalls nur um den Faktor q vom nachschüssigen Rentenbarwertfaktor unterscheidet. Der Vergleich zwischen (2.17) und
(2.6) zeigt sofort, dass

$$RBFV = q \cdot RBFN$$

gilt. Tabelle 2.11 ist eine Zusammenstellung von vorschüssigen
Barwertfaktoren für gängige Laufzeiten und Zinssätze. Auf solche Tafeln kann man zurückgreifen, wenn der Taschenrechner
fehlt.

Beispiel 36 *Maximilian soll 15 Jahre lang eine Rente in Höhe von
4000 €, zahlbar jeweils zu Jahresbeginn, erhalten. Wie hoch ist
der Barwert dieser Rente bei einem Zins von 5,5%?*

$$R_0 = 4000 \cdot \frac{1,055 \cdot (1,055^{15} - 1)}{0,055 \cdot 1,055^{15}} = 42358,59$$

Die nachstehende Tabelle 2.12 zeigt die Entwicklung des Kontos
und stellt damit die Richtigkeit unserer Rechnung unter Beweis.

Rentenhöhe, Zinssatz und Laufzeit. Wir sind jetzt dazu in der
Lage, den Endwert und den Barwert gleich bleibender vorschüssiger jährlicher Renten zu berechnen. Oben in dem Abschnitt

Tabelle 2.11: Vorschüssige Rentenbarwertfaktoren (RBFV) für
ausgewählte Zinssätze und Laufzeiten

n	2,50%	5,00%	7,50%	10,00%
1	1,00000	1,00000	1,00000	1,00000
2	1,97561	1,95238	1,93023	1,90909
3	2,92742	2,85941	2,79557	2,73554
4	3,85602	3,72325	3,60053	3,48685
5	4,76197	4,54595	4,34933	4,16987
6	5,64583	5,32948	5,04588	4,79079
7	6,50813	6,07569	5,69385	5,35526
8	7,34939	6,78637	6,29660	5,86842
9	8,17014	7,46321	6,85730	6,33493
10	8,97087	8,10782	7,37889	6,75902
20	15,97889	13,08532	10,95908	9,36492
30	21,45355	16,14107	12,69617	10,36961

Tabelle 2.12: Entwicklung eines Kapitals bei Auszahlung einer
vorschüssigen gleich bleibenden Rente

Jahr	Kapital zu Jahresbeginn vor Rentenzahlung	Rente	Kapital zu Jahresbeginn nach Rentenzahlung	Zinsen 5,5%	Kapital zu Jahresende
1	42358,59	-4000,00	38358,59	2109,72	40468,31
2	40468,31	-4000,00	36468,31	2005,76	38474,07
3	38474,07	-4000,00	34474,07	1896,07	36370,15
4	36370,15	-4000,00	32370,15	1780,36	34150,50
5	34150,50	-4000,00	30150,50	1658,28	31808,78
6	31808,78	-4000,00	27808,78	1529,48	29338,26
7	29338,26	-4000,00	25338,26	1393,60	26731,87
8	26731,87	-4000,00	22731,87	1250,25	23982,12
9	23982,12	-4000,00	19982,12	1099,02	21081,14
10	21081,14	-4000,00	17081,14	939,46	18020,60
11	18020,60	-4000,00	14020,60	771,13	14791,73
12	14791,73	-4000,00	10791,73	593,55	11385,28
13	11385,28	-4000,00	7385,28	406,19	7791,47
14	7791,47	-4000,00	3791,47	208,53	4000,00
15	4000,00	-4000,00	0,00	0,00	0,00

über nachschüssige Renten hatten wir im Einzelnen auch noch beschrieben, wie vorzugehen sei, wenn es darauf ankommt, die Rentenhöhe, den Zinssatz und die Laufzeit zu berechnen, falls Endwert beziehungsweise Barwert gegeben sind. Dies wollen wir in Bezug auf die vorschüssigen Renten jetzt nicht im Detail wiederholen. Die im Abschnitt über nachschüssige Renten angegebenen Methoden sind sinngemäß anzuwenden. Exemplarisch sei noch gezeigt, wie man den Zinssatz bei gegebenem Endwert berechnen kann.

Beispiel 37 *Nana will am Ende des zehnten Jahres über 10000 €
verfügen können. Sie ist bereit, jährlich eine Zahlung von 750 €
zu leisten. Welchen Zinssatz muss Nana verlangen, um ihr Ziel zu
erreichen, wenn die Rente*

(a) nachschüssig,
(b) vorschüssig

gezahlt wird?

(a) Bei nachschüssiger Rente ist die Nullstelle der Funktion

$$f(i) = -R_n + r\,\frac{(1+i)^n - 1}{i}$$

zu bestimmen, deren erste Ableitung nach i

$$f'(i) = r\,\frac{i\,nq^{n-1} - q^n + 1}{i^2}$$

lautet. Beginnt man mit einem ersten Versuchswert von $i_0 = 0,05$, so erhält man bei Anwendung von *Newtons* Verfahren die in Tabelle 2.13 zusammengestellten Werte.

(b) Geht es darum, den Zinssatz im Falle vorschüssiger Rentenzahlung zu ermitteln, so ist gemäß Gleichung (2.14) die Nullstelle der Funktion

$$f(i) = -R_n + r\,\frac{(1+i)^{n+1} - (1+i)}{i}$$

zu ermitteln, deren erste Ableitung sich zu

$$f'(i) = r\,\frac{i\,(n+1)q^n - q^{n+1} + 1}{i^2}$$

Tabelle 2.13: Iterative Berechnung des Zinssatzes einer nachschüssigen Rente bei gegebenem Endwert mit Hilfe des *Newton*-Verfahrens

k	i_k	$f(i_k)$	$f'(i_k)$
0	0,0500	-566,58	44030,84
1	0,0629	19,75	47134,39
2	0,0624	0,02	47030,09
3	0,0624	0,00	

Tabelle 2.14: Iterative Berechnung des Zinssatzes einer vorschüssigen Rente bei gegebenem Endwert mit Hilfe des *Newton*-Verfahrens

k	i_k	$f(i_k)$	$f'(i_k)$
0	0,0500	-94,91	55665,81
1	0,0517	0,49	56236,52
2	0,0517	0,00	

ergibt. Beginnt man wieder mit einem Versuchswert von $i_0 = 0,05$, so erhält man die in Tabelle 2.14 angegebenen Zahlen.

Bei nachschüssiger Rentenzahlung muss also ein Zinssatz von 6,24 % verlangt werden, während bei vorschüssiger Zahlung ein Zinssatz von 5,17 % ausreicht.

2.3.2 Jährliche Renten mit unterjährlichen Zinsen

Ebenso wie im vorangehenden Abschnitt 2.3.1 betrachten wir weiterhin jährliche gleich bleibende Renten. Im Gegensatz zu den bisherigen Rentenmodellen gehen wir aber nun davon aus, dass Zinsen in kürzeren als Jahresabständen gutgeschrieben oder belastet werden. Als Zinsverrechnungsperioden kommen Semester, Quartale, Monate oder Tage in Frage.

Um Rentenrechnung bei unterjährlicher Verzinsung betreiben zu können, rekapitulieren wir ein wenig Zinsrechnung. Als Symbol für die Anzahl der Zinsperioden verwenden wir hier m_z, wobei gilt:

· wenn Zinsperiode = 1 Tag, dann m_z = 360,

· wenn Zinsperiode = 1 Monat, dann m_z = 12,

· wenn Zinsperiode = 1 Quartal, dann m_z = 4,

· wenn Zinsperiode = 1 Semester, dann m_z = 2.

Weiterhin benutzen wir für die Zinssätze folgende Symbole:

i := (nomineller) Jahreszinssatz,
j := relativer Zinssatz je Zinsperiode,
i^* := konformer Jahreszinssatz.

2.3.2.1 Rentenrechnung bei gegebenem Zinssatz

Bei sechs der insgesamt acht möglichen Fragestellungen der Rentenrechnung ist der Zinssatz gegeben. Es handelt sich im Einzelnen um die Fragen nach dem Endwert, nach dem Barwert, nach der Rentenhöhe bei gegebenem Endwert, der Rentenhöhe bei gegebenem Barwert sowie nach den Laufzeiten bei gegebenem Endwert oder Barwert. In all diesen Fällen kann die Rentenrechnung mit den gleichen Ansätzen erfolgen, die wir im Kapitel 2.3.1 für den Fall der jährlichen Verzinsung beschrieben haben. Nur muss zuvor der nominelle beziehungsweise der relative Zinssatz in den konformen Zinssatz umgerechnet werden. Die Umrechnungsformeln lauten bei diskreter Verzinsung

$$i^* = (1 + j)^{m_z} - 1 \quad \text{oder}$$

$$ = \left(1 + \frac{i}{m_z}\right)^{m_z} - 1.$$

Im Falle der stetigen Verzinsung verwendet man

$$i^* = \lim_{m_z \to \infty} \left(1 + \frac{i}{m_z}\right)^{m_z} = e^i - 1.$$

Rentenrechnung mit unterjährlichen Zinssätzen kann nun mit denselben Methoden durchgeführt werden wie Rentenrechnung mit jährlichen Zinssätzen. Man muss nur anstelle des nominellen Zinssatzes i den konformen Jahreszinssatz i^* benutzen. Das ist alles.

Beispiel 38 *Otmar besitzt ein Kapital von 30000 €. Seine Bank verzinst Kapital mit 1 % je Quartal. Er will an sich selbst eine drei-jährige gleich bleibende Rente aus diesem Vermögen zahlen. Wie hoch ist diese bei*

(a) nachschüssiger,
(b) vorschüssiger

Zahlung?

Zunächst ist der Quartalszinssatz $j = 1\%$ in den konformen Jahreszinssatz umzurechnen,

$$i^* = 1,01^4 - 1 = 0,0406.$$

Sodann ist auf die Barwertformeln der Rentenrechnung zurückzugreifen, weil in vorstehendem Beispiel der Barwert mit 30000 € gegeben ist.

(a) Löst man die Barwertgleichung bei nachschüssiger Rentenzahlung (2.5) nach r auf, so erhält man Gleichung (2.8) und mit den Zahlen unseres Beispiels

$$r = 30000 \cdot \frac{0,0406 \cdot 1,0406^3}{1,0406^3 - 1} = 10822,85.$$

Tabelle 2.15 zeigt die Kapitalentwicklung im Zeitablauf, wenn man jährliche Abstände betrachtet.

Tabelle 2.15: Entwicklung eines Kapitals bei jährlicher Verzinsung und Auszahlung einer nachschüssigen jährlichen Rente

Jahr	Kapital zu Jahresbeginn	Zinsen 4,06 %	Rente	Kapital zu Jahresende
1	30000,00	1218,12	-10822,85	20395,27
2	20395,27	828,13	-10822,85	10400,55
3	10400,55	422,30	-10822,85	0,00

In Tabelle 2.16 ist die gleiche Entwicklung ausführlicher zu sehen, da hier die Kapitalentwicklung in Vierteljahresabständen gezeigt wird.

Tabelle 2.16: Entwicklung eines Kapitals bei vierteljährlicher Verzinsung und Auszahlung einer nachschüssigen jährlichen Rente

Quartal	Kapital zu Quartalsbeginn	Zinsen 1 %	Rente	Kapital zu Quartalsende
1	30000,00	300,00	0,00	30300,00
2	30300,00	303,00	0,00	30603,00
3	30603,00	306,03	0,00	30909,03
4	30909,03	309,09	-10822,85	20395,27
5	20395,27	203,95	0,00	20599,22
6	20599,22	205,99	0,00	20805,21
7	20805,21	208,05	0,00	21013,27
8	21013,27	210,13	-10822,85	10400,55
9	10400,55	104,01	0,00	10504,55
10	10504,55	105,05	0,00	10609,60
11	10609,60	106,10	0,00	10715,69
12	10715,69	107,16	-10822,85	0,00

(b) Bei vorschüssiger Rentenzahlung muss die Barwertgleichung (2.16) nach r aufgelöst werden. Man erhält nach geringfügiger Umformung

$$r = R_0 \, \frac{i \, q^n}{q^{n+1} - q}$$

und mit den Beispielszahlen

$$r = 30000 \cdot \frac{0,0406 \cdot 1,0406^3}{1,0406^4 - 1,0406} = 10400,55$$

In Tabelle 2.17 lässt sich die Entwicklung des Kapitals bei vorschüssiger Zahlungsweise in Quartalsabständen nachvollziehen.

Beispiel 39 *Paula will vier Jahre lang nachschüssig eine Rente in Höhe von 850 € zahlen. Ihr werden Zinsen in Höhe von 10 % nominal bei stetiger Verzinsung angeboten. Wie groß ist der Endwert dieser Rente?*

Der konforme Jahreszinssatz beträgt

$$i^* = e^{0,1} - 1 = 0,1052 ,$$

Tabelle 2.17: Entwicklung eines Kapitals bei vierteljährlicher Verzinsung und Auszahlung einer vorschüssigen jährlichen Rente

Quartal	Kapital zu Quartalsbeginn vor Rentenzahlung	Rente	Kapital zu Quartalsbeginn nach Rentenzahlung	Zinsen 1%	Kapital zu Quartalsende
1	30000,00	-10400,55	19599,45	195,99	19795,45
2	19795,45	0,00	19795,45	197,95	19993,40
3	19993,40	0,00	19993,40	199,93	20193,34
4	20193,34	0,00	20193,34	201,93	20395,27
5	20395,27	-10400,55	9994,72	99,95	10094,67
6	10094,67	0,00	10094,67	100,95	10195,62
7	10195,62	0,00	10195,62	101,96	10297,57
8	10297,57	0,00	10297,57	102,98	10400,55
9	10400,55	-10400,55	0,00	0,00	0,00
10	0,00	0,00	0,00	0,00	0,00
11	0,00	0,00	0,00	0,00	0,00
12	0,00	0,00	0,00	0,00	0,00

und der Endwert ergibt sich bei sinngemäßer Anwendung der Endwertgleichung (2.3) zu

$$R_4 = 850 \cdot \frac{1,1052^4 - 1}{0,1052} = 3974,97 \, .$$

Auf eine tabellarische Darstellung der Kapitalentwicklung sei verzichtet.

2.3.2.2 Rentenrechnung bei gesuchtem Zinssatz

Bei zwei der möglichen acht Fragestellungen der Rentenrechnung kommt es darauf an, den Zinssatz aus den übrigen Parametern des Modells zu berechnen. Auch hier haben wir es nicht mit besonderen Problemen zu tun, wenn wir uns auf die in Abschnitt 2.3.1 angegebenen Ermittlungsverfahren für den Fall der jährlichen Verzinsung verlassen. Das Ergebnis solcher Berechnung ist jedoch immer ein konformer Jahreszinssatz, der abschließend in den nominellen beziehungsweise relativen Zinssatz umzurechnen ist. Bei diesem letzten Schritt benutzt man im Falle diskreter

Verzinsung

$$j = (1 + i^*)^{\frac{1}{m_z}} - 1 \quad \text{und}$$

$$i = m_z \left((1 + i^*)^{\frac{1}{m_z}} - 1 \right)$$

sowie bei kontinuierlicher Verzinsung

$$i = \ln(1 + i^*). \tag{2.18}$$

Beispiel 40 *Quirin hat den Wunsch, bei nachschüssiger Zahlung von 4 Renten in Höhe von 5000 € ein Endkapital in Höhe von 24000 € zu erzielen. Welchen Zinssatz muss er bei stetiger Verzinsung verlangen?*

Es ist von der Endwertgleichung (2.3) bei nachschüssiger Rentenzahlung auszugehen. Gesucht ist daher derjenige konforme Jahreszinssatz i^*, der die Funktion

$$f(i^*) = -R_n + r\,\frac{(1 + i^*)^n - 1}{i^*}$$

genau null werden lässt. Verwendet man zur Nullstellenbestimmung *Newtons* Tangentenverfahren, so benötigt man die erste Ableitung der Funktion nach i^* und erhält (vgl. (2.11))

$$f'(i^*) = r\,\frac{i^* n (1 + i^*)^{n-1} - (1 + i^*)^n + 1}{i^{*2}}.$$

Beginnend mit einem Versuchswert von $i_0^* = 0,1$ lauten die Ergebnisse des Iterationsverfahrens so, wie in Tabelle 2.18 zusammengestellt.

Tabelle 2.18: Ermittlung des Zinssatzes einer nachschüssigen Rente mit Hilfe des *Newton*-Verfahrens

k	i_k^*	$f(i_k^*)$	$f'(i_k^*)$
0	0,1000	−795,00	34150,00
1	0,1233	11,71	35159,15
2	0,1229	0,00	

Der konforme Jahreszinsfuß ergibt sich zu $i^* = 12,29\,\%$, was bei stetiger Verzinsung gemäß Gleichung (2.18) einem nominellen Jahreszinssatz von $i = \ln(1 + 0,1229) = 0,116$ entspricht. $i = 11,6\,\%$ ist also die gesuchte Lösung.

2.3.3 Unterjährliche Renten mit jährlicher Zinsverrechnung

In den vorangehenden Abschnitten dieses Kapitels haben wir stets nur Rentenzahlungen untersucht, die in jährlichen Abständen erfolgten. In der Finanzpraxis hat man es jedoch sehr häufig mit Renten zu tun, die in kürzeren Zeitintervallen gezahlt werden. So ist es beispielsweise üblich, dass Hypothekenkredite vierteljährlich bedient werden oder dass private Kleinkredite in monatlichen Raten zurückgezahlt werden.

Im vorigen Abschnitt, als die jährliche Rente mit unterjährlicher Zinsverrechnung unser Thema war, haben wir gesehen, wie die Lösungsidee bei voneinander abweichenden Zins- und Rententerminen grundsätzlich aussieht. In Abschnitt 2.3.2 haben wir die unterjährlichen Zinssätze in konforme Jahreszinssätze umgerechnet, und nachdem auf diese Weise Äquivalenz zwischen Renten– und Zinsterminen hergestellt war, konnte auf die Berechnungsmethoden aus Abschnitt 2.3.1 (jährliche Renten bei jährlicher Zinsverrechnung) zurückgegriffen werden.

Dieser Lösungsidee vertrauen wir uns nun abermals an. Und zwar wollen wir versuchen, die Übereinstimmung zwischen Renten- und Zinsterminen dadurch herzustellen, dass wir die unterjährlichen Renten in fiktive konforme Jahresrenten r umrechnen. Diese Vorgehensweise wird uns weiterhelfen, aber nicht alle Probleme lösen.

Als Symbol für die Anzahl der Rentenzahlungen je Jahr verwenden wir m_r, und es gilt

- wenn Rentenperiode = 1 Tag, dann $m_r = 360$,

- wenn Rentenperiode = 1 Monat, dann $m_r = 12$,

- wenn Rentenperiode = 1 Quartal, dann $m_r = 4$,

- wenn Rentenperiode = 1 Semester, dann $m_r = 2$.

Bei den bisher betrachteten jährlichen Renten entsprach die Laufzeit n zugleich der Anzahl der Rentenzahlungen. In Bezug auf die Symbolik war es nicht erforderlich, zwischen diesen beiden Begriffen sauber zu unterscheiden. Das ist bei unterjährlichen Renten anders. Wir verwenden

n := Laufzeit der unterjährlichen Rente (gemessen in Jahren),
N := Anzahl der Rentenzahlungen innerhalb der Laufzeit .

Für das Verhältnis von N zu n gilt

$$N = n\,m_r$$

beziehungsweise

$$n = \frac{N}{m_r},$$

wobei N immer eine natürliche Zahl sein muss. n dagegen kann
eine natürliche Zahl sein, muss aber nicht. Im Rahmen der Berechnung unterjährlicher Renten mit jährlicher Zinsverrechnung
sind nun zwei Fälle zu unterscheiden. Entweder ist n eine natürliche Zahl. Dies ist beispielsweise so, wenn 36, 48 oder 72 Monatsraten gezahlt werden oder wenn wir es mit 4, 8, 12 oder 16
Quartalsraten zu tun haben. Oder n ist keine natürliche Zahl,
etwa wenn 47 Monatsrenten oder 15 vierteljährliche Renten zu
analysieren sind. Wir behandeln zuerst den einfacheren Fall.

2.3.3.1 Rentenrechnung bei ganzzahligen Laufzeiten

Betrachten Sie Abbildung 2.3. Dort sehen Sie zwei übereinander
liegende Zeitachsen.

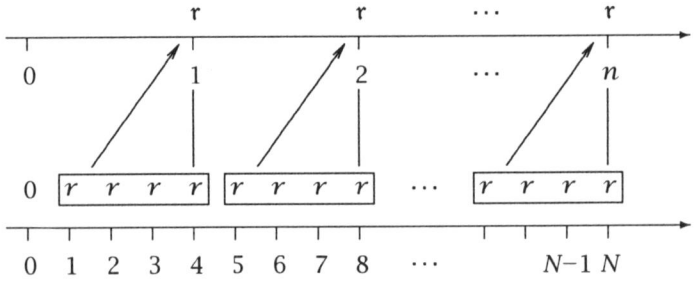

Abbildung 2.3: Umrechnung nachschüssiger unterjährlicher
Renten in eine konforme Jahresrente

Die untere ist in N Subperioden (hier: Quartale) eingeteilt, die obere in n Jahre. Unser Ziel besteht darin, die nachschüssige unterjährliche Rente r in eine konforme nachschüssige Jahresrente $\mathfrak{r}$ umzurechnen. Dabei ist zu berücksichtigen, dass Zinsen dem Kapitalkonto nur jährlich zugeschlagen werden. In Bezug auf Festlegungsdauern, die kürzer als ein Jahr sind, werden also nur einfache Zinsen verrechnet.

Im Beispiel einer nachschüssigen Vierteljahresrente ($m_r = 4$) gemäß Abbildung 2.3 ergibt sich so ein jährlicher Endbetrag von

$$\mathfrak{r} = r \cdot \left(1 + 3 \cdot \frac{i}{4}\right) + r \cdot \left(1 + 2 \cdot \frac{i}{4}\right) + r \cdot \left(1 + 1 \cdot \frac{i}{4}\right) + r \cdot \left(1 + 0 \cdot \frac{i}{4}\right)$$
$$= r \cdot \left(4 + \frac{i}{4} \cdot (0 + 1 + 2 + 3)\right).$$

Geht man allgemeiner von m_r Subperioden eines Jahres aus, so heißt es

$$\mathfrak{r} = r \left(m_r + \frac{i}{m_r} \left(0 + 1 + 2 + \ldots + (m_r - 1)\right)\right) \qquad (2.19)$$

Bei dem Ausdruck

$$0 + 1 + 2 + \ldots + (m_r - 1)$$

handelt es sich um eine arithmetische Reihe, da die Differenz zwischen je zwei benachbarten Summanden konstant ist. Unter Benutzung der Summenformel für die endliche arithmetische Reihe[3]

$$0 + 1 + 2 + \ldots + (m_r - 1) = \frac{(m_r - 1)\, m_r}{2}$$

kann man für (2.19) auch

$$\mathfrak{r} = r \left(m_r + \frac{i}{m_r} \frac{(m_r - 1)\, m_r}{2}\right)$$

oder kürzer

$$\mathfrak{r} = r \left(m_r + \frac{i}{2} (m_r - 1)\right) \qquad (2.20)$$

schreiben. Wenn nun die Anzahl der konformen Jahresrenten $\mathfrak{r}$ ganzzahlig ist - und dies wird ja vorausgesetzt -, so kann man

---

[3]Vgl. unten Seite 277.

zur Berechnung des Endwerts Gleichung (2.3) sinngemäß benutzen, also

$$
\begin{aligned}
R_n &= r\,\frac{q^n - 1}{i} \\[2mm]
&= r\left(m_r + \tfrac{i}{2}\,(m_r - 1)\right)\frac{q^n - 1}{i}
\end{aligned}
$$
\hfill (2.21)

Den Barwert berechnet man entsprechend aus

$$
\begin{aligned}
R_0 &= r\,\frac{q^n - 1}{i\,q^n} \\[2mm]
&= r\left(m_r + \tfrac{i}{2}\,(m_r - 1)\right)\frac{q^n - 1}{i\,q^n}
\end{aligned}
$$
\hfill (2.22)

Beispiel 41 *Roselinde hat sich vorgenommen, zwei Jahre lang monatlich 150 € auf ihr Sparbuch einzuzahlen, das jährlich mit 2,25 % verzinst wird. Wie hoch ist ihr Endkapital, wenn sie jeweils am Monatsultimo einzahlt?*

Die konforme nachschüssige Jahresrente berechnet man aus

$$
r = 150 \cdot \left(12 + \frac{0,0225}{2} \cdot 11\right) = 1818,56.
$$

Für den Endwert erhält man danach

$$
R_2 = 1818,56 \cdot \frac{1,0225^2 - 1}{0,0225} = 3678,04.
$$

Die Entwicklung von Roselindes Kapital über die einzelnen Monate zeigt Tabelle 2.19.

Abbildung 2.4 soll veranschaulichen, wie wir bei unterjährlichen vorschüssigen Renten vorgehen. Auch diese werden in konforme nachschüssige Jahresrenten transformiert, indem für Festlegungsdauern von weniger als einem Jahr nur einfache Zinsen angesetzt werden.

Man erhält hier für den Spezialfall vorschüssiger Vierteljahresrenten

$$
\begin{aligned}
r &= r \cdot \left(1 + 4 \cdot \frac{i}{4}\right) + r \cdot \left(1 + 3 \cdot \frac{i}{4}\right) + r \cdot \left(1 + 2 \cdot \frac{i}{4}\right) + r \cdot \left(1 + 1 \cdot \frac{i}{4}\right) \\[2mm]
&= r \cdot \left(4 + \frac{i}{4} \cdot (1 + 2 + 3 + 4)\right)
\end{aligned}
$$

Tabelle 2.19: Entwicklung eines Kapitals bei Einzahlung einer monatlichen nachschüssigen Rente und jährlichem Zinszuschlag

Monat	Kapital zu Monatsbeginn	Rente	Kapital am Monatsende	Mtl. Zinsen 0,1875 % auf Kapital zu Monatsbeginn	Jährliche Zinsen
1	0,00	150,00	150,00	0,00	
2	150,00	150,00	300,00	0,28	
3	300,00	150,00	450,00	0,56	
4	450,00	150,00	600,00	0,84	
5	600,00	150,00	750,00	1,13	
6	750,00	150,00	900,00	1,41	
7	900,00	150,00	1050,00	1,69	
8	1050,00	150,00	1200,00	1,97	
9	1200,00	150,00	1350,00	2,25	
10	1350,00	150,00	1500,00	2,53	
11	1500,00	150,00	1650,00	2,81	
12	1650,00	150,00	1800,00	3,09	18,56
13	1818,56	150,00	1968,56	3,41	
14	1968,56	150,00	2118,56	3,69	
15	2118,56	150,00	2268,56	3,97	
16	2268,56	150,00	2418,56	4,25	
17	2418,56	150,00	2568,56	4,53	
18	2568,56	150,00	2718,56	4,82	
19	2718,56	150,00	2868,56	5,10	
20	2868,56	150,00	3018,56	5,38	
21	3018,56	150,00	3168,56	5,66	
22	3168,56	150,00	3318,56	5,94	
23	3318,56	150,00	3468,56	6,22	
24	3468,56	150,00	3618,56	6,50	59,48
25	3678,04				

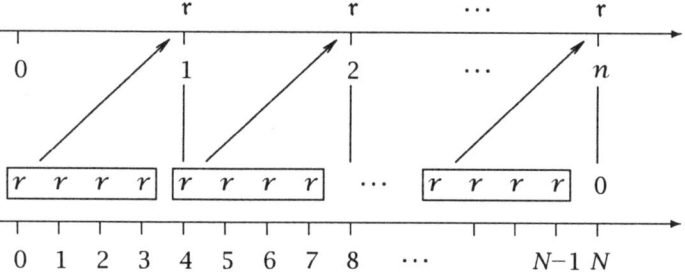

Abbildung 2.4: Umrechnung vorschüssiger unterjähriger Renten in eine konforme Jahresrente

und im allgemeinen Fall mit m_r Subperioden

$$r = r \left(m_r + \frac{i}{m_r} (1 + 2 + 3 + \dots + m_r) \right)$$

oder unter Benutzung der Summenformel für die arithmetische Reihe kurz

$$\begin{aligned} r &= r \left(m_r + \frac{i}{m_r} \frac{m_r (m_r + 1)}{2} \right) \\ &= r \left(m_r + \frac{i}{2} (m_r + 1) \right). \end{aligned} \tag{2.23}$$

Den Endwert einer vorschüssigen unterjährlichen Rente berechnet man folglich aus

$$\boxed{R_n = r \left(m_r + \frac{i}{2} (m_r + 1) \right) \frac{q^n - 1}{i}} \tag{2.24}$$

während sich der Barwert aus

$$\boxed{R_0 = r \left(m_r + \frac{i}{2} (m_r + 1) \right) \frac{q^n - 1}{i \, q^n}} \tag{2.25}$$

ergibt.

Beispiel 42 *Stefan hat einen Rechtsanspruch auf Zahlung einer vorschüssigen Quartalsrente in Höhe von je 6000 € über einen Zeitraum von 7 Jahren. Man bietet ihm an, diesen Anspruch durch Zahlung einer einmaligen Entschädigung von 145800 € zu befriedigen. Welchem Jahreszinssatz entspricht dieses Angebot?*

In diesem Beispiel kommt es darauf an, den Zinssatz einer vorschüssigen unterjährlichen Rente zu berechnen, wobei der Barwert gegeben ist. Formal besteht das Problem unter Berücksichtigung von (2.25) also darin, die Nullstelle der Funktion

$$f(i) = -R_0 + r \left(m_r + \frac{i}{2} (m_r + 1) \right) \frac{q^n - 1}{i \, q^n}$$

zu ermitteln. Will man sich bei der Lösung dieser Aufgabe des *Newton*-Verfahrens bedienen, so muss man diese Funktion mit dem Resultat

$$f'(i) = r \, m_r \frac{q + n \, i - q^{n+1}}{i^2 \, q^{n+1}} + \frac{r(m_r + 1)n}{2 \, q^{n+1}}$$

nach i differenzieren. Wir benutzen $i_0 = 10\%$ als ersten Versuchswert und verbessern die Lösung für den Zinssatz mit der bekannten Iterationsbeziehung. Dann können wir die Ergebnisse des Näherungsverfahrens in Tabelle 2.20 zusammenstellen. Belässt man es bei drei Iterationen, so beläuft sich der gesuchte Zinssatz auf $i = 4,41\%$.

Tabelle 2.20: Ermittlung des Zinssatzes einer vorschüssigen unterjährlichen Rente mit Hilfe des *Newton*-Verfahrens

k	i_k	$f(i_k)$	$f'(i_k)$
0	0,1000	−21 655,32	−335 704,84
1	0,0355	3 928,82	−466 684,64
2	0,0439	86,74	−446 270,70
3	0,0441	0,04	

2.3.3.2 Rentenrechnung bei nicht-ganzzahligen Laufzeiten

Bei zahlreichen Kreditarrangements in der Praxis ist es so, dass die Laufzeit nicht genau dem Vielfachen eines Jahres entspricht. Beispielsweise werden 47 Monatsraten oder 18 vierteljährliche Rentenzahlungen vereinbart, um einen Kredit zurückzuzahlen. Aus diesem Grunde müssen wir die in Abschnitt 2.3.3.1 entwickelten End- und Barwertgleichungen noch verallgemeinern. Wenden wir uns zunächst der Endwertberechnung einer nachschüssigen unterjährlichen Rente zu. Bei N unterjährlichen Zahlungen und m_r solchen Zahlungen pro Jahr beträgt die Laufzeit der Rente, gemessen in Jahren,

$$n = \frac{N}{m_r}.$$

Diese Laufzeit lässt sich in die beiden Komponenten

$$n_1 = \text{int}(n)$$
$$n_2 = n - n_1$$

zerlegen, von denen n_1 der ganzzahlige Laufzeitanteil und n_2 die restliche Laufzeit darstellt, alles in Jahren gemessen. Wir definieren ferner

$$N_1 \;=\; n_1 m_r \quad \text{und}$$
$$N_2 \;=\; n_2 m_r \,,$$

spalten also die Gesamtzahl der Rentenzahlungen in zwei Serien, von denen die erste innerhalb einer glatten Laufzeit von n_1 Jahren gezahlt wird und die zweite in der restlichen Laufzeit. Nun berechnen wir den Rentenendwert R_n in der Weise, dass wir die beiden Serien von Rentenzahlungen getrennt betrachten,

$$R_n = R_n^{\text{Serie 1}} + R_n^{\text{Serie 2}}$$

und später beides zusammenfügen.

Für die erste Serie von N_1 Renten können wir auf die Rentenendwertgleichung (2.21) aus Abschnitt 2.3.3.1 zurückgreifen. Bezogen auf den Zeitpunkt n_1 ergibt dieser Wert sich zu

$$R_n^{\text{Serie 1}} = r \left(m_r + \frac{i}{2} \left(m_r - 1 \right) \right) \frac{q^{n_1} - 1}{i} \,.$$

Für die restliche Laufzeit kommen zeitanteilig einfache Zinsen dazu, so dass man

$$R_n^{\text{Serie 1}} = r \left(m_r + \frac{i}{2} \left(m_r - 1 \right) \right) \frac{q^{n_1} - 1}{i} \left(1 + n_2 i \right) \qquad (2.26)$$

erhält.

Außerdem werden aber noch N_2 einfach zu verzinsende Renten gezahlt, deren Endwert sich auf

$$R_n^{\text{Serie 2}} = r \left(N_2 + \frac{i}{m_r} \left(0 + 1 + 2 + \ldots + (N_2 - 1) \right) \right)$$

oder unter Benutzung der Summenformel für die arithmetische Reihe auf

$$R_n^{\text{Serie 2}} = r \left(N_2 + \frac{i}{m_r} \frac{(N_2 - 1) N_2}{2} \right) \qquad (2.27)$$

beläuft. Fügt man beides zusammen, so erhält man für die nachschüssige unterjährliche Rente die folgende Endwertgleichung,

$$\boxed{\;\begin{aligned} R_n \;=\;\; & r \left[\left(m_r + \frac{i}{2} \left(m_r - 1 \right) \right) \frac{q^{n_1} - 1}{i} \left(1 + n_2 i \right) \right. \\[2mm] & \left. + \; N_2 + \frac{i}{m_r} \frac{(N_2 - 1) N_2}{2} \right] \end{aligned}\;} \qquad (2.28)$$

Wie mit diesem etwas unhandlichen Ausdruck zu arbeiten ist, sei an folgendem Beispiel erläutert.

Beispiel 43 *Tina zahlt am Ende eines jeden Quartals Rente in Höhe von 1800 € auf ein Konto, das jährlich mit 4,5 % verzinst wird. Wie hoch ist der Rentenendwert nach zehn Quartalen?*

Wir beginnen mit der Berechnung der Laufzeit und der Serienlängen. Das ergibt

$$n = \tfrac{10}{4} = 2,5 \qquad n_1 = 2 \qquad n_2 = 0,5$$
$$N = 10 \qquad\quad N_1 = 8 \qquad N_2 = 2\,.$$

Sodann berechnen wir den Endwert aus der ersten Serie gemäß Gleichung (2.26) und erhalten

$$R_{2,5}^{\text{Serie 1}} = 1800 \cdot \left(4 + 3 \cdot \frac{0,045}{2}\right)$$
$$\cdot \frac{1,045^2 - 1}{0,045} \cdot (1 + 0,5 \cdot 0,045) = 15309,35$$

und ermitteln den Endwert der zweiten Serie mit Gleichung (2.27), wobei wir

$$R_{2,5}^{\text{Serie 2}} = 1800 \cdot \left(2 + \frac{0,045}{4} \cdot \frac{1 \cdot 2}{2}\right) = 3620,25$$

bekommen. Insgesamt beläuft sich der Endwert bei diesen Teilergebnissen auf

$$R_{2,5} = 15309,35 + 3620,25 = 18929,60\,.$$

Tabelle 2.21 zeigt die Entwicklung des Kapitals über die einzelnen Quartale im Detail.

Will man den Barwert einer nachschüssigen unterjährlichen Rente unter den hier gemachten Voraussetzungen berechnen, so ist es erforderlich, auf das Konzept der gemischten Verzinsung zurückzukommen.[4] Angewandt auf die Endwertformel (2.28) führt

---

[4]Siehe oben Abschnitt 1.3.3.

Tabelle 2.21: Entwicklung eines Kapitals bei Einzahlung einer vierteljährlichen nachschüssigen Rente und jährlichem Zinszuschlag

Quartal	Kapital zu Quartalsbeginn	Rente	Kapital am Quartalsende	Quart. Zinsen 1,125 % auf Kapital zu Quartalsbeginn	Jährliche Zinsen
1	0,00	1800,00	1800,00	0,00	
2	1800,00	1800,00	3600,00	20,25	
3	3600,00	1800,00	5400,00	40,50	
4	5400,00	1800,00	7200,00	60,75	121,50
5	7321,50	1800,00	9121,50	82,37	
6	9121,50	1800,00	10921,50	102,62	
7	10921,50	1800,00	12721,50	122,87	
8	12721,50	1800,00	14521,50	143,12	450,97
9	14972,47	1800,00	16772,47	168,44	
10	16772,47	1800,00	18572,47	188,69	357,13
11	18929,60				

das zu der Barwertgleichung

$$
R_0 = r \left[\frac{\left(m_r + \frac{i}{2}(m_r - 1)\right) \frac{q^{n_1}-1}{i}(1 + n_2 i)}{q^{n_1}(1 + n_2 i)} \right.
$$
$$
\left. + \frac{N_2 + \frac{i}{m_r}\frac{(N_2-1)N_2}{2}}{q^{n_1}(1 + n_2 i)} \right] . \quad (2.29)
$$

Diese Formel ist nicht besonders handlich. Deswegen soll das folgende Beispiel zeigen, wie man am besten mit ihr umgeht.

Beispiel 44 *Uwe hat Anspruch auf Zahlung einer monatlichen Rente in Höhe von 650 €, die nachschüssig zweiundeinviertel Jahre lang geleistet werden muss. Er hat die Wahl, die Rente kapitalisieren zu lassen, sie also „auf einen Schlag" ausgezahlt zu bekommen. Welchen Betrag sollte Uwe verlangen, wenn der Zins bei 5 % p.a. liegt?*

Um die Antwort zu geben, berechnen wir zunächst den Zähler des Quotienten in Gleichung (2.29). Aus der Aufgabenstellung entnehmen wir direkt $r = 650$, $m_r = 12$, $i = 0,05$ und $n = 2,25$. Für die Laufzeitkomponenten und Serienlängen berechnen wir daraus

$$n = 2,25 \qquad n_1 = 2 \qquad n_2 = 0,25$$
$$N = 12 \cdot 2,25 = 27 \qquad N_1 = 24 \qquad N_2 = 3 \quad .$$

Setzen wir all diese Zahlen in den Zähler des Quotienten ein, so erhalten wir

$$\begin{aligned}
\text{Zähler} \;&=\; 650 \cdot \left[\left(12 + \frac{0,05}{2} \cdot 11 \right) \cdot \frac{1,05^2 - 1}{0,05} \cdot (1 + 0,25 \cdot 0,05) \right. \\
&\qquad \left. + 3 + \frac{0,05}{12} \cdot \frac{2 \cdot 3}{2} \right] \\
&=\; 18519,02 \, .
\end{aligned}$$

Dies entspricht zugleich dem Rentenendwert. Gesucht ist aber der Barwert. Daher berechnen wir den Nenner des Quotienten in Gleichung (2.29)

$$\text{Nenner} = 1,05^2 \cdot (1 + 0,25 \cdot 0,05) = 1,11628$$

und erhalten schließlich für den Barwert

$$R_0 = \frac{18519,02}{1,11628} = 16589,92 \, .$$

Tabelle 2.22 zeigt die Entwicklung des Kapitals über alle 27 Monate im Einzelnen.

Abschließend ist noch auf End- und Barwertberechnung vorschüssiger unterjährlicher Renten einzugehen. Wenden wir uns zunächst dem Endwert zu, so können wir diesen ebenso wie bei einer nachschüssigen aus zwei Summanden zusammensetzen,

$$R_n = R_n^{\text{Serie 1}} + R_n^{\text{Serie 2}} \, .$$

Für den Endwert aus der ersten Serie von N_1 vorschüssigen Rentenzahlungen können wir unter Beachtung von (2.23) und in Analogie zu (2.26)

$$R_n^{\text{Serie 1}} = r \left(m_r + \frac{i}{2} (m_r + 1) \right) \frac{q^{n_1} - 1}{i} (1 + n_2 i)$$

schreiben, während man für den Endwert der zweiten Serie vorschüssiger Rentenzahlungen wieder unter Beachtung von (2.23) analog zu (2.27)

$$R_n^{\text{Serie 2}} = r \left(N_2 + \frac{i}{m_r} \frac{(N_2 + 1) N_2}{2} \right)$$

Tabelle 2.22: Entwicklung eines Kapitals bei Auszahlung einer monatlichen nachschüssigen Rente und jährlichem Zinszuschlag

Monat	Kapital zu Monatsbeginn	Rente	Kapital am Monatsende	Mtl. Zinsen 0,4166% auf Kapital zu Monatsbeginn	Jährliche Zinsen
1	16589,92	-650,00	15939,92	69,12	
2	15939,92	-650,00	15289,92	66,42	
3	15289,92	-650,00	14639,92	63,71	
4	14639,92	-650,00	13989,92	61,00	
5	13989,92	-650,00	13339,92	58,29	
6	13339,92	-650,00	12689,92	55,58	
7	12689,92	-650,00	12039,92	52,87	
8	12039,92	-650,00	11389,92	50,17	
9	11389,92	-650,00	10739,92	47,46	
10	10739,92	-650,00	10089,92	44,75	
11	10089,92	-650,00	9439,92	42,04	
12	9439,92	-650,00	8789,92	39,33	650,75
13	9440,67	-650,00	8790,67	39,34	
14	8790,67	-650,00	8140,67	36,63	
15	8140,67	-650,00	7490,67	33,92	
16	7490,67	-650,00	6840,67	31,21	
17	6840,67	-650,00	6190,67	28,50	
18	6190,67	-650,00	5540,67	25,79	
19	5540,67	-650,00	4890,67	23,09	
20	4890,67	-650,00	4240,67	20,38	
21	4240,67	-650,00	3590,67	17,67	
22	3590,67	-650,00	2940,67	14,96	
23	2940,67	-650,00	2290,67	12,25	
24	2290,67	-650,00	1640,67	9,54	293,28
25	1933,95	-650,00	1283,95	8,06	
26	1283,95	-650,00	633,95	5,35	
27	633,95	-650,00	-16,05	2,64	16,05
28	0,00				

bekommt. Insgesamt beläuft sich der Endwert einer vorschüssigen unterjährlichen Rente somit bei jährlichem Zinszuschlag auf

$$
R_n = r \left[\left(m_r + \frac{i}{2} (m_r + 1) \right) \frac{q^{n_1} - 1}{i} (1 + n_2 i) \right.
$$
$$
\left. + \; N_2 + \frac{i}{m_r} \frac{(N_2 + 1)N_2}{2} \right] \quad , \quad (2.30)
$$

während für den Barwert

$$
R_0 = r \left[\frac{\left(m_r + \frac{i}{2}(m_r + 1)\right) \frac{q^{n_1}-1}{i}(1 + n_2 i)}{q^{n_1}(1 + n_2 i)} \right.
$$

$$
\left. + \frac{N_2 + \frac{i}{m_r} \frac{(N_2+1)N_2}{2}}{q^{n_1}(1 + n_2 i)} \right]
\tag{2.31}
$$

gilt. Ein Beispiel zum Abschluss soll die Berechnung im Einzelnen verdeutlichen.

Beispiel 45 *Veras Tante zahlt am Anfang jedes Quartals 900 €
auf ein Konto, das mit 4 % p.a. verzinst wird. Insgesamt zahlt sie
13mal. Wie lautet der Kontostand am Ende des dreizehnten Quartals?*

Der Aufgabenstellung direkt zu entnehmen sind die Parameter
$r = 900$, $m_r = 4$, $i = 0,04$ und $N = 13$. Für die Laufzeitkomponenten und Serienlängen berechnet man daraus rasch

$$
\begin{array}{lll}
N = 13 & N_1 = 12 & N_2 = 1 \\
n = \frac{13}{4} = 3,25 & n_1 = 3 & n_2 = 0,25
\end{array} \quad .
$$

Einsetzen dieser Zahlen in Gleichung (2.30) führt auf

$$
R_{3,25} = 900 \cdot \left[\left(4 + \frac{0,04}{2} \cdot 5\right) \cdot \frac{1,04^3 - 1}{0,04} \cdot (1 + 0,25 \cdot 0,04) \right.
$$

$$
\left. + \left(1 + \frac{0,04}{4} \cdot \frac{2 \cdot 1}{2}\right) \right] = 12542,89 .
$$

Tabelle 2.23 zeigt die Kapitalentwicklung von Quartal zu Quartal
in Staffelform.

2.3.3.3 Ein spezieller Anwendungsfall: Effektivzinsberechnung nach der 360–Tage–Methode

Die Preisangabenverordnung (PangV) verpflichtet die Banken,
Kredite im Privatkundengeschäft über die Angabe eines Effektivzinssatzes miteinander vergleichbar zu machen. Bei Krediten,
die in Form von regelmäßig in gleicher Höhe wiederkehrenden

Tabelle 2.23: Entwicklung eines Kapitals bei Einzahlung einer vorschüssigen vierteljährlichen Rente und jährlichem Zinszuschlag

Jahr	Rente	Kapital zu Quartalsbeginn	Kapital zu Quartalsende	Quartals-Zinsen 1%	Jährliche Zinsen
1	900,00	900,00	900,00	9,00	
2	900,00	1800,00	1800,00	18,00	
3	900,00	2700,00	2700,00	27,00	
4	900,00	3600,00	3690,00	36,00	90,00
5	900,00	4590,00	4590,00	45,90	
6	900,00	5490,00	5490,00	54,90	
7	900,00	6390,00	6390,00	63,90	
8	900,00	7290,00	7527,60	72,90	237,60
9	900,00	8427,60	8427,60	84,28	
10	900,00	9327,60	9327,60	93,28	
11	900,00	10227,60	10227,60	102,28	
12	900,00	11127,60	11127,60	111,28	391,10
13	900,00	12418,70	12542,89	124,19	

Zahlungen getilgt werden, hatte die Effektivzinsberechnung laut PangV in der – inzwischen überholten – Fassung vom 14. März 1985 nach der so genannten 360-Tage-Methode zu erfolgen. Dahinter verbarg sich nichts anderes als ein besonderer Anwendungsfall des in Abschnitt 2.3.3.2 beschriebenen unterjährlichen nachschüssigen Barwertmodells. Dies werden wir am Beispiel eines Kredits mit monatlichen Rentenzahlungen zeigen.

Beispiel 46 *Willi hat eine neue Wohnung bezogen. Um die Renovierung und einige Neuanschaffungen zu finanzieren, nimmt er einen Kredit über 8500 € auf. Diesen Kredit will er „innerhalb von zwei bis drei Jahren" zurückzahlen. Er hat Angebote zweier Banken mit nachstehenden Konditionen erhalten.*

A–Bank: 30 Monate Laufzeit, monatliche Rate 336,60 € bei einer Bearbeitungsgebühr von 2 % und monatlichen Zinsen auf die anfängliche Kreditsumme von 0,56 %.

B–Bank: 35 Monate Laufzeit, monatliche Rate 294,34 € bei einer Bearbeitungsgebühr von 3 % und monatlichen Zinsen von 0,52 %.

Freunde haben Willi geraten, die beiden Angebote anhand des Effektivzinssatzes gemäß PAngV in der Fassung von 1985 miteinander zu vergleichen. Welcher Kredit ist danach günstiger?

Da Willi am Ende eines jeden Monats gleich bleibende Zahlungen zu leisten hat, ist das in Abschnitt 2.3.3.2 angegebene Barwertmodell zu benutzen. Es lautete

$$
R_0 = \left[r \left(m_r + \frac{i}{2} (m_r - 1) \right) \frac{q^{n_1} - 1}{i} (1 + n_2 i) \right.
$$
$$
\left. + N_2 + \frac{i}{m_r} \frac{(N_2 - 1)N_2}{2} \right] \Big/ \left[q^{n_1} (1 + n_2 i) \right] \quad (2.32)
$$

$$
\text{mit} \quad n = \frac{N}{m_r},
$$
$$
n_1 = \text{int}(n), \qquad n_2 = n - n_1,
$$
$$
N_1 = n_1 m_r, \qquad N_2 = n_2 m_r.
$$

Im hier zu betrachtenden Spezialfall ist $m_r = 12$, da monatliche Renten zu zahlen sind. Setzen wir das in (2.32) ein, so können wir zu

$$
R_0 = \frac{r \left[(12 + 5,5\,i) \frac{q^{n_1}-1}{i} \left(1 + \frac{iN_2}{12} \right) + N_2 \left(1 + \frac{i(N_2-1)}{24} \right) \right]}{q^{n_1} \left(1 + \frac{iN_2}{12} \right)}
$$

umformen oder

$$
1 = \frac{r}{R_0} \frac{\left(\frac{12}{i} + 5,5 \right) (q^{n_1} - 1) \left(1 + \frac{iN_2}{12} \right) + N_2 \left(1 + \frac{i(N_2-1)}{24} \right)}{q^{n_1} \left(1 + \frac{iN_2}{12} \right)}
$$

beziehungsweise

$$
q^{n_1} \left(1 + \frac{iN_2}{12} \right) = \frac{r}{R_0} \left[\left(\frac{12}{i} + 5,5 \right) (q^{n_1} - 1) \left(1 + \frac{iN_2}{12} \right) \right.
$$
$$
\left. + N_2 \left(1 + \frac{i(N_2 - 1)}{24} \right) \right] \quad (2.33)
$$

schreiben.

Nun betrachten wir, wie sich die monatlich zu zahlende Rente bei solchen Ratenkrediten aus den Parametern

R_0 := Kreditbetrag

p := nomineller Monatszinssatz in Prozent vom anfänglichen

Kreditbetrag

b := Bearbeitungsgebühr in Prozent vom anfänglichen Kreditbetrag

N := Anzahl der zu zahlenden Raten, zugleich Laufzeit des
Kredits in Monaten

ergibt. Die Gesamtschuld des Kreditnehmers setzt sich aus drei
Beträgen zusammen, im Beispiel der A-Bank

Kreditbetrag	8500	R_0
Gebühr	$0,02 \cdot 8500 = 170$	$b R_0$
Zinsen	$30 \cdot 0,0056 \cdot 8500 = 1428$	$N p R_0$
Gesamtschuld	10098	$(Np + 1 + b) \cdot R_0$

Die monatlich zu zahlende Rente berechnet sich, indem man die
Gesamtschuld durch die Zahl der Laufzeitmonate dividiert, also

$$r = \left(p + \frac{1 + b}{N} \right) R_0 \qquad\qquad (2.34)$$

oder mit den Zahlen unseres Beispiels für die A-Bank

$$r = \left(0,0056 + \frac{1,02}{30} \right) \cdot 8500 = 336,60.$$

Normiert man die zu zahlende Rente auf einen Kreditbetrag in
Höhe einer Geldeinheit, indem man beide Seiten von (2.34) durch
R_0 dividiert, und setzt das Ergebnis in (2.33) ein, so entsteht

$$
q^{n_1} \left(1 + \frac{i N_2}{12} \right)
$$
$$
= \left(p + \frac{1 + b}{N} \right) \left[\left(\frac{12}{i} + 5,5 \right) (q^{n_1} - 1) \left(1 + \frac{i N_2}{12} \right) \right.
$$
$$
\left. + N_2 \left(1 + \frac{i (N_2 - 1)}{24} \right) \right]
$$

Die Suche nach dem Effektivzinssatz nach der 360-Tage-
Methode ist nun nichts anderes als die Bestimmung desjenigen
Zinssatzes i, für den vorstehende Gleichung erfüllt ist. Es geht

also um die Nullstellenbestimmung der Funktion

$$f(i) = -q^{n_1}\left(1 + \frac{iN_2}{12}\right)$$
$$+ \left(p + \frac{1+b}{N}\right)\left[\left(\frac{12}{i} + 5,5\right)(q^{n_1} - 1)\left(1 + \frac{iN_2}{12}\right)\right.$$
$$\left. + N_2\left(1 + \frac{i(N_2 - 1)}{24}\right)\right] \quad (2.35)$$

Eben dies war die „offizielle Formel", wie man sie etwa in den Ausführungshinweisen der Wirtschaftsminister der Länder zur Preisangabenverordnung von 1985 fand.[5]

Will man die Nullstellenberechnung mit Hilfe des *Newton-Verfahrens* vornehmen, so muss man $f(i)$ einmal nach i ableiten. Wenn man sich dieser etwas mühseligen Arbeit unterzieht, erhält man das Resultat

$$f'(i) = -n_1 q^{n_1-1}\left(1 + \frac{iN_2}{12}\right) - \frac{N_2}{12}q^{n_1}$$
$$+ \left(p + \frac{1+b}{N}\right)\left[n_1 q^{n_1-1}\frac{(12 + iN_2)(24 + 11i)}{24i}\right.$$
$$\left. + \left(\frac{11N_2}{24} - \frac{12}{i^2}\right)(q^{n_1} - 1) + \frac{N_2(N_2 - 1)}{24}\right]. \quad (2.36)$$

Damit sind wir im Besitz aller Werkzeuge, die wir zur Lösung der Aufgabe aus Beispiel 46 benötigen. Beginnen wir mit dem Angebot der A-Bank und benutzen als ersten Versuchszinssatz $i_0 = 10\%$, so erhalten wir die in Tabelle 2.24 zusammengestellten Zahlen. Der Effektivzinssatz gemäß PAngV in der Fassung von 1985 beläuft sich auf $i = 14,81\%$. Führt man die entsprechende Rechnung für das Kreditangebot der B-Bank durch, kommt man auf einen effektiven Jahreszins von $i = 14,25\%$. Dieser Kredit ist demnach günstiger als das konkurrierende Angebot der A-Bank, vgl. Tabelle 2.25.

2.3.4 Unterjährliche Renten mit unterjährlicher Zinsverrechnung

Wenn sowohl die Rentenperiode als auch das Intervall der Zinsverrechnung kürzer als ein Jahr sind, so sind drei Fälle denkbar:

---

[5]Man wird kaum sagen können, dass sie sich dem eiligen Leser sofort erschließt.

Tabelle 2.24: Effektivzinsberechnung gemäß PAngV 1985 für einen Ratenkredit mit monatlichen Zahlungen (Monatsprozentsatz $p = 0,56\%$, Bearbeitungsgebühr $b = 2\%$ vom anfänglichen Kreditbetrag, Laufzeit 30 Monate)

k	i_k	$f(i_k)$ gem. Gl. (2.35)	$f'(i_k)$ gem. Gl. (2.36)
0	0,10000	0,06789090	-1,34159300
1	0,15060	-0,00374886	-1,49075713
2	0,14809	-0,00000950	-1,48320272
3	0,14808	0,00000000	

Tabelle 2.25: Effektivzinsberechnung gemäß PAngV 1985 für einen Ratenkredit mit monatlichen Zahlungen (Monatsprozentsatz $p = 0,52\%$, Bearbeitungsgebühr $b = 3\%$ vom anfänglichen Kreditbetrag, Laufzeit 35 Monate)

k	i_k	$f(i_k)$ gem. Gl. (2.35)	$f'(i_k)$ gem. Gl. (2.36)
0	0,10000	0,07216335	-1,60448719
1	0,14498	-0,00438711	-1,80107516
2	0,14254	-0,00001325	-1,79019758
3	0,14253	0,00000000	

1. Rentenperiode gleich Zinsperiode ($m_r = m_z$),

2. Rentenperiode länger als Zinsperiode ($m_r < m_z$),

3. Rentenperiode kürzer als Zinsperiode ($m_r > m_z$).

Wir wenden uns zunächst dem ersten Fall zu, danach den beiden anderen.

2.3.4.1 Rentenrechnung unter der Voraussetzung, dass Rentenperiode und Zinsperiode identisch sind

Die grundsätzliche Vorgehensweise. Falls die Rentenperiode mit der Zinsperiode übereinstimmt, haben wir es beispielsweise mit einer Situation zu tun, in der Renten vierteljährlich gezahlt werden ($m_r = 4$) und Zinsen auch quartalsweise verrechnet werden ($m_z = 4$). Es gilt immer

$$m_r = m_z .$$

Aus Gründen der Bequemlichkeit lassen wir bei diesem speziellen Fall die Indizes r und z fort, verwenden also das Symbol für die Subperioden ohne Index,

$$m_r = m_z = m\,.$$

Der unterjährliche Zinssatz sei

$$j = \frac{i}{m}\,,$$

und die Laufzeit der Rente beträgt N Subperioden beziehungsweise n Jahre, wobei

$$N = m\,n$$

gilt. Wir können nun auf den hier zu behandelnden Fall identischer Renten- und Zinsperioden alle Berechnungsformeln anwenden, die wir in Abschnitt 2.3.1 für den Fall jährlicher Renten mit jährlicher Zinsverrechnung angegeben haben. Dabei müssen wir nur folgende Substitutionsregeln beherzigen: an die Stelle von n tritt N, und an die Stelle von i tritt j. An drei Beispielen wollen wir lernen, damit umzugehen.

Beispiel 47 *Xenia bringt am Ende jeden Quartals 400€ zur Bank, wo sie je Quartal Zinsen in Höhe von 1% erhält. Wie hoch ist ihr Kapital nach 14 Vierteljahren?*

Gefragt ist nach dem nachschüssigen Rentenendwert. Die entsprechende Formel bei jährlicher Rente und jährlichem Zinszuschlag lautete

$$R_n = r\,\frac{q^n - 1}{i} = r\,\frac{(1+i)^n - 1}{i}\,.$$

Lässt man j an die Stelle von i und N an die Stelle von n treten, so heißt die entsprechende Gleichung im unterjährlichen Fall

$$R_N = r\,\frac{(1+j)^N - 1}{j}$$

und mit den Zahlen unseres Beispiels

$$R_{14} = 400 \cdot \frac{1{,}01^{14} - 1}{0{,}01} = 5978{,}97\,.$$

Beispiel 48 *Yves besitzt 14000 €, die bei der Bank mit 0,5 % je Monat verzinst werden. Er will zwei Jahre lang am Ende jedes Monats einen gleich bleibenden Betrag abheben. Wie hoch ist die Rente?*

Zu berechnen ist die nachschüssige Rente bei gegebenem Barwert. Die Barwertformel bei jährlicher Rente und jährlicher Zinsverrechnung lautete

$$R_0 = r\,\frac{q^n - 1}{i\,q^n} = r\,\frac{(1 + i)^n - 1}{i\,(1 + i)^n}\,.$$

Setzt man j an die Stelle von i und N an die Stelle von n, so erhält man

$$R_0 = r\,\frac{(1 + j)^N - 1}{j\,(1 + j)^N}\,.$$

Aufgelöst nach r ergibt sich

$$r = R_0\,\frac{j\,(1 + j)^N}{(1 + j)^N - 1}$$

und mit den Zahlen des Beispiels

$$r = 14000 \cdot \frac{0,005 \cdot 1,005^{24}}{1,005^{24} - 1} = 620,49\,.$$

Beispiel 49 *Zarah will am Anfang jedes Monats 300 € auf ein Konto zahlen, das monatlich mit 0,4 % verzinst wird. Sie benötigt am Ende der Rentenlaufzeit 4646,72 €. Wie lange muss sie zahlen?*

Gefragt ist nach der Laufzeit einer vorschüssigen Rente bei gegebenem Rentenendwert. Die vorschüssige Rentenendwertformel im Standardfall jährlicher Renten und jährlicher Zinsen lautete

$$R_n = r\,\frac{q(q^n - 1)}{i} = r\,\frac{(1 + i)\,((1 + i)^n - 1)}{i}\,.$$

Daraus wird bei unterjährlicher Rente und unterjährlichen Zinsen

$$R_N = r\,\frac{(1 + j)\,((1 + j)^N - 1)}{j}\,.$$

Löst man nach N auf, so entsteht

$$N = \frac{\ln\left(1 + \frac{jR_N}{r(1+j)}\right)}{\ln(1 + j)}$$

oder, bezogen auf unsere Beispielsdaten,

$$N = \frac{\ln\left(1 + \frac{0{,}004 \cdot 4646{,}72}{300 \cdot 1{,}004}\right)}{\ln 1{,}004} = 15\,.$$

Ein spezieller Anwendungsfall: Effektivzinsberechnung nach international üblichem Standard

In Abschnitt 2.3.3.3 hatten wir gezeigt, wie man den Effektivzins nach der 360-Tage-Methode berechnet, und gesehen, dass es sich dabei um eine Anwendung des Barwertmodells bei unterjährlicher Rentenzahlung mit jährlicher Zinsverrechnung handelt. Diese Form der Effektivzinsberechnung war in Deutschland noch durch die Preisangabenverordnung 1985 vorgeschrieben. International üblich war dieses relativ schwerfällige Verfahren jedoch nie. Statt dessen benutzte man sonst das auf Seite 90 beschriebene nachschüssige Barwertmodell und rechnete den unterjährlichen Zinsfuß j abschließend mit Hilfe von

$$i^* = (1 + j)^m - 1$$

in den konformen Jahreszinsfuß um.[6]

Beispiel 50 *Almut nimmt Kredit über 7200 € auf, den sie in 20 Monatsraten zu je 397,80 € zurückzahlt. Wie hoch ist die jährliche Effektivverzinsung*

(a) nach internationalem Standard,
(b) nach der 360-Tage-Methode?

(a) Der international übliche Ansatz zur Berechnung der jährlichen Effektivverzinsung benutzt das nachschüssige Barwertmodell in der Form

$$R_0 = r\,\frac{(1 + j)^N - 1}{j\,(1 + j)^N} \tag{2.37}$$

---

[6]Vgl. oben Gleichung (1.26)

und rechnet j abschließend in den konformen Jahreszins-satz i^* gemäß Gleichung (1.26) um. Um den unterjährlichen Zinssatz j aus Gleichung (2.37) zu ermitteln, suchen wir die Nullstelle der Funktion

$$f(j) = -R_0 + r \frac{(1+j)^N - 1}{j\,(1+j)^N} \,. \tag{2.38}$$

Dies geschieht am zweckmäßigsten mit dem *Newton*-Verfahren. Dazu brauchen wir die erste Ableitung,

$$f'(j) = r \frac{1 + j + Nj - (1+j)^{N+1}}{j^2 (1+j)^{N+1}} \,. \tag{2.39}$$

Wir beginnen mit einem Versuchszinssatz von $j = 1\,\%$ und sind, wie Tabelle 2.26 zeigt, rasch am Ziel. Das Zwischenergebnis lautet $j = 0,0097$, woraus gemäß Gleichung (1.26) ein effektiver Jahreszins von

$$i^* = 1,00970^{12} - 1 = 0,1229$$

folgt.

Tabelle 2.26: Iterative Berechnung des Effektivzinssatzes für einen Ratenkredit nach international üblichem Standard

k	j_k	$f(j_k)$ gem. Gl. (2.38)	$f'(j_k)$ gem. Gl. (2.39)
0	0,01000	−21,48	−72278,25
1	0,00970	0,05	−72585,95
2	0,00970	0,00	

(b) Ist der Effektivzinssatz nach der 360-Tage-Methode zu berechnen, so empfiehlt sich das in Abschnitt 2.3.3.3 angegebene Vorgehen. Man erhält einen vom internationalen Standard geringfügig abweichenden Wert mit $i = 0,1236$. Tabelle 2.27 zeigt die Zwischenresultate des *Newton*-Verfahrens, wenn man als ersten Jahreszinssatz $i_0 = 10\,\%$ verwendet.

Tabelle 2.27: Iterative Berechnung des Effektivzinssatzes für einen Ratenkredit nach der 360-Tage-Methode

k	i_k	$f(i_k)$ gem. Gl. (2.35)	$f'(j_k)$ gem. Gl. (2.36)
0	0,10000	0,02117167	-0,88469167
1	0,12393	-0,00026578	-0,90690374
2	0,12364	-0,00000004	-0,90663173
3	0,12364	0,00000000	

2.3.4.2 Rentenrechnung unter der Voraussetzung, dass Renten- und Zinsperiode nicht identisch sind

Wenn Renten- und Zinsperioden nicht übereinstimmen, beide aber zugleich kürzer als ein Jahr sind, so muss man zwei Fälle unterscheiden.

Fall 1: $m_z > m_r > 1$,

Fall 2: $m_r > m_z > 1$.

Entweder gibt es je Jahr mehr Zins- als Rentenperioden oder umgekehrt. Mit ähnlichen Voraussetzungen haben wir uns aber oben bereits ausführlich beschäftigt. So wurden in Abschnitt 2.3.2 jährliche Renten bei unterjährlicher Zinsverrechnung behandelt ($m_z > m_r = 1$), und in Abschnitt 2.3.3 ging es um unterjährliche Renten bei jährlicher Zinsverrechnung ($m_r > m_z = 1$). Wir können die grundsätzlichen Lösungsmuster, die dort entwickelt wurden, hier übernehmen. Da Rentenmodelle, bei denen sowohl die Renten- als auch die Zinsperiode kürzer als ein Jahr ist, praktisch keine nennenswerte Rolle spielen, wollen wir die folgende Darstellung aber exemplarisch auf die Berechnung von Endwerten nachschüssiger Renten beschränken. Wir wenden uns zunächst dem Fall zu, dass die Zinsperiode kürzer als die Rentenperiode ist.

Fall 1: $m_z > m_r > 1$

Beispiel 51 *Björn zahlt am Ende eines jeden Halbjahres 400 €
auf ein Konto, das vierteljährlich mit 1,25 % verzinst wird. Wie
hoch ist sein Kapital nach der siebenten Einzahlung?*

Zur Lösung verwenden wir die gleiche Idee wie oben in Abschnitt 2.3.2, als es darum ging, jährliche Rentenzahlungen und unterjährliche Zinsen auf einen Nenner zu bringen. Dort haben wir den unterjährlichen Zinssatz j in den konformen jährlichen Zinssatz i^* mit

$$i^* = (1 + j)^{m_z} - 1$$

umgerechnet und anschließend die Standard-Endwertgleichung für jährliche Rentenzahlungen und jährliche Zinsen benutzt. Jetzt rechnen wir den unterjährlichen Zins der Zinsperiode j in den (unterjährlichen) konformen Zins der Rentenperiode j^* um, und zwar mit

$$j^* = (1 + j)^{m_z/m_r} - 1.$$

Danach berechnen wir den Rentenendwert nach N Rentenzahlungen aus

$$R_N = r \, \frac{(1 + j^*)^N - 1}{j^*},$$

wenden also die Standard-Endwertgleichung für nachschüssige Renten[7] sinngemäß an. Mit den Zahlen unseres Beispiels erhält man

$$
\begin{aligned}
j^* &= 1,0125^{4/2} - 1 = 0,02516 \\
R_7 &= 400 \cdot \frac{1,02516^7 - 1}{0,02516} = 3020,40.
\end{aligned}
$$

Tabelle 2.28 zeigt die Entwicklung von Björns Kapital in Halbjahresabständen.

Fall 2: $m_r > m_z > 1$ Abschließend ist noch der Fall zu erörtern, dass die Zinsperiode länger als die Rentenperiode ist.

Beispiel 52 *Cordula will am Ende jedes Monats 150€ auf ein Konto zahlen, das mit 1,2 % je Quartal verzinst wird. Wie hoch ist ihr Kapital am Ende des ersten Jahres?*

---

[7]Vgl. oben Gleichung (2.3)

Tabelle 2.28: Entwicklung eines Kapitals bei vierteljährlicher Verzinsung und Einzahlung einer nachschüssigen halbjährlichen Rente

Semester	Kapital zu Semesterbeginn	Zinsen 2,516%	Rente	Kapital zu Semesterende
1	0,00	0,00	400,00	400,00
2	400,00	10,06	400,00	810,06
3	810,06	20,38	400,00	1230,44
4	1230,44	30,95	400,00	1661,39
5	1661,39	41,79	400,00	2103,19
6	2103,19	52,91	400,00	2556,10
7	2556,10	64,30	400,00	3020,40

Bei dem vorstehenden Problem können wir sinngemäß auf die in Abschnitt 2.3.3 beschriebenen Lösungsmuster zurückgreifen. Dort ging es um unterjährliche Rentenzahlungen bei jährlicher Zinsverrechnung, und die Lösungsidee bestand darin, die unterjährliche Rente r in eine äquivalente nachschüssige Jahresrente

$$\mathfrak{r} = r \left(m_r + \frac{i}{2} (m_r - 1) \right)$$

umzurechnen sowie anschließend auf diese die Standard-Endwertgleichung für jährliche Renten bei jährlichen Zinsen anzuwenden. Analog rechnen wir nun die unterjährliche Rente der Rentenperiode in die äquivalente (ebenfalls unterjährliche) Rente der Zinsperiode um, wobei wir

$$\mathfrak{r} = r \left(\mathfrak{m}_r + \frac{i}{2} (\mathfrak{m}_r - 1) \right)$$

benutzen und $\mathfrak{m}_r$ die Zahl der Rentenperioden je Zinsperiode darstellt. Mit den Daten unseres Beispiels ergibt sich dann

$$\mathfrak{r} = 150 \cdot \left(3 + \frac{0,012}{2} \cdot 2 \right) = 451,8.$$

Die Endwertformel lautet nun

$$R_N = \mathfrak{r} \frac{(1 + j)^N - 1}{j},$$

und mit den Zahlen unseres Beispiels erhalten wir

$$R_4 = 451,8 \cdot \frac{1,012^4 - 1}{0,012} = 1839,99.$$

Aus Tabelle 2.29 ist die Entwicklung von Cordulas Kapital von Monat zu Monat zu sehen.

Tabelle 2.29: Entwicklung eines Kapitals bei Einzahlung einer monatlichen Rente und vierteljährlichem Zinszuschlag

Monat	Kapital zu Monatsbeginn vor Rentenzahlung	Rente	Kapital zu Monatsende	Zinsen 0,4 % auf Kapital zu Monatsende	Quartalszinsen
1	0,00	150,00	150,00	0,00	
2	150,00	150,00	300,00	0,60	
3	300,00	150,00	450,00	1,20	1,80
4	451,80	150,00	601,80	1,81	
5	601,80	150,00	751,80	2,41	
6	751,80	150,00	901,80	3,01	7,22
7	909,02	150,00	1059,02	3,64	
8	1059,02	150,00	1209,02	4,24	
9	1209,02	150,00	1359,02	4,84	12,71
10	1371,73	150,00	1521,73	5,49	
11	1521,73	150,00	1671,73	6,09	
12	1671,73	150,00	1821,73	6,69	18,26
13	1839,99				

2.4 Veränderliche Renten

Im gesamten vorhergehenden Abschnitt haben wir uns nur mit gleich bleibenden Renten beschäftigt. Jetzt wenden wir uns veränderlichen Renten zu, werden also den allgemeineren Fall wiederkehrender Zahlungen behandeln, die im Zeitablauf schwanken. Um die Darstellung nicht unübersichtlich werden zu lassen, wollen wir uns dabei aber im Regelfall auf jährliche Rentenzahlungen bei jährlicher Zinsverrechnung beschränken.

Bei den veränderlichen Renten ist es möglich, dass die Veränderung einer bestimmten Regel folgt, oder es kann sein, dass die Rente sich ohne erkennbare Regel verändert. Ein Beispiel für eine sich regelmäßig ändernde Rente wäre die Zahlungsreihe

$$r_1 = 100 \quad r_2 = 200 \quad r_3 = 400 \quad r_4 = 800,$$

denn hier ist (vom Zeitpunkt $t = 2$ an) eine Rentenzahlung immer das Doppelte des entsprechenden Vorjahresbetrages. Eine sich regellos verändernde Rente wäre dagegen etwa

$$r_1 = 100 \quad r_2 = 800 \quad r_3 = 200 \quad r_4 = 400.$$

Wir beginnen unsere weiteren Überlegungen mit dem allgemeineren Fall, gehen also davon aus, dass eine bestimmte Änderungsregel, der die Zahlungsreihe folgt, nicht bekannt ist.

2.4.1 Sich regellos ändernde Renten

2.4.1.1 Berechnung von End- und Barwerten

Rentenendwert. Wird die erste Rente im Zeitpunkt $t = 1$ und die letzte Rente im Zeitpunkt $t = n$ gezahlt und wird das Konto, auf dem die Rentenzahlungen gesammelt werden, jeweils am Jahresende zum Zinssatz i verzinst, so braucht man für die Endwertberechnung nur die Kontostände im Zeitablauf zu verfolgen. Verwendet man wie gewohnt $q = 1 + i$ als Zinsfaktor, so entsteht ein Bild, das wir oben auf Seite 49 bereits einmal gezeichnet haben.

$$
\begin{aligned}
R_1 & & = r_1 \\
R_2 &= r_2 + R_1 q & = r_2 + r_1 q \\
R_3 &= r_3 + R_2 q & = r_3 + r_2 q + r_1 q^2 \\
&\;\vdots \\
R_n &= r_n + R_{n-1} q & = r_n + r_{n-1} q + r_{n-2} q^2 + \ldots + r_1 q^{n-1}
\end{aligned}
$$

Die Endwertgleichung ist daher

$$R_n = r_n + r_{n-1} q + r_{n-2} q^2 + \ldots + r_2 q^{n-2} + r_1 q^{n-1}$$

oder in anderer Reihenfolge der Summanden

$$
\begin{aligned}
R_n &= r_1 q^{n-1} + r_2 q^{n-2} + \ldots + r_{n-1} q^1 + r_n q^0 \\
&= q^n \left(r_1 q^{-1} + r_2 q^{-2} + \ldots + r_{n-1} q^{-n+1} + r_n q^{-n} \right)
\end{aligned}
$$

oder unter Verwendung des Summenoperators kürzer

$$R_n = q^n \sum_{t=1}^{n} r_t q^{-t}.$$
(2.40)

Beispiel 53 *Daniels Eltern zahlen auf das Sparbuch ihres Sohnes am Jahresende Beträge in wechselnder Höhe ein, und zwar laut folgender Aufstellung.*

1. Jahr 1200 €
2. Jahr 2100 €
3. Jahr 1700 €
4. Jahr   0 €
5. Jahr 2600 €

Über welches Kapital kann Daniel am Ende des fünften Jahres verfügen, wenn jährlich Zinsen in Höhe von 6,5 % zugeschlagen werden?

$$R_5 = 1,065^5 \cdot \left(\frac{1200}{1,065^1} + \frac{2100}{1,065^2} \right.$$
$$\left. + \frac{1700}{1,065^3} + \frac{0}{1,065^4} + \frac{2600}{1,065^5} \right) = 8608,64.$$

Wen die Entwicklung des Kapitals im Zeitablauf interessiert, der mag Tabelle 2.30 nachrechnen.

Tabelle 2.30: Entwicklung eines Kapitals bei Einzahlung einer jährlichen veränderlichen Rente

Jahr	Kapital zu Jahresbeginn	Rente	Zinsen 6,5 %	Kapital zu Jahresende
1	0,00	1200,00	0,00	1200,00
2	1200,00	2100,00	78,00	3378,00
3	3378,00	1700,00	219,57	5297,57
4	5297,57	0,00	344,34	5641,91
5	5641,91	2600,00	366,72	8608,64

Rentenbarwert. Um von der Endwertformel (2.40) für Renten mit beliebiger zeitlicher Struktur zu einer entsprechenden Barwertformel zu gelangen, braucht man nur um n Perioden abzuzinsen. Also

$$R_0 = R_n q^{-n}$$

oder nach Einsetzen von (2.40) und Kürzen

$$R_0 = \sum_{t=1}^{n} r_t q^{-t} \,.$$
(2.41)

Mit dieser Gleichung lässt sich der Barwert künftiger Zahlungen in allgemeiner Weise berechnen, weil keinerlei Voraussetzungen bezüglich der zeitlichen Struktur der Zahlungen gemacht werden. Insofern sind alle oben angegebenen Barwertformeln (für jährliche Rentenzahlungen bei jährlicher Zinsverrechnung) Spezialfälle der Gleichung (2.41).

Beispiel 54 *Eva hat Anspruch auf Unterhaltsleistungen in folgender Höhe:*

1. Jahr 18000 €
2. Jahr 24000 €
3. Jahr 28000 €
4. Jahr 24000 €

Die Zahlungen haben jeweils am Jahresende zu erfolgen. Der Schuldner hat jedoch das Recht, Eva in einer Summe zu entschädigen und diesen Betrag sofort zu zahlen. Dabei müsste ein Zinssatz von 4,5 % verrechnet werden.

$$R_0 = \frac{18000}{1,045} + \frac{24000}{1,045^2} + \frac{28000}{1,045^3} + \frac{24000}{1,045^4} = 83864,18 \,.$$

Das ist der Barwert von Evas Zahlungsansprüchen, denn wenn sie diesen Betrag ihrerseits zu 4,5 % Zins anlegt, kann sie die ihr zustehenden Zahlungen von dem Konto termin- und betragsgerecht abheben, so dass das Kapital schließlich verbraucht ist (vgl. Tabelle 2.31).

2.4.1.2 Berechnung des Zinssatzes

Sind die Rentenzahlungsreihe $(r_1, r_2, \ldots r_n)$ und der Zinssatz i gegeben, so sind Endwerte und Barwerte (R_n und R_0) eindeutig berechenbar. Man verwendet die Gleichungen (2.40) und (2.41).

Tabelle 2.31: Entwicklung eines Kapitals bei Auszahlung einer jährlichen veränderlichen Rente

Jahr	Kapital zu Jahresbeginn	Rente	Zinsen. 4,5 %	Kapital zu Jahresende
1	83864,18	-18000,00	3773,89	69638,06
2	69638,06	-24000,00	3133,71	48771,78
3	48771,78	-28000,00	2194,73	22966,51
4	22966,51	-24000,00	1033,49	0,00

Sind umgekehrt die Zahlungsreihe $(r_1, r_2, \ldots r_n)$ sowie der Endwert R_n (Barwert R_0) gegeben, so kann man daraus eindeutig einen bestimmten Zinssatz berechnen.[8]

Hat man den Zinssatz bei gegebenem Endwert zu ermitteln, so geht es um die Nullstellenbestimmung der Funktion

$$f(i) = -R_n + q^n \sum_{t=1}^{n} r_t q^{-t}. \tag{2.42}$$

Soll die Nullstelle mit dem *Newton*-Verfahren berechnet werden, so braucht man die erste Ableitung dieser Funktion nach i. Diese ergibt sich zu

$$f'(i) = q^{n-1} \sum_{t=1}^{n} (n - t)\, r_t q^{-t}. \tag{2.43}$$

Wenn die Laufzeiten nicht allzu lang sind, so kann man beide Formeln mit Taschenrechnern noch recht gut auswerten. Bei längeren Laufzeiten und häufig wiederkehrenden Aufgaben dieses Typs empfiehlt sich der Einsatz programmierbarer Rechner.

Beispiel 55 *Fabian will am Ende des vierten Jahres 13000 € besitzen. Von seinen laufenden Einkünften will er am Ende jedes Jahres folgende Beträge auf ein Sparbuch einzahlen.*

1. Jahr 2000 €
2. Jahr 3000 €
3. Jahr 4000 €
4. Jahr 3000 €

---

[8]Wir setzen allerdings voraus, dass alle Rentenzahlungen positives Vorzeichen haben.

Das sind zusammen 12 000 €. Die fehlenden 1000 € sollen die Zinsen bringen. Zu welchem Zinssatz muss Fabian sein Kapital anlegen, damit er sein Ziel erreicht?

Beginnt man mit $i_0 = 10\%$ und beschränkt sich auf eine Genauigkeit von zwei Stellen nach dem Komma, so ist man nach zwei Iterationen am Ziel (vgl. Tabelle 2.32).

Tabelle 2.32: Iterative Berechnung des Zinssatzes einer nachschüssigen veränderlichen Rente bei gegebenem Endwert mit Hilfe des *Newton*-Verfahrens

k	i_k	$f(i_k)$ gem. Gl. (2.42)	$f'(i_k)$ gem. Gl. (2.43)
0	0,1000	692,00	17860,00
1	0,0613	14,30	17125,09
2	0,0604	0,01	17109,45
3	0,0604	0,00	

Geht es darum, den Zinssatz bei gegebenem Barwert zu ermitteln, so ist die Nullstelle der Funktion

$$f(i) = -R_0 + \sum_{t=1}^{n} r_t q^{-t} \tag{2.44}$$

zu suchen, deren erste Ableitung

$$f'(i) = -q^{-1} \sum_{t=1}^{n} t r_t q^{-t} \tag{2.45}$$

lautet.

Beispiel 56 *Gabi hat ein Kapital in Höhe von 17 000 € und die Absicht, von dem entsprechenden Konto am Ende der kommenden Jahre folgende Abhebungen vorzunehmen.*

1. Jahr 4000 €
2. Jahr 5000 €
3. Jahr 7000 €
4. Jahr 5000 €

Zu welchem Zinssatz muss Gabi ihr Kapital anlegen, damit diese Rechnung aufgeht?

Verwendet man *Newtons* Methode und nimmt als ersten Versuchszinssatz $i_0 = 10\%$, so erhält man die in Tabelle 2.33 zusammengestellten Zahlen. Demnach muss das Kapital zu $i = 8,56\%$ angelegt werden.

Tabelle 2.33: Iterative Berechnung des Zinssatzes einer nachschüssigen veränderlichen Rente bei gegebenem Barwert mit Hilfe des *Newton*-Verfahrens

k	i_k	$f(i_k)$ gem. Gl. (2.44)	$f'(i_k)$ gem. Gl. (2.45)
0	0,1000	−557,13	37580,64
1	0,0852	15,20	−39655,50
2	0,0856	0,01	−39599,99
3	0,0856	0,00	

2.4.2 Sich regelmäßig ändernde Renten

Bei den Renten, die sich nach einer bestimmten Regel ändern, spielen in der Literatur besonders die arithmetisch fortschreitende und die geometrisch sich ändernde Rente eine größere Rolle. In der nachfolgenden Darstellung beschränken wir uns auf diese beiden, behandeln dabei aber nur den Fall der nachschüssigen Rente.

2.4.2.1 Arithmetisch fortschreitende Renten

Vorbereitungen. Von einer arithmetisch fortschreitenden Rente ist dann die Rede, wenn die einzelnen Rentenzahlungen eine arithmetische Folge bilden. Dies ist dann der Fall, wenn die Differenz zwischen zwei benachbarten Rentenzahlungen eine Konstante ist. Es muss also immer

$$r_t + d = r_{t+1}$$

gelten (vgl. Abbildung 2.5). Vereinbart man

$$
\begin{aligned}
r_1 &= r \\
r_2 &= r + d \\
r_3 &= r + 2d \\
&\vdots \\
r_n &= r + (n-1)d,
\end{aligned}
$$

so ergibt sich das Bildungsgesetz für eine Rentenzahlung im Zeitpunkt t aus

$$r_t = r + (t-1)d. \tag{2.46}$$

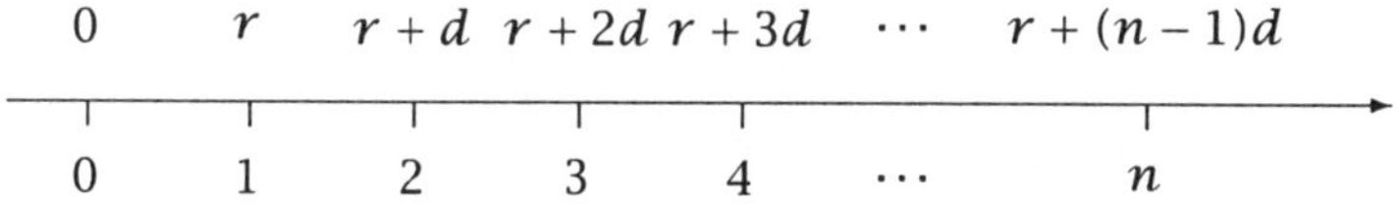

Abbildung 2.5: Zeitstruktur einer arithmetisch fortschreitenden Rente

Wir hatten auf Seite 98 angekündigt, dass wir uns im Zusammenhang mit veränderlichen Renten im Regelfall auf jährliche Renten mit jährlicher Zinsverrechnung beschränken würden. Von diesem Prinzip werden wir bei den arithmetisch fortschreitenden Renten abweichen. Wir behandeln zunächst den Fall der jährlichen, anschließend der Fall der unterjährlichen Rentenzahlung. Dabei werden wir aber stets mit jährlicher Zinsverrechnung arbeiten.

Jährliche arithmetisch fortschreitende Renten

Rentenendwert. Die allgemeine Formel zur Berechnung des Endwerts einer sich regellos ändernden Rente lautete

$$R_n = q^n \sum_{t=1}^{n} r_t q^{-t}.$$

Setzt man (2.46) ein, so entsteht

$$R_n = \sum_{t=1}^{n} (r + (t-1)d)q^{n-t}, \qquad (2.47)$$

was sich zu dem bequemeren Ausdruck

$$\boxed{R_n = r\,\frac{q^n - 1}{i} + \frac{d}{i}\left(\frac{q^n - 1}{i} - n\right)} \qquad (2.48)$$

umformen lässt.

Um nachzuvollziehen, wie aus (2.47) die Gleichung (2.48) entsteht, zerlegen wir die rechte Seite von Gleichung (2.47) in zwei Summanden,

$$R_n = \sum_{t=1}^{n} rq^{n-t} + d\sum_{t=1}^{n}(t-1)q^{n-t}. \qquad (2.49)$$

Der erste Term ist nichts anderes als der Endwert einer gewöhnlichen nachschüssigen gleich bleibenden Rente, also

$$R_n = r\,\frac{q^n - 1}{i} + d\underbrace{\sum_{t=1}^{n}(t-1)q^{n-t}}_{:=x}.$$

Nun konzentrieren wir uns auf den Ausdruck

$$\begin{aligned}
x &= \sum_{t=1}^{n}(t-1)q^{n-t} \\
&= 0\,q^{n-1} + 1\,q^{n-2} + 2\,q^{n-3} + \ldots + (n-1)\,q^{0}.
\end{aligned}$$

Multiplizieren wir diese Gleichung mit q, so entsteht

$$qx = 1\,q^{n-1} + 2\,q^{n-2} + 3\,q^{n-3} + \ldots + (n-1)\,q^{1}.$$

Zieht man hiervon die vorige Gleichung ab, so erhält man unter Verwendung der Summenformel für die geometrische Reihe

$$\begin{aligned}
qx - x &= q^{n-1} + q^{n-2} + q^{n-3} + \ldots + q^{1} - (n-1) \\
&= q^{0} + q^{1} + q^{2} + \ldots + q^{n-1} - n \\
&= \frac{q^n - 1}{i} - n
\end{aligned}$$

und

$$x = \frac{1}{i}\left(\frac{q^n - 1}{i} - n\right).$$

Setzt man nun alles wieder in (2.49) ein, dann kommt man zu der oben angegebenen Endwertgleichung (2.48).

Beispiel 57 *Hans zahlt am Jahresende 1000 € auf ein Konto, das mit 5 % verzinst wird. Ferner zahlt er am Ende jedes folgenden Jahres einen Betrag, der jeweils 300 € über dem Vorjahreswert liegt. Wie groß ist Hans' Kapital nach sieben Jahren?*

$$R_7 = 1000 \cdot \frac{1,05^7 - 1}{0,05} + \frac{300}{0,05} \cdot \left(\frac{1,05^7 - 1}{0,05} - 7\right) = 14994,06$$

Wer die Entwicklung des Kapitals von Jahr zu Jahr verfolgen will, der vertiefe sich in Tabelle 2.34.

Tabelle 2.34: Entwicklung eines Kapitals bei Einzahlung einer arithmetisch fortschreitenden Rente

Jahr	Kapital zu Jahresbeginn	Rente	Zinsen 5 %	Kapital zu Jahresende
1	0,00	1000,00	0,00	1000,00
2	1000,00	1300,00	50,00	2350,00
3	2350,00	1600,00	117,50	4067,50
4	4067,50	1900,00	203,38	6170,88
5	6170,88	2200,00	308,54	8679,42
6	8679,42	2500,00	433,97	11613,39
7	11613,39	2800,00	580,67	14994,06

Rentenbarwert. Von der Endwert- zur Barwertformel kommt man durch Diskontieren über n Perioden. Daher

$$\boxed{R_0 = r\,\frac{q^n - 1}{i\,q^n} + \frac{d}{i}\left(\frac{q^n - 1}{i\,q^n} - nq^{-n}\right).}$$

Beispiel 58 *Ingrid ist verpflichtet, fünf Jahre lang eine Rente zu zahlen, die mit 8000 € beginnt und jährlich um 750 € wächst. Wie viel Kapital muss sie bereitstellen, wenn der Zinssatz bei 6 % liegt?*

$$R_0 = 8000 \cdot \frac{1,06^5 - 1}{0,06 \cdot 1,06^5} + \frac{750}{0,06} \cdot \left(\frac{1,06^5 - 1}{0,06 \cdot 1,06^5} - \frac{5}{1,06^5} \right)$$
$$= 39649,82 .$$

Tabelle 2.35 zeigt, dass die Rechnung aufgeht.

Tabelle 2.35: Entwicklung eines Kapitals bei Auszahlung einer arithmetisch fortschreitenden Rente

Jahr	Kapital zu Jahresbeginn	Rente	Zinsen 6%	Kapital zu Jahresende
1	39649,82	-8000,00	2378,99	34028,81
2	34028,81	-8750,00	2041,73	27320,54
3	27320,54	-9500,00	1639,23	19459,77
4	19459,77	-10250,00	1167,59	10377,36
5	10377,36	-11000,00	622,64	0,00

Rente. Sowohl die Endwertgleichung als auch die Barwertgleichung lassen sich problemlos nach der im Zeitpunkt $t = 1$ fälligen Rente r auflösen. Die entsprechenden Gleichungen ergeben sich zu

$$r = \frac{R_n i + dn}{q^n - 1} - \frac{d}{i}$$

und

$$r = \frac{q^n R_0 i + dn}{q^n - 1} - \frac{d}{i}$$

Beispiel 59 *Joachim verfügt über 60000 €, die er zu 4 % Zins anlegen kann. Er will davon nachschüssig sechs Jahre lang eine Rente zahlen, die jedes Jahr um 2000 € steigt. Wie viel kann er im ersten Jahr auszahlen?*

$$r = \frac{1,04^6 \cdot 60000 \cdot 0,04 + 2000 \cdot 6}{1,04^6 - 1} - \frac{2000}{0,04} = 6674,28 .$$

Zinssatz. Schwieriger gestaltet sich die Berechnung von Zinssätzen und Laufzeiten, weil weder die Endwertgleichung noch die Barwertgleichung nach i beziehungsweise n aufgelöst werden kann. In beiden Fällen ist man auf Näherungsverfahren angewiesen. Benutzt man standardmäßig das *Newton*-Verfahren und will den Zins bei gegebenem Endwert ermitteln, so ist die Nullstelle der Funktion

$$f(i) = -R_n + r\,\frac{q^n - 1}{i} + \frac{d}{i}\left(\frac{q^n - 1}{i} - n\right)$$

zu bestimmen, deren erste Ableitung

$$f'(i) = \frac{r}{i}\left(nq^{n-1} - \frac{q^n - 1}{i}\right)$$
$$+ \frac{d}{i^2}\left(n + nq^{n-1} - 2\,\frac{q^n - 1}{i}\right)$$

lautet. Soll dagegen der Zins bei gegebenem Barwert berechnet werden, so ist die Funktion

$$f(i) = -R_0 + r\,\frac{q^n - 1}{i\,q^n} + \frac{d}{i}\left(\frac{q^n - 1}{i\,q^n} - nq^{-n}\right) \qquad (2.50)$$

sowie deren erste Ableitung

$$f'(i) = \frac{r}{i}\left(\frac{n}{q^{n+1}} - \frac{q^n - 1}{i\,q^n}\right)$$
$$+ \frac{d}{i^2}\left(\frac{n}{q^{n+1}}(1 + q + in) - 2\,\frac{q^n - 1}{i\,q^n}\right) \qquad (2.51)$$

zu verwenden.

Beispiel 60 *Katrin besitzt 30000€ und möchte vier Jahre lang von diesem Kapital eine Rente zahlen, die jährlich um 1000€ fällt. Die erste Zahlung soll 10000€ betragen. Zu welchem Zinssatz muss Katrin das Kapital anlegen?*

Beginnt man die Rechnung mit einem Zinssatz von $i_0 = 7\%$, so erhält man die in Tabelle 2.36 zusammengestellten Zahlen. Die Lösung ergibt sich zu $i = 5,54\%$.

Tabelle 2.36: Iterative Berechnung des Zinssatzes einer nachschüssigen arithmetisch fortschreitenden Rente bei gegebenem
Barwert mit Hilfe des *Newton*-Verfahrens

k	i_k	$f(i_k)$ gem. Gl. (2.50)	$f'(i_k)$ gem. Gl. (2.51)
0	0,0700	-922,61	-61700,85
1	0,0550	25,11	-65099,44
2	0,0554	0,02	-65008,68
3	0,0554	0,00	

Laufzeit. Um die Laufzeit einer arithmetisch fortschreitenden
Rente bei gegebenem Endwert zu ermitteln, muss man die Nullstelle der Funktion

$$f(n) = -R_n + r\,\frac{q^n - 1}{i} + \frac{d}{i}\left(\frac{q^n - 1}{i} - n\right)$$

bestimmen, deren erste Ableitung

$$f'(n) = -\frac{d}{i} + \frac{q^n \ln q}{i}\left(r + \frac{d}{i}\right)$$

ist. Soll die gleiche Aufgabe für den Fall gelöst werden, dass der
Barwert bekannt ist, verwendet man

$$f(n) = -R_0 + r\,\frac{q^n - 1}{i\,q^n} + \frac{d}{i}\left(\frac{q^n - 1}{i\,q^n} - nq^{-n}\right) \qquad (2.52)$$

und

$$f'(n) = -q^{-n}\left(\frac{d}{i} - \frac{\ln q}{i}\left(r + nd + \frac{d}{i}\right)\right). \qquad (2.53)$$

Beispiel 61 *Lothar hat Kapital in Höhe von 4489,80 €, das er zu
5 % Zinsen anlegen kann. Er will davon eine Rente zahlen, die mit
500 € beginnt und jährlich um 60 € steigt. In welchem Jahr ist
der letzte Rest verbraucht?*

Wir benutzen das *Newton*-Verfahren zur Lösung des Problems,
verbessern also iterativ einen Versuchswert n_k mit Hilfe von

$$n_{k+1} = n_k - \frac{f(n_k)}{f'(n_k)},$$

wobei $f(n_k)$ und $f'(n_k)$ gemäß Gleichung (2.52) und (2.53) ermittelt werden. Um einen brauchbaren ersten Versuchswert n_0 zu finden, gehen wir für einen Moment von der Fiktion aus, dass $i = 0$ ist. Unter dieser Voraussetzung ist der Barwert nichts anderes als die Summe aller Rentenzahlungen, also

$$R_0 = \sum_{t=1}^{n} r + (t-1)d$$
$$= nr + d\frac{(n-1)n}{2}.$$

Löst man diese Gleichung nach n auf, so erhält man

$$n = \frac{1}{2} - \frac{r}{d} + \frac{\sqrt{8dR_0 + (d - 2r)^2}}{2d}$$

oder mit unseren Beispielszahlen

$$n = \frac{1}{2} - \frac{500}{60} + \frac{\sqrt{8 \cdot 60 \cdot 4489,90 + (60 - 2 \cdot 500)^2}}{2 \cdot 60} = 6,69.$$

Von diesem Wert ausgehend bekommt man die in Tabelle 2.37 angegebenen Zahlen. Die Lösung ist danach $n = 8$.

Tabelle 2.37: Iterative Berechnung der Laufzeit einer nachschüssigen arithmetisch fortschreitenden Rente bei gegebenem Barwert mit Hilfe des *Newton*-Verfahrens

k	n_k	$f(n_k)$ gem. Gl. (2.52)	$f'(n_k)$ gem. Gl. (2.53)
0	6,6900	-813,51	613,68
1	8,0156	9,80	627,74
2	8,0000	0,00	

Unterjährliche arithmetisch fortschreitende Renten

Ab Seite 73 haben wir unterjährliche Renten mit jährlicher Zinsverrechnung betrachtet, die im Zeitablauf gleich blieben. Jetzt geht es um unterjährliche Renten mit jährlicher Zinsverrechnung, die einer arithmetischen Folge gehorchen. Oben haben wir im Zusammenhang mit gleich bleibenden Renten gesehen, dass das Konzept der konformen Jahresrente nützlich ist.[9] Diese Idee werden wir auch jetzt wieder benutzen. Allerdings werden wir es nicht mehr mit gleich bleibenden konformen Jahresrenten zu tun haben. Vielmehr werden die konformen Jahresrenten nun ihrerseits eine arithmetische Reihe bilden.

Um nicht übermäßig komplizierte Berechnungen anstellen zu müssen, wollen wir nur nachschüssige Renten behandeln und uns auf Laufzeiten konzentrieren, die Vielfache von ganzen Jahren sind. Beträgt also die Laufzeit N Rentenperioden und gibt es m_r Rentenperioden pro Jahr, so soll $n = \frac{N}{m_r}$ stets ganzzahlig sein.

Konforme Rente am Ende des ersten Jahres. Wenn wir danach fragen, wie groß der Betrag ist, den man am Ende des ersten Jahres besitzt, wenn man nachschüssig vierteljährlich ($m_r = 4$) eine Rente einzahlt, die von einer Rentenperiode zur nächsten um den Betrag d wächst, so entspricht das der konformen Rentenzahlung am Ende des ersten Jahres. Hierfür bekommen wir

$$r_1 = (r + 0d) \cdot \left(1 + 3 \cdot \frac{i}{4}\right) + (r + 1d) \cdot \left(1 + 2 \cdot \frac{i}{4}\right)$$

$$+ (r + 2d) \cdot \left(1 + 1 \cdot \frac{i}{4}\right) + (r + 3d) \cdot \left(1 + 0 \cdot \frac{i}{4}\right)$$

$$= \sum_{t=1}^{4} \left(r + (t-1)d\right)\left(1 + (4-t)\frac{i}{4}\right).$$

Für eine beliebige Zahl von Rentenperioden pro Jahr heißt es dementsprechend

$$r_1 = \sum_{t=1}^{m_r} \left(r + (t-1)d\right)\left(1 + (m_r - t)\frac{i}{m_r}\right). \tag{2.54}$$

Das lässt sich mit einigem Aufwand in die Form

$$r_1 = (1 + i)m_r\left(r + \frac{d}{2}(m_r - 1)\right)$$

$$- i(m_r + 1)\left(\frac{r}{2} + \frac{d}{3}(m_r - 1)\right) \tag{2.55}$$

---

[9]Siehe dazu Abbildung 2.3 auf Seite 74.

bringen, welche für die nachfolgenden Berechnungen nützlicher ist.

Wer nachvollziehen will, dass die letzten beiden Gleichungen äquivalent sind, muss sich in die nachstehende Rechnung vertiefen. Leser, die sich für derartige Details nicht interessieren, mögen auf Seite 114 weiterlesen.

Wir formen Gleichung (2.54) zunächst zu

$$r_1 = \sum_{t=1}^{m_r} \left(r + (t-1)\,d\right) \left(1 + i - \frac{t\,i}{m_r}\right)$$

um. Ausmultiplizieren ergibt

$$r_1 = \sum_{t=1}^{n} r + td - d + ir + itd - id - \frac{rti}{m_r} - \frac{t^2 di}{m_r} + \frac{dti}{m_r}$$

oder

$$r_1 = \sum_{t=1}^{m_r} (r - d + ir - id)$$

$$+ \sum_{t=1}^{m_r} \left(td + itd - \frac{rti}{m_r} + \frac{dti}{m_r}\right) - \sum_{t=1}^{m_r} \frac{t^2 di}{m_r}$$

beziehungsweise

$$r_1 = \underbrace{(r - d)(1 + i) \sum_{t=1}^{m_r} 1}_{:=x_1}$$

$$+ \underbrace{\left(d(1 + i) - (r - d)\frac{i}{m_r}\right) \sum_{t=1}^{m_r} t}_{:=x_2} - \underbrace{\frac{di}{m_r} \sum_{t=1}^{m_r} t^2}_{:=x_3} \quad (2.56)$$

Die ersten beiden Teilsummen ergeben sich mit der Summenformel für die arithmetische Reihe zu

$$x_1 = m_r (r - d)(1 + i) \quad \text{und}$$
$$x_2 = \left(d(1 + i) - (r - d)\frac{i}{m_r}\right) \frac{m_r (m_r + 1)}{2}\,.$$

In dem dritten Term haben wir es mit einer Summe von Quadratzahlen zu tun,

$$\sum_{t=1}^{m_r} t^2 = 1^2 + 2^2 + 3^2 + \ldots + m_r^2 \, .$$

Dafür lässt sich

$$\sum_{t=1}^{m_r} t^2 = \frac{m_r \, (m_r + 1)(2 \, m_r + 1)}{6}$$

schreiben. Einen Nachweis findet man im mathematischen Anhang.[10] Für die dritte Teilsumme bekommen wir unter Verwendung dieser Reihensumme jedenfalls

$$x_3 = d \, i \, \frac{(m_r + 1)(2 \, m_r + 1)}{6} \, .$$

Einsetzen der drei Teilsummen in Gleichung (2.56) führt nach
weiteren Umformungen endlich auf Gleichung (2.55).

Differenz zwischen zwei konformen Jahresrenten. Um die
Differenz zwischen zwei aufeinander folgenden konformen Jahresrenten zu bestimmen, betrachten wir Gleichung (2.55). Diese beschreibt einen funktionalen Zusammenhang zwischen der
konformen Rente des ersten Jahres und der zuerst gezahlten
unterjährlichen Rente desselben Jahres, also $r_1 = f(r)$. Dersel-
be funktionale Zusammenhang muss zwischen der konformen
Rente des $(t+1)$-ten Jahres und der im $(t+1)$-ten Jahr zuerst gezahlten unterjährlichen Rente gelten. Diese unterjährliche Rente
ergibt sich zu $r + t \, m_r \, d$. Infolgedessen beläuft sich die konforme Rente am Ende des $(t + 1)$-ten Jahres auf

$$r_{t+1} = (1 + i) m_r \left(r + t \, m_r \, d + \frac{d}{2} \, (m_r - 1) \right)$$
$$- i \, (m_r + 1) \left(\frac{r + t \, m_r \, d}{2} + \frac{d}{3} \, (m_r - 1) \right) \, ,$$

während sich für die vorangehende konforme Rente

$$r_t = (1 + i) m_r \left(r + (t - 1) \, m_r \, d + \frac{d}{2} \, (m_r - 1) \right)$$
$$- i \, (m_r + 1) \left(\frac{r + (t - 1) \, m_r \, d}{2} + \frac{d}{3} \, (m_r - 1) \right) \, ,$$

---

[10]Siehe dazu unten Seite 280 ff.

ergibt. Die Differenz zwischen zwei benachbarten konformen Renten beträgt demnach

$$\delta = r_{t+1} - r_t = m_r \, d \left((1+i)m_r - \frac{i}{2}(m_r + 1) \right) . \qquad (2.57)$$

Rentenendwert. Um den Rentenendwert einer unterjährlichen Rente zu berechnen, die arithmetisch fortschreitet, können wir nach all diesen Vorbereitungen einfach auf Gleichung (2.48) zurückgreifen und brauchen nur zwei Änderungen vorzunehmen: Erstens muss an die Stelle der ersten Rentenzahlung r die konforme Rente des ersten Jahres r_1 treten, zweitens muss die Rentendifferenz d durch die konforme Differenz δ ersetzt werden. Das Ergebnis lautet dann schließlich

$$
\begin{aligned}
R_n \;&=\; r_1 \frac{q^n - 1}{i} + \frac{\delta}{i}\left(\frac{q^n - 1}{i} - n \right) \\
\text{mit} \quad r_1 &= (1+i)m_r \left(r + \tfrac{d}{2}(m_r - 1) \right) \\
&\quad - i\,(m_r + 1)\left(\tfrac{r}{2} + \tfrac{d}{3}(m_r - 1) \right) \\
\delta &= m_r\, d\left((1+i)m_r - \tfrac{i}{2}(m_r + 1) \right) \\
n &= \frac{N}{m_r}
\end{aligned}
\qquad (2.58)
$$

Die Variable N repräsentiert die Zahl der unterjährlichen Rentenzahlungen, und wir unterstellen, dass n eine natürliche Zahl ist.

Beispiel 62 *Maren will über drei Jahre am Ende eines jeden Quartals eine Rente auf ein Konto einzahlen, das mit 10 % p.a. verzinst wird. Die erste Zahlung soll sich auf 100 € belaufen. In jedem Quartal wird diese Zahlung um 3 € steigen. Über welchen Betrag kann Maren nach Ablauf der drei Jahre verfügen?*

Die konforme Jahresrente am Ende des ersten Jahres beläuft sich auf

$$
\begin{aligned}
r_1 = 1,1 \cdot 4 \cdot \left(100 + \frac{3}{2} \cdot (4 - 1) \right) \\
- 0,1 \cdot (4 + 1) \cdot \left(\frac{100}{2} + \frac{3}{3} \cdot (4 - 1) \right) = 433,3 \, .
\end{aligned}
$$

Für die Differenz zwischen zwei konformen Jahresrenten ergibt sich

$$\delta = 4 \cdot 3 \cdot \left(1,1 \cdot 4 - \frac{0,1}{2} \cdot (4+1) \right) = 49,8 \, .$$

Setzt man dies alles in Gleichung (2.58) ein, so bekommt man einen Rentenendwert in Höhe von

$$R_3 = 433,3 \cdot \frac{1,1^3 - 1}{0,1} + \frac{49,8}{0,1} \cdot \left(\frac{1,1^3 - 1}{0,1} - 3 \right) = 1588,60 \, .$$

Tabelle 2.38 zeigt, dass die Rechnung korrekt ist.

Tabelle 2.38: Entwicklung eines Kapitals bei Einzahlung einer vierteljährlich arithmetisch fortschreitenden Rente und jährlichem Zinszuschlag

Quartal	Kapital zu Quartalsbeginn	Rente	Kapital am Quartalsende	Quartalszinsen 2,50 % auf Kapital zu Quartalsbeginn	Jährliche Zinsen
1	0,00	100,00	100,00	0,00	
2	100,00	103,00	203,00	2,50	
3	203,00	106,00	309,00	5,08	
4	309,00	109,00	418,00	7,73	15,30
5	433,30	112,00	545,30	10,83	
6	545,30	115,00	660,30	13,63	
7	660,30	118,00	778,30	16,51	
8	778,30	121,00	899,30	19,46	60,43
9	959,73	124,00	1083,73	23,99	
10	1083,73	127,00	1210,73	27,09	
11	1210,73	130,00	1340,73	30,27	
12	1340,73	133,00	1473,73	33,52	114,87
13	1588,60				

Rentenbarwert. Um den Barwert der Rente unter den hier getroffenen Bedingungen zu berechnen, muss man den Rentenendwert lediglich n Jahre lang diskontieren. Das führt sofort auf

$$
\begin{aligned}
R_0 &= r_1 \frac{q^n - 1}{i\,q^n} + \frac{\delta}{i}\left(\frac{q^n - 1}{i\,q^n} - n\,q^{-n}\right) \\
\text{mit} \quad r_1 &= (1 + i)m_r\left(r + \frac{d}{2}(m_r - 1)\right) \\
&\quad -i\,(m_r + 1)\left(\frac{r}{2} + \frac{d}{3}(m_r - 1)\right) \\
\delta &= m_r\,d\left((1 + i)m_r - \frac{i}{2}(m_r + 1)\right) \\
n &= \frac{N}{m_r}
\end{aligned}
$$
. (2.59)

Beispiel 63 *Niels hat die Absicht, am Ende eines jeden Viertel-jahres von seinem Konto, das mit 10 % p.a. verzinst wird, einen bestimmten Betrag abzuheben, so dass das Konto nach Ablauf von drei Jahren erschöpft ist. Die erste Zahlung soll sich auf 100 € belaufen, die folgenden Zahlungen sollen sich gegenüber der vor-angehenden Zahlung jeweils um 5 € vermindern. Wie viel muss Niels heute auf das Konto einzahlen, damit die Rechnung auf-geht?*

Wieder beginnt man damit, die konforme Rente am Ende des ersten Jahres zu berechnen. Sie beläuft sich auf

$$
\begin{aligned}
r_1 &= 1,1 \cdot 4 \cdot \left(100 + \frac{-5}{2} \cdot 3\right) \\
&\quad - 0,1 \cdot 5 \cdot \left(\frac{100}{2} + \frac{-5}{3} \cdot 3\right) = 384,5 .
\end{aligned}
$$

Die Differenz zwischen zwei konformen Jahresrenten ergibt sich mit den Zahlen des Beispiels zu

$$
\delta = 4 \cdot (-5) \cdot \left(1,1 \cdot 4 - \frac{0,1}{2} \cdot (4 + 1)\right) = -83 .
$$

Daraus gewinnt man einen Rentenbarwert in Höhe von

$$
R_0 = 384,5 \cdot \frac{1,1^3 - 1}{0,1 \cdot 1,1^3} - \frac{83}{0,1} \cdot \left(\frac{1,1^3 - 1}{0,1 \cdot 1,1^3} - \frac{3}{1,1^3}\right) = 762,88 .
$$

Tabelle 2.39 zeigt, dass dieses Ergebnis richtig ist.

Zinssatz. Um im Rahmen einer unterjährlichen Rente den Zins-satz zu bestimmen, der auf einen bestimmten Rentenendwert

Tabelle 2.39: Entwicklung eines Kapitals bei Auszahlung einer vierteljährlich arithmetisch fortschreitenden Rente und jährlichem Zinszuschlag

Quartal	Kapital zu Quartals- beginn	Rente	Kapital am Quartals- ende	Quartalszinsen 2,50 % auf Kapital zu Quartalsbeginn	Jährliche Zinsen
1	762,88	-100,00	662,88	19,07	
2	662,88	-95,00	567,88	16,57	
3	567,88	-90,00	477,88	14,20	
4	477,88	-85,00	392,88	11,95	61,79
5	454,67	-80,00	374,67	11,37	
6	374,67	-75,00	299,67	9,37	
7	299,67	-70,00	229,67	7,49	
8	229,67	-65,00	164,67	5,74	33,97
9	198,64	-60,00	138,64	4,97	
10	138,64	-55,00	83,64	3,47	
11	83,64	-50,00	33,64	2,09	
12	33,64	-45,00	-11,36	0,84	11,36
13	0,00				

oder Rentenbarwert führt, sind die Nullstellen von Funktionen zu berechnen. Im Fall des Rentenendwerts handelt es sich um die Funktion

$$f(i) = -R_n + r_1 \frac{q^n - 1}{i} + \frac{\delta}{i}\left(\frac{q^n - 1}{i} - n\right),$$

im Falle des Rentenbarwerts um die Funktion

$$f(i) = -R_0 + r_1 \frac{q^n - 1}{i\,q^n} + \frac{\delta}{i}\left(\frac{q^n - 1}{i\,q^n} - n\,q^{-n}\right), \qquad (2.60)$$

wobei r_1 und δ so wie in den Gleichungen (2.58) und (2.59) definiert sind. Man mache sich klar, dass beide Variable ihrerseits Funktionen des Zinssatzes i sind. Um den funktionalen Zusammenhang deutlicher zu erkennen, setzen wir die beiden Variablen in (2.60) ein und verwenden für q außerdem die Schreibweise $1 + i$. Das führt auf die explizite, aber dennoch alles andere als übersichtliche Darstellung

$$f(i) = -R_0 + \left[(1+i)m_r \left(r + \frac{d}{2}(m_r - 1) \right) \right.$$

$$\left. -i(m_r + 1) \left(\frac{r}{2} + \frac{d}{3}(m_r - 1) \right) \right] \frac{(1+i)^n - 1}{i(1+i)^n}$$

$$+ \frac{m_r d \left((1+i)m_r - \frac{i}{2}(m_r + 1) \right)}{i}$$

$$\cdot \left(\frac{(1+i)^n - 1}{i(1+i)^n} - n(1+i)^{-n} \right) . \quad (2.61)$$

Will man mit Hilfe des *Newton*-Verfahrens denjenigen Zinssatz berechnen, der vorstehende Funktion den Wert null annehmen lässt, dann muss man sie auch noch nach i differenzieren. Im Interesse der Vermeidung des damit verbundenen Aufwandes empfiehlt sich das vereinfachte *Newton*-Verfahren.

Beispiel 64 *Ottilie besitzt 800 € und will aus diesem Kapital vierteljährlich eine Rente zahlen, die mit 100 € beginnt und von Quartal zu Quartal jeweils um 4 € sinkt. Sie möchte wissen, zu welchem Zinssatz das Kapital verzinst werden muss, so dass sie ihre Pläne genau drei Jahre lang realisieren kann.*

Mit $R_0 = 800$, $m_r = 4$, $r = 100$, $d = -4$ und $n = 3$ sind außer dem Zinssatz alle Variablen gegeben, die benötigt werden, um Gleichung (2.61) auswerten zu können. Mit $i_0 = 0,050000$ und $\Delta i = 0,001$ erhalten wir die in Tabelle 2.40 zusammengestellten Resultate. Der gesuchte Zinssatz liegt also etwa bei $i = 11,658\,\%$. Tabelle 2.41 zeigt die Entwicklung des Kapitals bei diesem Zinssatz im Detail.

Tabelle 2.40: Iterative Berechnung des Zinssatzes einer unterjährlichen arithmetisch fortschreitenden Rente bei gegebenem Barwert mit Hilfe des vereinfachten *Newton*-Verfahrens

k	i_k	$f(i_k)$ gem. Gl. (2.61)	$\frac{f(i_k + \Delta i) - f(i_k)}{\Delta i}$ mit $f(\cdot)$ gem. Gl. (2.61)
0	0,050000	72,04	−1185,34
1	0,110774	5,77	−999,83
2	0,116542	0,04	−984,38
3	0,116580	0,00	

Tabelle 2.41: Entwicklung eines Kapitals bei Auszahlung einer
vierteljährlich arithmetisch fortschreitenden Rente und jährlichem Zinszuschlag

Quartal	Kapital zu Quartals- beginn	Rente	Kapital am Quartals- ende	Quartalszinsen 2,91 % auf Kapital zu Quartalsbeginn	Jährliche Zinsen
1	800,00	-100,00	700,00	23,32	
2	700,00	-96,00	604,00	20,40	
3	604,00	-92,00	512,00	17,60	
4	512,00	-88,00	424,00	14,92	76,24
5	500,24	-84,00	416,24	14,58	
6	416,24	-80,00	336,24	12,13	
7	336,24	-76,00	260,24	9,80	
8	260,24	-72,00	188,24	7,58	44,10
9	232,34	-68,00	164,34	6,77	
10	164,34	-64,00	100,34	4,79	
11	100,34	-60,00	40,34	2,92	
12	40,34	-56,00	-15,66	1,18	15,66
13	0,00				

2.4.2.2 Geometrisch fortschreitende Renten

Vorbereitungen. Geometrisch fortschreitend nennt man eine
Rente dann, wenn die einzelnen Rentenzahlungen eine geometrische Folge bilden, wenn also der Quotient aus je zwei benachbarten Gliedern der Zahlungsreihe eine Konstante ist. Für geometrische Renten muss deswegen immer

$$r_t g = r_{t+1}$$

gelten (vgl. Abbildung 2.6). Wir vereinbaren

$$r_1 = r$$
$$r_2 = rg$$
$$r_3 = rg^2$$
$$\vdots$$
$$r_n = rg^{n-1}$$

und können dann allgemein für eine Rentenzahlung im Zeitpunkt t den Ausdruck

$$r_t = rg^{t-1} \tag{2.62}$$

verwenden.

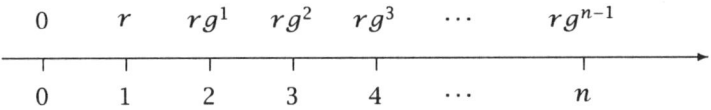

Abbildung 2.6: Zeitstruktur einer geometrisch fortschreitenden Rente

Ebenso wie bei den Renten, die einer arithmetischen Folge gehorchen, wollen wir sowohl den Fall der jährlichen als auch den Fall der unterjährlichen Rente erörtern. Zunächst betrachten wir jährliche Renten.

Jährliche geometrisch fortschreitende Renten

Rentenendwert. Um eine Endwertformel für den Fall einer nachschüssigen geometrischen Rente zu erhalten, beginnen wir mit der allgemeinen Endwertformel für sich regellos ändernde Renten

$$R_n = q^n \sum_{t=1}^{n} r_t q^{-t}$$

und setzen (2.62) ein. Das ergibt

$$R_n = \sum_{t=1}^{n} rg^{t-1}q^{n-t}, \tag{2.63}$$

was sich zu der wesentlich bequemeren Schreibweise

$$\boxed{R_n = r\,\frac{q^n - g^n}{q - g}} \qquad \text{(wenn } q \neq g) \tag{2.64}$$

oder

$$\boxed{R_n = r\,n\,q^{n-1}} \qquad \text{(wenn } q = g) \tag{2.65}$$

vereinfachen lässt.

Bevor wir ein Beispiel rechnen, wollen wir sehen, wie Gleichung (2.64) aus Gleichung (2.63) abgeleitet werden kann. Zunächst gewinnt man durch Ausklammern konstanter Faktoren

$$R_n = r \frac{q^n}{g} \sum_{t=1}^{n} \left(\frac{q}{g}\right)^{-t} .$$

Das lässt sich unter Verwendung der Summenformel der geometrischen Reihe zu

$$R_n = r \frac{q^n}{g} \frac{\left(\frac{q}{g}\right)^n - 1}{\left(\frac{q}{g} - 1\right) \left(\frac{q}{g}\right)^n}$$

umschreiben, was sich durch Kürzen drastisch vereinfachen lässt, bis man schließlich (2.64) erhält.

Beispiel 65 *Peter zahlt nachschüssig eine jährlich um 10 % steigende Rente auf ein Konto, das mit 4 % verzinst wird. Man berechne das Kapital am Ende des vierten Jahres, wenn die erste Zahlung 1000 € beträgt.*

$$R_4 = 1000 \cdot \frac{1,04^4 - 1,1^4}{1,04 - 1,1} = 4904,02 .$$

Rentenbarwert. Die Barwertformel hat man sofort, indem man den Endwert nach Gleichung (2.64) um n Perioden diskontiert. Das Resultat ist

$$\boxed{R_0 = r \frac{q^n - g^n}{(q - g)q^n}} . \tag{2.66}$$

Beispiel 66 *Querida hat drei Jahre lang eine Rente zu zahlen, die mit einem Betrag von 7000 € beginnt und jährlich um 5 % steigt. Wie viel Kapital muss sie heute aufbieten, wenn der Zins 10 % p.a. ist?*

$$R_0 = 7000 \cdot \frac{1,1^3 - 1,05^3}{(1,1 - 1,05) \cdot 1,1^3} = 18236,29$$

Tabelle 2.42 zeigt die Zahlen der Kapitalentwicklung im Einzelnen zur Probe.

Tabelle 2.42: Entwicklung eines Kapitals bei Auszahlung einer geometrisch fortschreitenden Rente

Jahr	Kapital zu Jahresbeginn	Rente	Zinsen 10%	Kapital zu Jahresende
1	18236,29	-7000,00	1823,63	13059,92
2	13059,92	-7350,00	1305,99	7015,91
3	7015,91	-7717,50	701,59	0,00

Rente. Endwert- und Barwertgleichung lassen sich mühelos nach r auflösen. Man erhält

$$r = R_n \frac{q - g}{q^n - g^n}$$

und

$$r = R_0 \frac{(q - g)q^n}{q^n - g^n} \, .$$

Beispiel 67 *Raimund besitzt 21000 €, die er zu 4,5 % Zins p.a. anlegen kann. Er will von diesem Kapital fünf Jahre lang eine Rente zahlen, die jährlich um 2 % steigt. Welchen Betrag kann er im ersten Jahr zahlen?*

$$r = 21000 \cdot \frac{(1,045 - 1,02) \cdot 1,045^5}{1,045^5 - 1,02^5} = 4604,08 \, .$$

Zinssatz. Wird im Zusammenhang mit einer geometrischen Rente nach einem Zinssatz gefragt, so läuft das wieder auf die Nullstellenbestimmung einer Funktion heraus. Wir empfehlen *Newtons* Verfahren mit

$$f(i) \;=\; -R_n + r\,\frac{q^n - g^n}{q - g} \qquad \text{und}$$

$$f'(i) \;=\; \frac{r}{q - g}\left(n\,q^{n-1} - \frac{q^n - g^n}{q - g}\right)$$

für den Fall, dass der Endwert bekannt ist und

$$f(i) \;=\; -R_0 + r\,\frac{q^n - g^n}{(q - g)q^n} \qquad \text{und} \qquad (2.67)$$

$$f'(i) \;=\; \frac{r}{q - g}\left(\frac{ng^n}{q^{n+1}} - \frac{q^n - g^n}{(q - g)q^n}\right), \qquad (2.68)$$

wenn der Barwert gegeben ist. Letzteres ist im kommenden Beispiel der Fall.

Beispiel 68 *Susanne will drei Jahre lang eine Rente zahlen, die jährlich um 10 % steigt und mit $r = 7000 €$ beginnt. Sie besitzt heute 20000 € und fragt, zu welchem Zinssatz das Kapital anzulegen ist, damit die Rechnung aufgeht.*

Wir benutzen *Newtons* Iterationsformel unter Verwendung von (2.67) und (2.68) und beginnen unsere Rechnung willkürlich mit dem Versuchswert $i_0 = 0,09$. Dann erhalten wir die in Tabelle 2.43 zusammengestellten Zahlen. Der gesuchte Zinssatz liegt daher bei $i = 7,48 \%$.

Tabelle 2.43: Iterative Berechnung des Zinssatzes einer nachschüssig geometrisch fortschreitenden Rente bei gegebenem Barwert mit Hilfe des *Newton*-Verfahrens

k	i_k	$f(i_k)$ gem. Gl. (2.67)	$f'(i_k)$ gem. Gl. (2.68)
0	0,0900	-556,65	-35784,47
1	0,0744	13,55	-37545,64
2	0,0748	0,01	-37503,47
3	0,0748	0,00	

Laufzeit. Auch dann, wenn es um die Berechnung von Laufzeiten geometrischer Renten geht, muss man die Lösungen mit Hilfe von Iterationsverfahren suchen. Vertraut man sich auch dabei wieder *Newtons* Methode an, so kann man bei gegebenem Endwert

$$f(n) = -R_n + r\,\frac{q^n - g^n}{q - g} \quad \text{und} \tag{2.69}$$

$$f'(n) = r\,\frac{q^n \ln q - g^n \ln g}{q - g} \tag{2.70}$$

sowie bei gegebenem Barwert

$$f(n) = -R_0 + r\,\frac{q^n - g^n}{(q - g)q^n} \quad \text{und}$$

$$f'(n) = r\,\frac{g^n(\ln q - \ln g)}{q^n(q - g)}$$

benutzen.

Beispiel 69 *Theo will ein Endvermögen von 74269,66 € errei-chen. Sein Sparplan sieht so aus, dass er eine Rente einzahlen will, die mit r = 5000 € beginnt und jährlich um 20% steigt. Das Kapital wird mit 6% verzinst. Wie lange muss Theo zahlen, um sein Ziel zu erreichen?*

Beginnt man das Iterationsverfahren mit dem Versuchswert $n_0 = 10$, so ist man nach vier Iterationen fertig (vgl. Tabelle 2.44). Theo muss sieben Jahre sparen.

Tabelle 2.44: Iterative Berechnung der Laufzeit einer nachschüssigen geometrisch fortschreitenden Rente bei gegebenem Endwert mit Hilfe des *Newton*-Verfahrens

k	i_k	$f(i_k)$ gem. Gl. (2.69)	$f'(i_k)$ gem. Gl. (2.70)
0	10,00	82904,94	36590,58
1	7,73	15983,72	23408,10
2	7,05	1044,35	20413,12
3	7,00	5,36	20203,80
4	7,00	0,00	

Unterjährliche geometrisch fortschreitende Renten

Nun wollen wir uns solchen Rentenzahlungen zuwenden, die unterjährlich anfallen und geometrisch fortschreiten. Ebenso wie bei den arithmetisch fortschreitenden unterjährlichen Renten werden wir das mit Hilfe des Konzepts der konformen Jahresrente in den Griff zu bekommen versuchen. Und wieder werden wir uns auf den speziellen Fall nachschüssiger Zahlungen beschränken, bei denen die Laufzeit ein glattes Vielfaches von Jahren ausmacht. Wenn N die Zahl der Rentenzahlungen darstellt und m_r das Symbol für die Zahl der Rentenperioden pro Jahr ist, muss also $n = \frac{N}{m_r}$ ganzzahlig sein.

Konforme Jahresrente. Um die konforme Rente am Ende des ersten Jahres zu berechnen, betrachten wir beispielsweise den

speziellen Fall einer Rente, die vierteljährlich nachschüssig gezahlt wird ($m_r = 4$). Das Kapital am Ende des ersten Jahres beläuft sich hier auf

$$\mathfrak{r}_1 = rg^0 \left(1 + 3 \cdot \frac{i}{4}\right) + rg^1 \left(1 + 2 \cdot \frac{i}{4}\right) + rg^2 \left(1 + 1 \cdot \frac{i}{4}\right)$$

$$+ rg^3 \left(1 + 0 \cdot \frac{i}{4}\right) = r \sum_{t=1}^{4} g^{t-1} \left(1 + (4 - t) \frac{i}{4}\right) .$$

Für eine beliebige Zahl von Rentenperioden pro Jahr heißt es
konsequenterweise

$$\mathfrak{r}_1 = r \sum_{t=1}^{m_r} g^{t-1} \left(1 + (m_r - t) \frac{i}{m_r}\right) , \qquad (2.71)$$

was sich in die Form

$$\mathfrak{r}_1 = \frac{r}{g-1} \left((g^{m_r} - 1) \left(1 + \frac{i}{m_r(g-1)}\right) - i\right) \qquad (2.72)$$

bringen und bequemer auswerten lässt. Um diese Darstellung zu
gewinnen, formt man Gleichung (2.71) so um, dass

$$\mathfrak{r}_1 = r \sum_{t=1}^{m_r} g^{t-1} \left(1 + i - \frac{ti}{m_r}\right)$$

$$= r \left(\sum_{t=1}^{m_r} g^{t-1}(1+i) - \sum_{t=1}^{m_r} g^{t-1} \frac{ti}{m_r}\right)$$

$$= r \left((1+i) \underbrace{\sum_{t=1}^{m_r} g^{t-1}}_{:=x_1} - \frac{i}{m_r} \underbrace{\sum_{t=1}^{m_r} g^{t-1} t}_{:=x_2}\right) \qquad (2.73)$$

entsteht. Der Term x_1 ist nichts anderes als die Summe einer
geometrischen Reihe, von der wir wissen, dass

$$x_1 = \sum_{t=1}^{m_r} g^{t-1} = \frac{g^{m_r} - 1}{g - 1}$$

gilt. Term 2 können wir in der Form

$$x_2 = 1\,g^0 + 2\,g^1 + \ldots + m_r\,g^{m_r - 1}$$

explizit machen. Multiplizieren wir diese Gleichung mit g, entsteht

$$g\, x_2 = 1\, g^1 + 2\, g^2 + \ldots + m_r\, g^{m_r} \,.$$

Hiervon ziehen wir die vorletzte Gleichung ab und erhalten

$$(g-1)\, x_2 = m_r g^{m_r} - \underbrace{\left(g^{m_r - 1} + \ldots + g^1 + g^0 \right)}_{=x_1}$$

$$x_2 = \frac{m_r g^{m_r} - \frac{g^{m_r}-1}{g-1}}{g-1} \,.$$

Einsetzen von x_1 und x_2 in Gleichung (2.73) ergibt nach wenigen Umformungen Gleichung (2.72).

Als nächstes müssen wir klären, in welchem Größenverhältnis zwei aufeinander folgende konforme Jahresrenten stehen, wenn die Renten unterjährlich gezahlt werden und geometrisch wachsen. Der konforme Wachstumsfaktor beträgt

$$\mathfrak{g} = g^{m_r} \,, \tag{2.74}$$

was man sich leicht klar macht. Gleichung (2.73) beschreibt den funktionalen Zusammenhang zwischen der konformen Jahresrente am Ende des ersten Jahres und der ersten unterjährlichen Rente, die zu Beginn desselben Jahres gezahlt wird, $r_1 = f(r)$. Da in der ersten Rentenperiode des zweiten Jahres eine Rente in Höhe von $r g^{m_r}$ fällig ist, muss der Zusammenhang zwischen dieser Zahlung und r_2 vollkommen identisch sein. Wenn aber nun

$$r_1 = \frac{r}{g-1} \left((g^{m_r} - 1) \left(1 + \frac{i}{m_r(g-1)} \right) - i \right) \text{ und}$$

$$r_2 = \frac{r\, g^{m_r}}{g-1} \left((g^{m_r} - 1) \left(1 + \frac{i}{m_r(g-1)} \right) - i \right)$$

gilt, dann folgt für diese beiden benachbarten Jahresrenten sowie alle weiteren Nachbarn die in Gleichung (2.74) behauptete Relation.

Rentenendwert. Nach diesen Vorbereitungen ist es einfach, den Endwert einer unterjährlichen Rente zu berechnen, die geometrisch fortschreitet. Man braucht nur auf die Gleichungen (2.64)

beziehungsweise (2.65) zurückzugreifen und die entsprechenden Ersetzungen vorzunehmen. Wenn r_1 an die Stelle von r tritt
und g durch $\mathfrak{g}$ ersetzt wird, haben wir

$$R_n = r_1 \frac{q^n - \mathfrak{g}^n}{q - \mathfrak{g}} \qquad \text{(wenn } q \neq \mathfrak{g}) \qquad (2.75)$$

oder

$$R_n = r_1 \, n \, q^{n-1} \qquad \text{(wenn } q = \mathfrak{g}), \qquad (2.76)$$

wobei r_1 gemäß Gleichung (2.72) und $\mathfrak{g}$ gemäß Gleichung (2.74)
zu ermitteln sind.

Beispiel 70 *Ulla will drei Jahre lang in Abständen von jeweils
vier Monaten eine Rente auf ein Konto einzahlen, das mit 10 % p.a.
verzinst wird. Die erste Zahlung wird sich auf 100 € belaufen. Die
jeweilige Folgezahlung soll 3 % größer als ihre Vorgängerin sein.
Über welchen Betrag kann Ulla nach Ablauf des dritten Jahres
verfügen?*

Mit $r = 100$, $g = 1,03$, $m_r = 3$ und $i = 0,1$ ergibt sich die erste
konforme Jahresrente zu

$$r_1 = \frac{100}{0,03} \cdot \left(\left(1,03^3 - 1\right) \cdot \left(1 + \frac{0,1}{3 \cdot 0,03}\right) - 0,1 \right) = 319,19,$$

während man für den konformen Wachstumsfaktor

$$\mathfrak{g} = 1,03^3 = 1,092727$$

erhält. Dies in Gleichung (2.75) eingesetzt, führt auf einen Rentenendwert in Höhe von

$$R_3 = 319,19 \cdot \frac{1,1^3 - 1,092727^3}{1,1 - 1,092727} = 1151,02 \,.$$

Tabelle 2.45 zeigt, dass vorstehende Rechnung korrekt ist.

Rentenbarwert. Unter den gegebenen Bedingungen ist es nicht
schwierig, nun auch den Rentenbarwert zu berechnen. Wenn q
von $\mathfrak{g}$ abweicht, greifen wir auf (2.66) zurück, ersetzen allerdings
r durch r_1 und g durch $\mathfrak{g}$. Das ergibt

$$R_0 = r_1 \frac{q^n - \mathfrak{g}^n}{(q - \mathfrak{g})q^n} \,. \qquad (2.77)$$

Tabelle 2.45: Entwicklung eines Kapitals bei Einzahlung einer geometrisch fortschreitenden Rente, die in jedem vierten Monat gezahlt wird, und jährlichem Zinszuschlag

Renten-periode	Kapital zu Beginn der Renten-periode	Rente	Kapital am Ende der Renten-periode	Unterj. Zinsen 3,33 % auf Kapital zu Beginn der Renten-periode	Jährliche Zinsen
1	0,00	100,00	100,00	0,00	
2	100,00	103,00	203,00	3,33	
3	203,00	106,09	309,09	6,77	10,10
4	319,19	109,27	428,46	10,64	
5	428,46	112,55	541,01	14,28	
6	541,01	115,93	656,94	18,03	42,96
7	699,90	119,41	819,30	23,33	
8	819,30	122,99	942,29	27,31	
9	942,29	126,68	1068,97	31,41	82,05
10	1151,02				

Beispiel 71 *Volker will von einem Konto, das jährlich mit 6 % verzinst wird, einen monatlichen Betrag abheben, der von Mal zu Mal um 0,5 % steigt, so dass das Konto nach zwei Jahren erschöpft ist. Wie groß ist der Betrag, der zu Beginn eingezahlt werden muss, damit dieser Plan realisiert werden kann, wenn die erste Zahlung sich auf 150 € belaufen soll?*

Der konforme Wachstumsfaktor beläuft sich hier auf

$$\mathfrak{g} = 1,005^{12} = 1,06168,$$

während sich für die konforme Jahresrente des ersten Jahres

$$r_1 = \frac{150}{0,005} \cdot \left(\left(1,005^{12} - 1 \right) \cdot \left(1 + \frac{0,06}{12 \cdot 0,005} \right) - 0,06 \right)$$
$$= 1900,67$$

ergibt. Von hier aus gelangen wir mit

$$R_0 = 1900,67 \cdot \frac{1,06^2 - 1,06168^2}{(1,06 - 1,06168) \cdot 1,06^2} = 3589,01$$

rasch zum gesuchten Rentenbarwert. Tabelle 2.46 zeigt im Detail, dass das Resultat korrekt ist.

Tabelle 2.46: Entwicklung eines Kapitals bei Auszahlung einer monatlich geometrisch fortschreitenden Rente und jährlichem Zinszuschlag

Monat	Kapital zu Monatsbeginn	Rente	Kapital am Monatsende	Monatszinsen 0,50 % auf Kapital zu Monatsbeginn	Jährliche Zinsen
1	3589,01	-150,00	3439,01	17,95	
2	3439,01	-150,75	3288,26	17,20	
3	3288,26	-151,50	3136,75	16,44	
4	3136,75	-152,26	2984,49	15,68	
5	2984,49	-153,02	2831,47	14,92	
6	2831,47	-153,79	2677,68	14,16	
7	2677,68	-154,56	2523,12	13,39	
8	2523,12	-155,33	2367,79	12,62	
9	2367,79	-156,11	2211,69	11,84	
10	2211,69	-156,89	2054,80	11,06	
11	2054,80	-157,67	1897,13	10,27	
12	1897,13	-158,46	1738,67	9,49	165,01
13	1903,68	-159,25	1744,43	9,52	
14	1744,43	-160,05	1584,38	8,72	
15	1584,38	-160,85	1423,53	7,92	
16	1423,53	-161,65	1261,88	7,12	
17	1261,88	-162,46	1099,42	6,31	
18	1099,42	-163,27	936,14	5,50	
19	936,14	-164,09	772,05	4,68	
20	772,05	-164,91	607,14	3,86	
21	607,14	-165,73	441,41	3,04	
22	441,41	-166,56	274,85	2,21	
23	274,85	-167,40	107,45	1,37	
24	107,45	-168,23	-60,78	0,54	60,78
25	0,00				

Zinssatz. Wenden wir uns abschließend dem Problem zu, den Zinssatz im Rahmen einer unterjährlichen geometrisch fortschreitenden Rente zu berechnen und kommen zu diesem Zweck auf unser Beispiel 70 von Seite 127 zurück. Wenn es um die Bestimmung eines Zinssatzes im Zusammenhang mit einem Rentenendwert geht, so ist die Nullstelle der Funktion

$$f(i) = -R_n + r_1 \frac{q^n - \mathfrak{g}^n}{q - \mathfrak{g}}$$

$$= -R_n + \left[\frac{r}{\mathfrak{g} - 1} \left((\mathfrak{g}^{m_r} - 1) \left(1 + \frac{i}{m_r(\mathfrak{g} - 1)} \right) - i \right) \right]$$

$$\cdot \frac{(1 + i)^n - \mathfrak{g}^{m_r n}}{1 + i - \mathfrak{g}^{m_r}} \tag{2.78}$$

zu ermitteln. Wer den Aufwand scheut, diese Funktion nach i zu differenzieren, könnte die Nullstellenbestimmung mit dem vereinfachten *Newtonschen* Verfahren vornehmen.

Beispiel 72 *Wanda hat ein ähnliches Problem wie Ulla in Beispiel 70 zu lösen. Sie will dieselben Zahlungen wie Ulla leisten, zum Schluss aber über ein Vermögen von 1175 € verfügen. Welchen Zinssatz muss sie dann verlangen?*

Gegeben sind $n = 3$, $r = 100$, $\mathfrak{g} = 1,03$, $m_r = 3$ und $R_3 = 1175$. Wir beginnen das Iterationsverfahren mit einem Zinssatz von $i_0 = 0,100000$ und wählen $\Delta i = 0,00001$. Dann ergeben sich die in Tabelle 2.47 zusammengestellten Resultate. Damit

Tabelle 2.47: Iterative Berechnung des Zinssatzes einer unterjährlichen geometrisch fortschreitenden Rente bei gegebenem Endwert mit Hilfe des vereinfachten *Newton*-Verfahrens

k	i_k	$f(i_k)$ gem. Gl. (2.78)	$\frac{f(i_k + \Delta i) - f(i_k)}{\Delta i}$ mit $f(\cdot)$ gem. Gl. (2.78)
0	0,100000	-23,98	1415,22
1	0,116947	0,19	1437,40
2	0,116817	0,00	

können wir feststellen, dass der gesuchte Zinssatz bei 11,6817 % liegt. Tabelle 2.48 zeigt die Entwicklung des Kapitals bei diesem Zinssatz im Detail.

Tabelle 2.48: Entwicklung eines Kapitals bei Einzahlung einer geometrisch fortschreitenden Rente, die in jedem vierten Monat gezahlt wird, und jährlichem Zinszuschlag

Renten-periode	Kapital zu Beginn der Renten-periode	Rente	Kapital am Ende der Renten-periode	Unterj. Zinsen 3,89% auf Kapital zu Beginn der Renten-periode	Jährliche Zinsen
1	0,00	100,00	100,00	0,00	
2	100,00	103,00	203,00	3,89	
3	203,00	106,09	309,09	7,90	11,80
4	320,89	109,27	430,16	12,50	
5	430,16	112,55	542,71	16,75	
6	542,71	115,93	658,64	21,13	50,38
7	709,02	119,41	828,42	27,61	
8	828,42	122,99	951,41	32,26	
9	951,41	126,68	1078,09	37,05	96,91
10	1175,00				

2.5 Ewige Renten

Nachdem wir gleich bleibende sowie veränderliche Renten ausführlich erörtert haben, müssen wir nun noch kurz auf ewige Renten eingehen, auf Zahlungsströme also, die unendlich lange fließen. Bisher haben wir immer nur Renten mit endlicher Laufzeit betrachtet. Um den Kern herauszuschälen, genügt es, wenn wir bei den ewigen Renten nur jährliche Zahlungen unter der Voraussetzung jährlicher Verzinsung behandeln. Auf unterjährliche Renten und unterjährliche Verzinsung wollen wir nicht eingehen. Wir werden zuerst gleich bleibende ewige Renten erörtern und uns anschließend veränderlichen Renten zuwenden, die ewig laufen.

2.5.1 Ewige gleich bleibende Renten

Es bedarf keiner besonderen Vorstellungskraft, sich klarzumachen, dass der Endwert einer ewigen Rente unendlich groß ist. Die Summe einer nicht endenden Folge von Zahlungen wächst selbst dann über alle Grenzen, wenn keine Zinsen verrechnet werden. Im Gegensatz dazu hat der Barwert einer ewigen Rente regelmäßig einen endlichen Wert; jedenfalls dann, wenn man es mit positiven Zinssätzen ($i > 0$) zu tun hat, wovon man immer ausgehen kann.

Betrachten wir den Barwert einer gleich bleibenden nachschüssigen Rente mit endlicher Laufzeit, so ergibt sich dieser aus

$$
\begin{aligned}
R_0 &= r\,\frac{q^n - 1}{i\,q^n} \\
&= r\left(\frac{1}{i} - \frac{1}{i\,q^n}\right).
\end{aligned}
$$

Um den Barwert einer derartigen Rente unter der Voraussetzung zu berechnen, dass sie unaufhörlich gezahlt wird, lassen wir n gegen unendlich gehen und betrachten den Grenzwert

$$
R_0 = r\lim_{n\to\infty}\left(\frac{1}{i} - \frac{1}{i\,q^n}\right).
$$

Aus der ökonomisch sinnvollen Voraussetzung eines positiven Zinssatzes folgt nun

$$
i > 0 \;\Rightarrow\; q > 1 \;\Rightarrow\; \lim_{n\to\infty} q^n = \infty \;\Rightarrow\; \lim_{n\to\infty}\frac{1}{i\,q^n} = 0.
$$

Unter Verwendung dieses Zusammenhangs ergibt sich für den Grenzwert des Rentenbarwerts

$$
\boxed{R_0 = \frac{r}{i}}.
\tag{2.79}
$$

Das ist sehr einfach zu berechnen.

Beispiel 73 *Zacharias will ein Mietshaus erwerben, das jährlich Nettomieten in Höhe von 45000€ abwirft. Welchen Preis sollte Zacharias für diesen Einnahmenstrom bezahlen, wenn als Zins 9 % p.a. veranschlagt werden und das Haus ewig genutzt werden kann?*

$$R_0 = \frac{45000}{0,09} = 500000\,.$$

Die Barwertgleichung (2.79) hat große praktische Bedeutung. Diese Bedeutung resultiert nicht etwa daraus, dass es ewige Renten wirklich häufig gibt. Tatsächlich ist das selten der Fall. Aber man kann Gleichung (2.79) zur Abschätzung von Barwerten benutzen, wenn man es mit „sehr langen" Laufzeiten zu tun hat. Dabei ist der Abschätzungsfehler um so kleiner, je länger die Laufzeit und je größer der Zinssatz ist. Abbildung 2.7 veranschaulicht das. Den gleichen Zweck verfolgt das nachfolgende Beispiel.

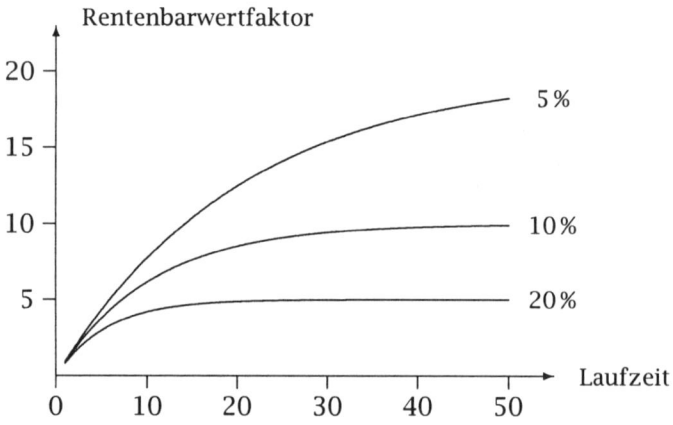

Abbildung 2.7: Abhängigkeit des (nachschüssigen) Rentenbarwertfaktors von der Laufzeit und vom Zinssatz

Beispiel 74 *Albert hat den Barwert dreier nachschüssiger Renten bei einem Marktzinssatz von* $i = 10\%$ *zu berechnen. Die Renten belaufen sich auf* $100000\,€$ *je Jahr und unterscheiden sich nur durch ihre Laufzeit, nämlich 10, 20 und 30 Jahre.*

(a) $R_0 = 100000 \cdot \frac{1{,}1^{10}-1}{0{,}1 \cdot 1{,}1^{10}} = 614456{,}71,$

(b) $R_0 = 100000 \cdot \frac{1{,}1^{20}-1}{0{,}1 \cdot 1{,}1^{20}} = 851356{,}37,$

(c) $R_0 = 100000 \cdot \frac{1{,}1^{30}-1}{0{,}1 \cdot 1{,}1^{30}} = 942691{,}45.$

Bei ewiger Laufzeit beliefe sich der Barwert auf 1 Million €. Die Lösung zu (c) zeigt, dass 94 % davon durch die Rentenzahlungen der ersten dreißig Jahre erklärt werden.

Wird eine Rente nicht nachschüssig, sondern vorschüssig gezahlt, so berechnet man ihren Barwert bei endlicher Laufzeit aus

$$
\begin{aligned}
R_0 &= r\,\frac{q(q^n - 1)}{i\,q^n} \\
&= r\,q\left(\frac{1}{i} - \frac{1}{i\,q^n}\right).
\end{aligned}
$$

Beachtet man die Tatsache, dass q^n gegen unendlich geht, wenn n über alle Grenzen wächst, so beläuft sich der Grenzwert des Barwerts auf

$$\boxed{R_0 = \frac{rq}{i}}. \tag{2.80}$$

Mit dieser Gleichung kann man daher den Barwert einer ewigen vorschüssigen Rente berechnen.

2.5.2 Veränderliche Renten mit ewiger Laufzeit

Arithmetisch fortschreitende Renten. Um den Barwert einer arithmetisch fortschreitenden Rente unter der Bedingung zu ermitteln, dass sie ewige Laufzeit besitzt, müssen wir uns den Grenzwert der Barwertfunktion für $n \to \infty$ anschauen. Im endlichen Fall lautete die Barwertfunktion

$$R_0 = r\,\frac{q^n - 1}{i\,q^n} + \frac{d}{i}\left(\frac{q^n - 1}{i\,q^n} - n q^{-n}\right).$$

Um den Grenzwert zu ermitteln, nehmen wir folgende Umformung vor,

$$R_0 = \lim_{n \to \infty} \left[r\, \frac{q^n - 1}{i\, q^n} + \frac{d}{i} \left(\frac{q^n - 1}{i\, q^n} - n q^{-n} \right) \right]$$

$$= \lim_{n \to \infty} \left(r + \frac{d}{i} \right) \frac{q^n - 1}{i\, q^n} - \lim_{n \to \infty} \frac{d}{i}\, \frac{n}{q^n}$$

$$= \left(r + \frac{d}{i} \right) \underbrace{\lim_{n \to \infty} \frac{q^n - 1}{i\, q^n}}_{\text{Term 1}} - \frac{d}{i} \underbrace{\lim_{n \to \infty} \frac{n}{q^n}}_{\text{Term 2}} . \tag{2.81}$$

Ein Blick zurück auf Seite 133 zeigt uns, dass wir mit dem Grenzverhalten von Term 1 bereits vertraut sind. Es galt

$$\text{Term 1} = \lim_{n \to \infty} \frac{q^n - 1}{i\, q^n} = \frac{1}{i} .$$

Infolgedessen können wir uns auf Term 2 konzentrieren. Unangenehmerweise steht dort die Variable n sowohl im Zähler als auch im Nenner. Lassen wir nun n gegen unendlich gehen, so bekommen wir den unbestimmten Ausdruck $\frac{\infty}{\infty}$, was uns dazu zwingt, die Regel von *de L'Hospital* anzuwenden. Zu diesem Zweck verwenden wir im Zähler $f(n) = n$ und im Nenner $g(n) = q^n$. Die Regel von *de L'Hospital* besagt nun, dass

$$\lim_{n \to a} \frac{f(n)}{g(n)} = \frac{f'(a)}{g'(a)}$$

gilt, was uns auf

$$\text{Term 2} = \lim_{n \to \infty} \frac{n}{q^n} = \frac{1}{\infty\, q^{\infty - 1}} = \frac{1}{\infty} = 0$$

führt. Einsetzen in Gleichung (2.81) liefert uns endlich das Resultat. Der Barwert einer ewigen arithmetisch fortschreitenden Rente beläuft sich auf

$$\boxed{R_0 = \left(r + \frac{d}{i} \right) \frac{1}{i}} . \tag{2.82}$$

Beispiel 75 *Birgit hat Anspruch auf eine jährliche ewige Rente, die sich im ersten Jahr auf 500 € beläuft und anschließend in jedem Jahr um 20 € steigen soll. Welchen Barwert hat diese Rente, wenn Birgit mit einem Zinssatz von 8 % rechnet?*

$$R_0 = \left(500 + \frac{20}{0,08} \right) \cdot \frac{1}{0,08} = \frac{750}{0,08} = 9375 .$$

Geometrisch fortschreitende Renten. Ewige Renten, die sich geometrisch fortentwickeln, haben in der Finanzwirtschaft große praktische Bedeutung. Beispielsweise wird bei der Bewertung ganzer Unternehmen häufig davon ausgegangen, dass ein Unternehmen Cashflows verspricht, die auf einem bestimmten Niveau beginnen und sich dann fortwährend mit einer bestimmten Wachstumsrate weiterentwickeln.

Um uns klarzumachen, welchen Barwert eine solche Rente hat, greifen wir nicht auf die oben auf Seite 122 angegebenen Barwertformeln zurück, sondern entwickeln das Konzept neu. Grundsätzlich gilt für den Barwert einer veränderlichen Rente

$$R_0 = \sum_{t=1}^{n} r_t \, (1 + i)^{-t}.$$

Unterstellt man, dass die Renten konstant mit dem Faktor $g = 1 + w$ wachsen, und bezeichnet man die erste Rentenzahlung mit $r_1 = r$, so kann man zunächst

$$
\begin{aligned}
R_0 &= \sum_{t=1}^{n} r \, (1 + w)^{t-1} \, (1 + i)^{-t} \\
&= \frac{r}{1 + w} \sum_{t=1}^{n} \left(\frac{1 + w}{1 + i} \right)^t
\end{aligned}
$$

schreiben. Unsere Aufgabe besteht darin herauszubekommen, welchen Barwert wir erhalten, wenn der Rentenstrom nie versiegt, wenn also n über alle Grenzen geht,

$$R_0 = \lim_{n \to \infty} \frac{r}{1 + w} \sum_{t=1}^{n} \left(\frac{1 + w}{1 + i} \right)^t. \tag{2.83}$$

Bei der Bestimmung dieses Grenzwertes beschränken wir uns auf positive Wachstumsraten und Zinssätze. Daher sind drei Fälle zu unterscheiden.

Fall 1: $0 < i < w$

Unter der Voraussetzung, dass die Wachstumsrate größer als der Zinssatz ist, gilt

$$\frac{1 + w}{1 + i} > 1.$$

Daraus folgt unmittelbar

$$R_0 \;=\; \lim_{n\to\infty} \frac{r}{1+w}$$

$$\left(\underbrace{\left(\frac{1+w}{1+i}\right)^1}_{>1} + \underbrace{\left(\frac{1+w}{1+i}\right)^2}_{>1} + \dots + \underbrace{\left(\frac{1+w}{1+i}\right)^n}_{>1} \right)$$

$$=\; \infty.$$

Addiert man nämlich unendlich viele Zahlen, von denen jede größer als eins ist, so geht die Summe über alle Grenzen.

Ökonomisch muss man daraus die Konsequenz ziehen, dass die hier getroffene Voraussetzung sachlich nicht zu rechtfertigen ist. Es ist wirtschaftlich absolut unsinnig, davon auszugehen, dass eine Rente auf Dauer mit einer höheren Rate als dem Zinssatz wächst. Wäre dies der Fall, so wäre der Wohlstand des Rentenempfängers irgendwann einmal größer als die gesamte Volkswirtschaft.

Fall 2: $0 < i = w$

Dieser Fall ist leicht zu analysieren, denn es gilt

$$\frac{1+w}{1+i} = 1 \quad \text{und} \quad \sum_{t=1}^{n} \left(\frac{1+w}{1+i}\right)^t = \sum_{t=1}^{n} 1 = n.$$

Einsetzen in (2.83) führt auf

$$R_0 = \lim_{n\to\infty} \frac{r}{1+w}\, n = \infty,$$

das gleiche ökonomisch abwegige Ergebnis wie zuvor.

Fall 3: $0 < w < i$

Das ist wirtschaftlich der interessanteste Fall, weil der hier zu betrachtende Grenzwert endlich ist. Unter Verwendung der Summenformel für geometrische Reihen schreiben wir zunächst

$$\sum_{t=1}^{n} \left(\frac{1+w}{1+i}\right)^t \;=\; \frac{\frac{1+w}{1+i}\left(\left(\frac{1+w}{1+i}\right)^n - 1\right)}{\frac{1+w}{1+i} - 1}$$

$$=\; \frac{1+w}{1+i}\, \frac{\left(\frac{1+w}{1+i}\right)^n - 1}{\frac{1+w-1-i}{1+i}}$$

$$=\; (1+w)\, \frac{\left(\frac{1+w}{1+i}\right)^n - 1}{w - i}.$$

Einsetzen in Gleichung (2.83) liefert die Darstellung

$$R_0 = \lim_{n \to \infty} r \, \frac{\left(\frac{1+w}{1+i}\right)^n - 1}{w - i}.$$

Nun erst nutzen wir die Voraussetzung. Sie impliziert

$$0 < \frac{1 + w}{1 + i} < 1 \quad \text{sowie} \quad \lim_{n \to \infty} \left(\frac{1 + w}{1 + i}\right)^n = 0,$$

und wir kommen endlich auf ein Ergebnis, das in der Literatur als *Gordon-Shapiro*-Modell bekannt ist,[11]

$$\boxed{R_0 = \frac{r}{i - w}}. \tag{2.84}$$

Diese Formel kann man sich sehr leicht einprägen.

Beispiel 76 *Christopher hat die Absicht, ein Unternehmen zu kaufen, dessen Gewinn im kommenden Jahr auf 450000 € geschätzt wird. Er hat Grund zu der Annahme, dass dieser Gewinn jährlich um 2 % steigen wird und das Unternehmen ewig existieren wird. Welchen Preis sollte er höchstens für das Unternehmen zahlen, wenn der Marktzins zur Zeit 11 % beträgt?*

Die Antwort ergibt sich aus der simplen Rechnung

$$R_0 = \frac{450000}{0,11 - 0,02} = 5000000 \text{ €}.$$

Christopher sollte also maximal 5 Mio. € für das Unternehmen bieten.

---

[11]Vgl. *Brealey und Myers* (2003) 65 f.

3 Tilgungsrechnung

3.1 Grundbegriffe der Tilgungsrechnung

Kreditverträge werden, was die Zahlungsverpflichtungen des Schuldners angeht, in den unterschiedlichsten Spielarten abgeschlossen. So gibt es zum Beispiel Verträge, in denen man die Kreditsumme und den Zinssatz vereinbart, Laufzeit sowie Höhe und Zeitpunkt der Rückzahlungen aber offen lässt. Zu denken ist etwa an Kontokorrentkredite. Andererseits gibt es Verträge, die außer Kreditsumme und Zinssatz Vereinbarungen über die Laufzeit sowie ins Detail gehende Bestimmungen über Fälligkeit und Höhe der vom Schuldner zu leistenden Zahlungen enthalten. Man denke an Hypothekenkredite oder an Anleihen. Solche Rückzahlungsregelungen können ganz individuell gestaltet sein oder bestimmten Standardisierungen folgen. Die bekanntesten Standards heißen Ratentilgung und Annuitätentilgung.

Um diese Begriffe näher zu erklären, wollen wir hinsichtlich der möglichen Zins- und Tilgungstermine einige Einschränkungen vornehmen, die die nachfolgenden Darstellungen erheblich vereinfachen werden. Wir werden zunächst davon ausgehen, dass der Schuldner seine Zahlungen jeweils am Ende eines Jahres leistet und dass Zinsen jährlich nachschüssig verrechnet werden. Zins- und Tilgungstermin stimmen dann immer überein. Später werden wir diese vereinfachende Annahme aufgeben.

Zinsbetrag, Tilgungsrate und Annuität. Die Zahlungen, welche der Schuldner am Jahresende an den Gläubiger leistet, nennt man Annuitäten. Eine solche Annuität kann sich aus mehreren Teilbeträgen zusammensetzen, von denen die wichtigsten der

Zinsbetrag und die Tilgungsrate sind. Mitunter treten noch weitere Teilleistungen hinzu, wie etwa Aufgeld, Prämien und Gebühren. Das kreditierte Kapital wird durch die Entrichtung von Tilgungsraten laufend verringert, so dass die Schuld am Ende der Laufzeit vollständig verschwindet. Anders gesagt: Die Summe der Tilgungsraten entspricht der anfänglichen Schuldsumme.

Die wichtigsten Symbole, welche man im Rahmen der Tilgungsrechnung braucht, sind folgende:

A_t := Annuität im Zeitpunkt t,
K_t := Schuldbetrag im Zeitpunkt t (K_0 := ursprüngliche Schuld),
i := Zinssatz p.a.,
n := Laufzeit des Kredits, Tilgungsdauer,
T_t := Tilgungsrate im Zeitpunkt t,
Z_t := Zinsbetrag im Zeitpunkt t.

Ratentilgung und Annuitätentilgung. Nach diesen Vorbereitungen können wir die Begriffe Raten- und Annuitätentilgung verständlich definieren. Von Ratentilgung spricht man dann, wenn die Tilgung in gleich bleibenden Raten erfolgt, wenn also

$$T_1 = T_2 = \ldots = T_n = T$$

gilt. Demgegenüber liegt Annuitätentilgung vor, wenn der Schuldner Annuitäten in gleich bleibender Höhe leistet, d.h.

$$A_1 = A_2 = \ldots = A_n = A.$$

Die Aufgabe der Tilgungsrechnung als Teilgebiet der Finanzmathematik besteht nun darin, die Höhe der Zahlungen zu berechnen, die der Schuldner zu den verschiedenen Zahlungszeitpunkten an den Gläubiger zu leisten hat, diese Zahlungen in ihre vertraglichen Bestandteile (Tilgungsrate, Zinsbetrag, Aufgeld) zu zerlegen sowie die jeweilige Restschuld des Kreditnehmers zu ermitteln.

3.2 Standardformen der Schuldentilgung

Im folgenden Abschnitt werden Raten- und Annuitätentilgung unter Standardbedingungen erörtert. Danach werden Abweichungen behandelt, die für die Finanzierungspraxis wichtig sind.

3.2.1 Grundgleichungen der Tilgungsrechnung

Wenn von den Standardbedingungen ausgegangen wird, so beruht die Tilgungsrechnung immer auf vier sehr einfachen Definitionsgleichungen. Die erste dieser Gleichungen besagt, dass sich jede Annuität aus Zinsbetrag und Tilgungsrate zusammensetzt, also

$$\boxed{A_t = Z_t + T_t} \quad . \tag{3.1}$$

Die zweite Gleichung bringt zum Ausdruck, dass der Schuldbetrag des laufenden Jahres sich ergibt, indem man vom Vorjahresbetrag die Tilgungsrate dieses Jahres abzieht,

$$\boxed{K_t = K_{t-1} - T_t} \quad . \tag{3.2}$$

Dass die Summe aller Tilgungsbeträge dem zu Beginn der Kreditbeziehung geschuldeten Betrag entspricht, beschreibt die Grundgleichung

$$\boxed{K_0 = \sum_{t=1}^{n} T_t} \quad . \tag{3.3}$$

Wenn die Zinsen jährlich und nachschüssig verrechnet werden, so erhält man den Zinsbetrag des laufenden Jahres immer dadurch, dass man den Zinssatz auf den Schuldbetrag des Vorjahres anwendet, d.h.

$$\boxed{Z_t = i\,K_{t-1}} \quad . \tag{3.4}$$

Sind die ursprüngliche Kreditsumme K_0, der Zinssatz i und die Tilgungsdauer n gegeben und ist außerdem die Form der Schuldentilgung (Ratentilgung, Annuitätentilgung) bekannt, so lässt sich aus den vier Grundgleichungen (3.1) bis (3.4) der Rückzahlungsplan immer in allen Details ableiten.

Mitunter erspart man sich bei der Ausarbeitung der Rückzahlungspläne viel Arbeit, wenn man eine fünfte grundlegende Gleichung der Tilgungsrechnung benutzt. Diese lautet

$$\boxed{K_0 = \sum_{t=1}^{n} A_t (1 + i)^{-t}} \tag{3.5}$$

und besagt, dass die ursprüngliche Schuldsumme dem Barwert der Annuitäten gleicht. Indessen ist diese Formel von anderem Rang als die ersten vier, weil sie nur eine allerdings sehr nützliche logische Implikation der Gleichungen (3.1) bis (3.4) darstellt.

Wer nachvollziehen möchte, wie man (3.5) aus den vier Grundgleichungen ableiten kann, der vertiefe sich in die folgenden Zeilen. Sonst wende man sich unmittelbar dem darauf folgenden Abschnitt über die Ratentilgung zu.

Aus (3.4) folgt für den Zinsbetrag des ersten Jahres ohne weiteres

$$Z_1 = i K_0,$$

und das bedeutet für die erste Tilgungsrate wegen (3.1)

$$T_1 = A_1 - i K_0.$$

Hieraus folgt nun wegen (3.2) für die Restschuld nach einem Jahr

$$\begin{aligned} K_1 &= K_0 - (A_1 - i K_0) \\ &= K_0(1 + i) - A_1. \end{aligned}$$

Wenden wir uns den entsprechenden Beträgen des folgenden Jahres zu, so erhalten wir wegen (3.4) für den Zinsbetrag

$$Z_2 = i K_1 = i \left(K_0(1 + i) - A_1 \right),$$

wegen (3.1) für den Tilgungsbetrag

$$T_2 = A_2 - i K_0(1 + i) + i A_1,$$

sowie wegen (3.2) für die Restschuld

$$\begin{aligned} K_2 &= K_1 - T_2 \\ &= K_0(1 + i)^2 - A_1(1 + i) - A_2 \end{aligned}$$

oder in etwas geschickterer Schreibweise

$$K_2 = K_0(1 + i)^2 - \sum_{t=1}^{2} A_t(1 + i)^{2-t}.$$

Schreitet man in dieser Weise zu den späteren Zeitpunkten voran, so erhält man für das Ende der Tilgungsdauer schließlich die Restschuldformel

$$K_n = K_0(1 + i)^n - \sum_{t=1}^{n} A_t(1 + i)^{n-t}. \tag{3.6}$$

Nun muss aber wegen (3.2) auch

$$K_n = K_0 - T_1 - T_2 - \dots - T_n$$
$$= K_0 - \sum_{t=1}^{n} T_t$$

sein, und im Zusammenhang mit (3.3) ist klar, dass die Restschuld mit Entrichtung der letzten Tilgungsrate gerade verschwindet, also

$$K_n = 0.$$

Gleichung (3.6) kann dann aber nur erfüllt sein, wenn

$$K_0(1 + i)^n = \sum_{t=1}^{n} A_t (1 + i)^{n-t}$$

gilt. Dividiert man auf beiden Seiten abschließend noch durch $(1 + i)^n$, so ist bewiesen, was bewiesen werden sollte. Die ursprüngliche Schuld muss dem Barwert der Annuitäten gleichen, wenn die vier Grundgleichungen der Tilgungsrechnung vorausgesetzt werden.

3.2.2 Ratentilgung

Vollständiger Tilgungsplan. Kennzeichen der Ratentilgung sind Tilgungsraten in gleich bleibender Höhe,

$$T_1 = T_2 = \dots = T_n = T.$$

Setzt man das in Gleichung (3.3) ein, so entsteht

$$K_0 = \sum_{t=1}^{n} T = nT$$

oder, aufgelöst nach T,

$$\boxed{T = \frac{K_0}{n}}. \tag{3.7}$$

Wenn n die Laufzeit des Kredits (gemessen in Jahren) ist, so beläuft sich die jährliche Tilgungsrate auf den n-ten Teil der ursprünglichen Kreditsumme. Wer diesen einfachen Zusammenhang erfasst hat, der kann im Falle der Ratentilgung bereits auch vollständige Tilgungspläne aufstellen. Dabei ist in zwei Schritten vorzugehen.

Schritt 1 Zunächst berechnet man die Tilgungsrate mit Hilfe von Gleichung (3.7).

Schritt 2 Anschließend ermittelt man für den Zeitpunkt $t = 1$ den Zinsbetrag Z_t, die Annuität A_t sowie die neue Restschuld K_t unter Verwendung der Grundgleichungen der Tilgungsrechnung. Diese Prozedur benutzt man von Jahr zu Jahr fortschreitend, bis das Ende der Tilgungsdauer erreicht ist.

Beispiel 77 *Die Amanda GmbH nimmt einen Kredit über 420000 € zu 6,5 % Zins auf, der über 7 Jahre in gleich bleibenden Raten zu tilgen ist. Stellen Sie den vollständigen Tilgungsplan auf.*

Die jährliche Tilgungsrate beläuft sich auf

$$T = \frac{420000}{7} = 60000.$$

Der Zinsbetrag des ersten Jahres beträgt

$$Z_1 = 0,065 \cdot 420000 = 27300.$$

Die Annuität am Ende des ersten Jahres ist die Summe aus beiden Teilleistungen, also

$$A_1 = 27300 + 60000 = 87300,$$

und für die Restschuld erhält man

$$K_1 = 420000 - 60000 = 360000.$$

Damit kennt man die Basis für die Ermittlung des Zinsbetrages im Folgejahr und kann die Berechnungsprozedur problemlos fortsetzen. Auf diese Weise erhält man alle in Tabelle 3.1 zusammengestellten Zahlen.

Tabelle 3.1: Tilgungsplan bei Ratentilgung

Jahr	Schuldbetrag des Vorjahres	Zinsbetrag	Tilgungsrate	Annuität
1	420000,00	27300,00	60000,00	87300,00
2	360000,00	23400,00	60000,00	83400,00
3	300000,00	19500,00	60000,00	79500,00
4	240000,00	15600,00	60000,00	75600,00
5	180000,00	11700,00	60000,00	71700,00
6	120000,00	7800,00	60000,00	67800,00
7	60000,00	3900,00	60000,00	63900,00
8	0,00			

Einzelne Elemente des Tilgungsplans. Gelegentlich mag es erforderlich sein, Zinsbeträge, Annuitäten oder Restschuldbestände zu berechnen, ohne den kompletten Tilgungsplan zu entwickeln. Für solche Fälle sind die folgenden Gleichungen zweckmäßig.

Restschuld. Für die Restschuld im Zeitpunkt t gilt offenbar

$$
\begin{aligned}
K_1 &= K_0 - T \\
K_2 &= K_1 - T &= K_0 - 2T \\
K_3 &= K_2 - T &= K_0 - 3T \\
&\vdots \\
K_t &= K_{t-1} - T &= K_0 - tT
\end{aligned}
$$

oder unter Verwendung von (3.7)

$$ K_t = K_0 \left(1 - \frac{t}{n}\right). \tag{3.8} $$

Zinsbetrag. Für die Berechnung des jährlichen Zinsbetrages kann man immer auf die Grundgleichung (3.4) zurückkommen,

$$ Z_t = i K_{t-1}. $$

Einsetzen von (3.8) führt im Falle der Ratentilgung zu

$$ Z_t = i \left(1 - \frac{t-1}{n}\right) K_0. \tag{3.9} $$

Annuität. Jetzt fehlt nur noch eine Gleichung zur Berechnung der Annuität. Um diese zu gewinnen, erinnern wir uns an die Grundgleichung (3.1) und setzen gemäß Gleichung (3.9) und (3.7) ein. Nach geringfügiger Umformung entsteht daraus

$$A_t = \left(i \left(1 - \frac{t-1}{n} \right) + \frac{1}{n} \right) K_0. \tag{3.10}$$

Damit haben wir alle für die Ratentilgung relevanten Formeln zusammengestellt.

Beispiel 78 *Die Amanda GmbH nimmt einen Kredit über 420000 € zu 6,5 % Zins auf, der über 7 Jahre in gleich bleibenden Raten zu tilgen ist. Berechnen Sie*

(a) den Schuldbetrag am Ende des vierten Jahres,
(b) den Zinsbetrag am Ende des dritten Jahres,
(c) die Annuität am Ende des fünften Jahres.

(a) Die Restschuld am Ende des vierten Jahres beträgt

$$K_4 = 420000 \cdot \left(1 - \frac{4}{7} \right) = 180000,$$

während man

(b) für den Zinsbetrag am Ende des dritten Jahres

$$Z_3 = 0,065 \cdot \left(1 - \frac{3-1}{7} \right) \cdot 420000 = 19500$$

(c) und die Annuität am Ende des fünften Jahres

$$A_5 = 0,065 \cdot \left(1 - \frac{5-1}{7} \right) \cdot 420000 + 60000 = 71700$$

erhält.

3.2.3 Annuitätentilgung

Vollständiger Tilgungsplan. Charakteristisches Merkmal der Annuitätentilgung sind Annuitäten in konstanter Höhe,

$$A_1 = A_2 = \ldots = A_n = A.$$

Um eine Formel zur Berechnung der Annuität aus den Parametern K_0, i und n zu gewinnen, setzt man in die grundlegende Gleichung (3.5) ein und löst nach A auf. So entsteht zunächst

$$K_0 = \sum_{t=1}^{n} A(1 + i)^{-t}$$

$$A = \frac{K_0}{\sum_{t=1}^{n}(1 + i)^{-t}} \,.$$

Der Nenner des Quotienten entspricht dem nachschüssigen Rentenbarwertfaktor (RBFN), den wir oben im Kapitel über die Rentenrechnung kennen gelernt hatten. Dieser beläuft sich, wie man vorstehender Gleichung entnehmen kann, auf

$$RBFN = q^{-1} + q^{-2} + \ldots + q^{-n} \,,$$

wenn man anstelle von $(1 + i)$ das bequemere Symbol q verwendet. Multiplizieren mit q ergibt

$$q \cdot RBFN = 1 + q^{-1} + \ldots + q^{-n+1} \,,$$

und Subtrahieren der vorausgehenden Gleichung führt auf

$$\begin{aligned} i \cdot RBFN \quad &= \quad 1 - q^{-n} \\ &= \quad \frac{q^n - 1}{q^n} \quad \text{und} \\ RBFN \quad &= \quad \frac{q^n - 1}{i\,q^n} \,. \end{aligned}$$

Den Kehrwert des nachschüssigen Rentenbarwertfaktors (RBFN) nennt man Annuitätenfaktor (ANNF) mit

$$ANNF = \frac{1}{RBFN} = \frac{i\,q^n}{q^n - 1} \,,$$

und man schreibt die Gleichung zur Berechnung der Annuität mit seiner Hilfe dann auch zumeist in der Form

$$A = ANNF \cdot K_0$$

oder

$$\boxed{A = \frac{i\,q^n}{q^n - 1}\,K_0} \,. \tag{3.11}$$

Wenn man dazu in der Lage ist, mit Hilfe von Gleichung (3.11) den vom Schuldner jährlich insgesamt zu zahlenden Betrag A auszurechnen, so kann man bereits wieder vollständige Tilgungspläne aufstellen.

Schritt 1: Zunächst berechnet man die Annuität A unter Verwendung von Gleichung (3.11).

Schritt 2: Danach beginnt man mit dem Zeitpunkt $t = 1$ und ermittelt unter Zuhilfenahme der obigen Grundgleichungen den Zinsbetrag, die Tilgungsrate sowie die neue Restschuld. Diese Ermittlungsrechnungen setzt man von Jahr zu Jahr voranschreitend fort, bis das Ende der Tilgungsdauer erreicht ist.

Beispiel 79 *Die Bonaventura KG hat Kredit in Höhe von 1000000 € zum Zinssatz von 7,5 % bei einer Laufzeit von 6 Jahren aufgenommen, der annuitätisch getilgt werden soll. Welchen Betrag muss die Bonaventura KG jährlich zurückzahlen? Stellen Sie den Tilgungsplan auf.*

Die jährliche Annuität beträgt

$$A = \frac{0,075 \cdot 1,075^6}{1,075^6 - 1} \cdot 1000000 = 213044,89.$$

Für den ersten Zinsbetrag ergibt sich

$$Z_1 = i K_0 = 0,075 \cdot 1000000 = 75000.$$

Da die Tilgungsrate die Differenz zwischen Annuität und Zinsbetrag darstellt, berechnet man für sie im ersten Jahr

$$T_1 = A - Z_1 = 213044,89 - 75000 = 138044,89,$$

und die neue Restschuld beläuft sich dann auf

$$K_1 = K_0 - T_1 = 1000000 - 138044,89 = 861955,11.$$

Mit dieser Information kann man den Zinsbetrag des nächsten Jahres ermitteln und die Berechnungen fortsetzen, bis die (Rest-)Schuld vollständig getilgt ist. Alle sich dabei im Einzelnen ergebenden Beträge sind in Tabelle 3.2 zusammengestellt.

Tabelle 3.2: Tilgungsplan bei Annuitätentilgung

Jahr	Schuldbetrag des Vorjahres	Zinsbetrag	Tilgungsrate	Annuität
1	1000000,00	75000,00	138044,89	213044,89
2	861955,11	64646,63	148398,26	213044,89
3	713556,85	53516,76	159528,13	213044,89
4	554028,72	41552,15	171492,74	213044,89
5	382535,99	28690,20	184354,69	213044,89
6	198181,29	14863,60	198181,29	213044,89
7	0,00			

Einzelne Elemente des Tilgungsplans. Ebenso wie im Falle der Ratentilgung kann man auch bei Annuitätentilgung einzelne Beträge des Tilgungsplans ermitteln, ohne jeweils den kompletten Tilgungsplan aufzuschreiben. Zu diesem Zweck werden wir uns im Folgenden mit der Herleitung von Formeln beschäftigen, mit deren Hilfe man Zinsbetrag, Tilgungsrate und Restschuld eines beliebigen Jahres direkt berechnen kann. Das wird nebenbei noch zusätzliche Einsichten in die Struktur annuitätischer Tilgungspläne gestatten.

Tilgungsrate. Wir beginnen mit der Entwicklung einer Gleichung zur Berechnung der Tilgungsrate, die im Zeitpunkt t fällig ist. Weil die Summe aus Zinsbetrag und Tilgungsrate bei Annuitätentilgung konstant bleibt, muss für zwei aufeinander folgende Jahre

$$Z_t + T_t = Z_{t-1} + T_{t-1}$$

gelten. Wegen Gleichung (3.4) ist das äquivalent mit

$$i K_{t-1} + T_t = i K_{t-2} + T_{t-1}$$

oder nach Umformung

$$T_t = T_{t-1} + i (K_{t-2} - K_{t-1}).$$

Nun ist die Differenz zwischen den beiden Restschuldbeträgen K_{t-2} und K_{t-1} wegen Gleichung (3.2) identisch mit der Vorjahres-Tilgungsrate, weswegen

$$T_t = T_{t-1} + i T_{t-1} \qquad \text{oder}$$

$$\boxed{T_t = T_{t-1}q}$$ (3.12)

folgt. Bei Annuitätentilgung ergibt sich also die Tilgungsrate des laufenden Jahres immer als Produkt aus Vorjahres-Tilgungsrate und Zinsfaktor. Nimmt man T_1 als gegeben an, so erhält man durch fortlaufendes Einsetzen

$$
\begin{aligned}
T_2 &= T_1 q \\
T_3 &= T_2 q = T_1 q^2 \\
T_4 &= T_3 q = T_1 q^3 \\
&\vdots \\
T_t &= T_{t-1} q = T_1 q^{t-1} \, .
\end{aligned}
$$ (3.13)

Da der Zinsbetrag des ersten Jahres

$$Z_1 = i K_0$$

ist, beläuft sich die erste Tilgungsrate auf

$$
\begin{aligned}
T_1 &= A - Z_1 \\
&= \frac{i q^n}{q^n - 1} K_0 - i K_0 \\
&= \left(\frac{q^n}{q^n - 1} - 1 \right) i K_0 \\
&= \frac{i}{q^n - 1} K_0 \, .
\end{aligned}
$$ (3.14)

Durch Einsetzen dieses Resultats in (3.13) gewinnt man eine allgemeine Formel zur Berechnung der Tilgungsrate bei Annuitätentilgung. Sie lautet

$$T_t = \frac{i q^{t-1}}{q^n - 1} K_0 \, .$$ (3.15)

Beispiel 80 *Die Bonaventura KG hat Kredit in Höhe von 1000000 € zum Zinssatz von 7,5 % bei einer Laufzeit von 6 Jahren aufgenommen, der annuitätisch getilgt werden soll. Wie hoch ist*

(a) die erste Tilgungsrate,
(b) die zweite Tilgungsrate,
(c) die sechste Tilgungsrate?

(a) $T_1 = \frac{0,075}{1,075^6 - 1} \cdot 1000000 = 138044,89$,

(b) $T_2 = 1,075 \cdot 138044,89 = 148398,26$,

(c) $T_6 = \frac{0,075 \cdot 1,075^5}{1,075^6 - 1} \cdot 1000000 = 198181,29$.

Zinsbetrag. Nachdem wir dazu im Stande sind, Annuität und Tilgungsrate im Falle der Annuitätentilgung zu berechnen, fallen auch Zinsbetrag und Restschuld nicht mehr schwer. Für den Zinsbetrag muss wegen der grundlegenden Gleichung (3.1)

$$Z_t = A - T_t$$

gelten. Einsetzen von (3.11) und (3.15) führt nach wenigen Umformungen auf

$$Z_t = \frac{i\,(q^n - q^{t-1})}{q^n - 1}\,K_0\,. \tag{3.16}$$

Beispiel 81 *Die Bonaventura KG hat Kredit in Höhe von 1000000€ DM zum Zinssatz von 7,5 % bei einer Laufzeit von 6 Jahren aufgenommen, der annuitätisch getilgt werden soll. Wie hoch ist der Zinsbetrag am Ende des vierten Jahres?*

$$Z_4 = \frac{0,075 \cdot (1,075^6 - 1,075^3)}{1,075^6 - 1} \cdot 1000000 = 41552,15$$

Restschuld. Für die Restschuld lässt sich eine Formel finden, indem man von der grundlegenden Gleichung (3.2) ausgeht, die Tilgungsrate gemäß Gleichung (3.15) einsetzt und fortlaufend entwickelt. Man erhält so

$$K_1 = \frac{q^n - q}{q^n - 1}\,K_0$$

$$K_2 = \frac{q^n - q^2}{q^n - 1}\,K_0$$

$$K_3 = \frac{q^n - q^3}{q^n - 1}\,K_0 \quad \text{oder allgemein}$$

$$K_t = \frac{q^n - q^t}{q^n - 1}\,K_0\,.$$

Beispiel 82 *Die Bonaventura KG hat Kredit in Höhe von 1000000 € zum Zinssatz von 7,5 % bei einer Laufzeit von 6 Jahren aufgenommen, der annuitätisch getilgt werden soll. Wie hoch ist die Restschuld nach 4 Jahren?*

$$K_4 = \frac{1,075^6 - 1,075^4}{1,075^6 - 1} \cdot 1000000 = 382535,99$$

3.3 Abweichungen von den Standardformen

In der Finanzierungspraxis findet man häufig, dass von den Standardformen der Schuldentilgung abgewichen wird. Insbesondere gibt es drei Fälle, auf die im Folgenden einzugehen ist.

Zum ersten sind Kreditverträge zu nennen, bei denen Laufzeit und Tilgungsdauer nicht übereinstimmen. Die Laufzeit ist länger als die Tilgungsfrist. Man spricht von Krediten mit tilgungsfreien Zeiten. Zum zweiten kennen wir Kreditverträge, bei denen der Schuldner nicht nur zur Zahlung von Zinsen und Tilgungsraten verpflichtet ist, sondern darüber hinaus noch ein Aufgeld (Agio) zu tragen hat. Üblicherweise wird dieses Aufgeld in Form eines Prozentsatzes auf die Tilgungsrate vereinbart. Schließlich kommen drittens Kreditverträge vor, die man zwar im Grundsatz annuitätisch tilgt, von diesem Prinzip aber geringfügig abweicht, weil man bei der Abwicklung lieber mit „glatten Zahlen" arbeitet. Alle drei Abweichungsformen können natürlich auch miteinander kombiniert werden. Wir stellen sie im Folgenden in reiner Form dar.

3.3.1 Tilgungsfreie Zeiten

Muss man Rückzahlungspläne mit tilgungsfreien Zeiten aufstellen, so hat man gegenüber den Standardformen der Schuldentilgung keine schwierigen Änderungen vorzunehmen. Es sind nun zwei Fristen zu unterscheiden, nämlich

$n_L :=$ Laufzeit des Kredits,
$n_T :=$ Tilgungsdauer,

wobei die Laufzeit regelmäßig größer als die Tilgungsdauer ist $(n_L > n_T)$.

Alle Berechnungsprozeduren, die wir im vorigen Abschnitt angegeben haben, lassen sich nun auf den Fall der tilgungsfreien Zeiten übertragen, wenn man dabei folgende Regeln beachtet:

· an die Stelle von n tritt n_T,

· und es gilt $T_t = 0$, wenn $t \leq n_L - n_T$.

Das ist alles.

Beispiel 83 *Die Cäcilien-Stiftung hat bei einer Bank Kredit über 5000000 € zum Zinssatz von 5,375 % mit einer Laufzeit von sieben Jahren aufgenommen, der innerhalb der letzten fünf Jahre zu tilgen ist. Wie lauten die vollständigen Rückzahlungspläne*

(a) bei Ratentilgung,
(b) bei Annuitätentilgung?

(a) Bei Ratentilgung ergibt sich der Rückzahlungsplan aus Tabelle 3.3. Erläuterungen dürften überflüssig sein.

Tabelle 3.3: Tilgungsplan bei Ratentilgung und tilgungsfreien Zeiten

Jahr	Schuldbetrag des Vorjahres	Zinsbetrag	Tilgungsrate	Annuität
1	5000000,00	268750,00	0,00	268750,00
2	5000000,00	268750,00	0,00	268750,00
3	5000000,00	268750,00	1000000,00	1268750,00
4	4000000,00	215000,00	1000000,00	1215000,00
5	3000000,00	161250,00	1000000,00	1161250,00
6	2000000,00	107500,00	1000000,00	1107500,00
7	1000000,00	53750,00	1000000,00	1053750,00
8	0,00			

(b) Was die ersten zwei Jahre betrifft, so sieht der Rückzahlungsplan bei Annuitätentilgung ebenso aus wie der Plan
bei Ratentilgung. Sodann sind fünf gleich hohe Annuitäten
zu zahlen, die man mit

$$A = \frac{0,05375 \cdot 1,05375^5}{1,05375^5 - 1} \cdot 5000000 = 1166871,51$$

berechnet. Der Rückzahlungsplan sieht dann so aus wie
Tabelle 3.4 zeigt.

Tabelle 3.4: Tilgungsplan bei Annuitätentilgung und tilgungsfreien Zeiten

Jahr	Schuldbetrag des Vorjahres	Zinsbetrag	Tilgungsrate	Annuität
1	5000000,00	268750,00	0,00	268750,00
2	5000000,00	268750,00	0,00	268750,00
3	5000000,00	268750,00	898121,51	1166871,51
4	4101878,49	220475,97	946395,54	1166871,51
5	3155482,94	169607,21	997264,30	1166871,51
6	2158218,64	116004,25	1050867,26	1166871,51
7	1107351,38	59520,14	1107351,38	1166871,51
8	0,00			

3.3.2 Tilgung mit Aufgeld

Grundidee. Häufig wird bei Krediten zwischen Gläubiger und
Schuldner ein Aufgeld (Agio) vereinbart. Dabei einigt man
sich formal zumeist auf einen Aufgeldprozentsatz α von der
Tilgungsrate. In diesem Fall muss der Schuldner in jedem
Jahr neben dem Zinsbetrag das $(1 + \alpha)$-fache der Standard-
Tilgungsrate zahlen. Ein solches Agio bereitet bei der Ratentil-
gung keine sonderlichen Probleme. Ausgehend vom Standard-
Rückzahlungsplan ist nur eine Aufgeldspalte einzufügen, wobei
der Agiobetrag sich aus

$$\text{Agio}_t = \alpha T_t$$

ergibt und die Annuität aus

$$A_t = Z_t + (1 + \alpha)\, T_t$$

berechnet wird.

Beispiel 84 *Die Donald Duck GmbH hat Kredit über 6000000 €*
für vier Jahre zu 4,25 % Zins aufgenommen, der mit einem zu-
sätzlichen Aufgeld von 2,5 % über vier Jahre in gleich bleibenden
Raten zu tilgen ist. Wie sieht der Rückzahlungsplan aus?

Man stellt zunächst den Rückzahlungsplan unter Standardbedingungen auf und ergänzt diesen entsprechend Tabelle 3.5 um
die Aufgeldspalte.

Tabelle 3.5: Tilgungsplan bei Ratentilgung und Aufgeld

Jahr	Schuldbetrag des Vorjahres	Zinsbetrag	Tilgungsrate	Aufgeld	Annuität
1	6000000,00	255000,00	1500000,00	37500,00	1792500,00
2	4500000,00	191250,00	1500000,00	37500,00	1728750,00
3	3000000,00	127500,00	1500000,00	37500,00	1665000,00
4	1500000,00	63750,00	1500000,00	37500,00	1601250,00
5	0,00				

Ginge man in entsprechender Weise auch bei Annuitätentilgung
vor, so erhielte man einen Rückzahlungsplan mit steigenden Annuitäten. Diese Variante der Annuitätentilgung, bei der zwar die
Summe aus Zinsbetrag und Tilgungsrate, nicht aber die Summe
aus Zinsbetrag, Tilgungsrate und Aufgeld konstant bleibt, nennt
man Annuitätentilgung mit zusätzlichem Aufgeld.

Beispiel 85 *Die Emma & Ernestine GmbH & Co. KG muss einen*
Kredit über 800000 € mit einer Laufzeit von drei Jahren mit 6 %
verzinsen und annuitätisch tilgen. Dabei ist zusätzlich ein Agio
von 3 % zu zahlen. Wie sieht der vollständige Tilgungsplan aus?

Man beginnt zweckmäßigerweise damit, die „Annuität abzüglich
Aufgeld" zu berechnen und verwendet dafür Gleichung (3.11),

$$Z_t + T_t = \frac{0,06 \cdot 1,06^3}{1,06^3 - 1} \cdot 800000 = 299287,85\,.$$

Tabelle 3.6 zeigt den kompletten Rückzahlungsplan und macht zugleich deutlich, dass der eigentliche Sinn der Annuitätentilgung, nämlich für eine gleich bleibende Liquiditätsbelastung zu sorgen, verloren geht.

Tabelle 3.6: Tilgungsplan bei Annuitätentilgung und zusätzlichem Aufgeld

Jahr	Schuldbetrag des Vorjahres	Zinsbetrag	Tilgungsrate	Aufgeld	Annuität
1	800000,00	48000,00	251287,85	7538,64	306826,49
2	548712,15	32922,73	266365,12	7990,95	307278,80
3	282347,03	16940,82	282347,03	8470,41	307758,26
4	0,00				

Annuitätentilgung mit einbezogenem Aufgeld. Wenn das vermieden werden soll, so muss das Aufgeld bei der Annuitätenberechnung in angemessener Weise berücksichtigt werden. Man spricht in diesem Fall von Annuitätentilgung mit einbezogenem Aufgeld. Um eine Formel zur Annuitätenermittlung mit der gewünschten Eigenschaft

$$A = Z_t + (1 + \alpha)T_t \quad \text{für alle } t$$

zu gewinnen, fangen wir mit der Gleichung

$$Z_t + (1 + \alpha)T_t = Z_{t-1} + (1 + \alpha)T_{t-1}$$

an und setzen für die Zinsbeträge entsprechend Gleichung (3.4) ein. Das ergibt nach geringfügiger Umformung

$$(1 + \alpha)T_t = i\left(K_{t-2} - K_{t-1}\right) + (1 + \alpha)T_{t-1}.$$

Da die Differenz zwischen den beiden Restschuldbeträgen der Vorjahres-Tilgungsrate entspricht, vgl. Gleichung (3.2), kann man auch

$$(1 + \alpha)T_t = i\,T_{t-1} + (1 + \alpha)T_{t-1}$$

oder

$$T_t = \left(1 + \frac{i}{1 + \alpha}\right) T_{t-1} \tag{3.17}$$

schreiben. In dem oben behandelten Spezialfall, dass kein Aufgeld bezahlt wird ($\alpha = 0$), entspricht das Gleichung (3.12).

Setzt man für einen Augenblick die erste Tilgungsrate T_1 als gegeben voraus, so ist

$$
\begin{aligned}
T_2 &= \left(1 + \frac{i}{1 + \alpha}\right) T_1 \\
T_3 &= \left(1 + \frac{i}{1 + \alpha}\right)^2 T_1 \\
&\vdots \\
T_t &= \left(1 + \frac{i}{1 + \alpha}\right)^{t-1} T_1 .
\end{aligned}
\tag{3.18}
$$

Nun fehlt uns nur noch ein geeigneter Ausdruck für T_1. Zu diesem Zweck erinnern wir uns daran, dass der erste Zinsbetrag

$$ Z_1 = i K_0 $$

ist. Dann muss

$$ A = Z_1 + (1 + \alpha) T_1 = i K_0 + (1 + \alpha) T_1 $$

und folglich

$$ T_1 = \frac{A - i K_0}{1 + \alpha} $$

gelten. Einsetzen in (3.18) ergibt schließlich

$$ T_t = \left(1 + \frac{i}{1 + \alpha}\right)^{t-1} \frac{A - i K_0}{1 + \alpha} . \tag{3.19} $$

Um nun endlich die unbekannte Annuität (bestehend aus Zinsbetrag, Tilgungsrate und Aufgeld) berechnen zu können, brauchen wir uns nur noch daran zu erinnern, dass die Summe aller Tilgungsraten immer dem ursprünglichen Kreditbetrag entspricht, d.h.

$$ K_0 = \sum_{t=1}^{n} T_t , $$

und für die Tilgungsrate gemäß Gleichung (3.19) einzusetzen. Dann entsteht zunächst

$$ K_0 = \sum_{t=1}^{n} \left(\left(1 + \frac{i}{1 + \alpha}\right)^{t-1} \frac{A - i K_0}{1 + \alpha} \right) . $$

Führt man im Interesse der Bequemlichkeit das Symbol

$$k = \frac{i}{1 + \alpha}$$

ein, so kann man dafür auch

$$K_0 = \frac{A - i K_0}{1 + \alpha} \sum_{t=1}^{n} (1 + k)^{t-1}$$

oder unter Verwendung der Summenformel für die geometrische Reihe

$$K_0 = \frac{A - i K_0}{1 + \alpha} \frac{(1 + k)^n - 1}{k}$$

schreiben. Löst man das nach A auf, so erhält man die gewünschte Gleichung

$$A = \frac{i (1 + k)^n}{(1 + k)^n - 1} K_0$$

$$\text{mit} \quad k = \frac{i}{1 + \alpha}$$

. (3.20)

Beispiel 86 *Die Franz & Friedrich AG hat für fünf Jahre Kredit über 800000 € aufgenommen, der mit 6 % zu verzinsen und unter Einschluss eines Aufgeldes von 3 % annuitätisch zu tilgen ist. Man stelle den kompletten Tilgungsplan auf.*

Man beginnt mit der Annuitätenberechnung gemäß Gleichung (3.20) mit dem Ergebnis

$$A = \frac{0,06 \cdot \left(1 + \frac{0,06}{1,03}\right)^5}{\left(1 + \frac{0,06}{1,03}\right)^5 - 1} \cdot 800000 = 194685,58.$$

Sodann berechnet man den Zinsbetrag und die Tilgungsrate des ersten Jahres

$$Z_1 = 0,06 \cdot 800000 = 48000,00$$

$$T_1 = \frac{194685,58 - 48000,00}{1 + 0,03} = 142413,18$$

und stellt mit diesen Einstiegswerten in der Zeit sukzessive voranschreitend den nachstehenden Tilgungsplan auf (Tabelle 3.7).

Tabelle 3.7: Tilgungsplan bei Annuitätentilgung und einbezogenem Aufgeld

Jahr	Schuldbetrag des Vorjahres	Zinsbetrag	Tilgungsrate	Aufgeld	Annuität
1	800000,00	48000,00	142413,18	4272,40	194685,58
2	657586,82	39455,21	150709,09	4521,27	194685,58
3	506877,73	30412,66	159488,26	4784,65	194685,58
4	347389,46	20843,37	168778,84	5063,37	194685,58
5	178610,62	10716,64	178610,62	5358,32	194685,58
6	0,00				

3.3.3 Gerundete Annuitäten

Falls von der Möglichkeit der Ratentilgung Gebrauch gemacht wird, so hat man im Allgemeinen keine Schwierigkeiten, bei den Zinsbeträgen, den Tilgungsraten und bei den Annuitäten auf glatte Beträge zu kommen. Im Falle der Annuitätentilgung sieht das, runde Kreditbeträge und Laufzeiten sowie übliche Zinssätze vorausgesetzt, anders aus. Wenn krumme Beträge für die Annuitäten aber nicht gewünscht sind, so bleibt keine andere Wahl, als vom strengen Ideal gleich bleibender Annuitäten etwas abzuweichen. Zwei Fälle haben besondere praktische Bedeutung, erstens die Prozentannuität mit Ausgleichszahlung und zweitens die annuitätische Tilgung gestückelter Serienanleihen.

3.3.3.1 Prozentannuität mit Ausgleichszahlung

Ermittlung der Annuität. Bei einigen Kreditgeschäften – zum Beispiel bei den Hypothekenkrediten – greift man gerne zu der Lösung, mit einem Tilgungsprozentsatz p zu arbeiten. Gegenstand des Kreditvertrages ist dann die Vereinbarung, dass der Schuldner den Kreditbetrag K_0 erhält und sich dazu verpflichtet, jährliche Annuitäten in Höhe von

$$A = (i + p) K_0 \qquad (3.21)$$

zurückzuzahlen. Dabei ist i, wie gewohnt, der Zinssatz. Solche Regelungen bezeichnet man als Prozentannuität. Da für Annuitätentilgung charakteristisch ist, dass die Tilgungsraten Jahr für Jahr um die ersparten Zinsen wachsen, bringt p den Tilgungsanteil selbstverständlich nur bei der Annuität des ersten Jahres korrekt zum Ausdruck.

Ermittlung der Tilgungsdauer. Typisch für Prozentannuitäten ist nun, dass die Tilgungsdauer nicht explizit verabredet wird. Implizit ist sie allerdings sehr wohl Vertragsgegenstand, denn wenn der Schuldbetrag K_0, der Zinssatz i und der Tilgungsprozentsatz p gegeben sind und damit über Gleichung (3.21) auch die Annuität feststeht, so gibt es immer nur eine einzige Tilgungsdauer n, die die Grundgleichung

$$K_0 = \sum_{t=1}^{n} A_t (1 + i)^{-t}$$

erfüllt. In dem hier zu diskutierenden Spezialfall können wir dafür

$$K_0 = \sum_{t=1}^{n} (i + p) K_0 q^{-t}$$

$$1 = (i + p) \sum_{t=1}^{n} q^{-t}$$

$$\frac{1}{i + p} = \frac{q^n - 1}{i q^n}$$

$$\frac{i}{i + p} = 1 - \frac{1}{q^n}$$

$$q^n = \frac{i + p}{p}$$

schreiben. Logarithmieren führt schließlich auf eine einfache Formel zur Berechnung der Laufzeit einer Prozentannuität,

$$\boxed{n = \frac{\ln \frac{i+p}{p}}{\ln q}} . \tag{3.22}$$

Mit einiger Sicherheit kann man davon ausgehen, dass n keine natürliche Zahl ist, wenn man mit den üblichen Zinssätzen und mit „handlichen" Tilgungsprozentsätzen arbeitet.

Beispiel 87 *Gertraude ist eine Hypothek über 140000 € bei einem Zinssatz von 6,5 % und einem Tilgungsprozentsatz von 1,5 % angeboten worden. Wie hoch ist die jährliche Belastung, und wie lange muss Gertraude zahlen?*

Die jährlich zu zahlende Hypothek beläuft sich auf

$$A = (0,065 + 0,015) \cdot 140000 = 11200$$

und sie müsste über einen Zeitraum von

$$n = \frac{\ln \frac{0,065+0,015}{0,015}}{\ln 1,065} = 26,58$$

Jahren gezahlt werden.

Ausgleichszahlungen. Auch in diesem Beispiel zeigt sich also, dass die Anzahl der Jahre, über die sich die Tilgung einer Prozentannuität gewöhnlich erstreckt, nicht die gewohnte natürliche Zahl darstellt. Aus diesem Grunde zerlegt man die Laufzeit in zwei Komponenten

$$n_1 = \text{int}(n)$$
$$n_2 = n - n_1.$$

Der Schuldner leistet sodann n_1 volle Annuitäten in Höhe von A und für das angebrochene Jahr eine Ausgleichszahlung, die entweder gleich zu Beginn oder am Ende der Tilgungsdauer entrichtet wird.

Erfolgt die Zahlung am Ende der Laufzeit, in unserem Beispiel also mit Abschluss des 27-ten Jahres, so beträgt die Restzahlung

$$A_{n_1+1} = \left(K_0\, q^{n_1} - A\, \frac{q^{n_1} - 1}{i} \right) q.$$

Wird der Ausgleich dagegen zu Beginn vorgenommen, so berechnet man die erforderliche Vorleistung aus

$$A_1 = K_0\, q - A\, \frac{q^{n_1} - 1}{i\, q^{n_1}}. \tag{3.23}$$

Beispiel 88 *Holgers Grundstück ist mit einer Hypothek über 260000 € belastet. Diese ist mit 7 % zu verzinsen und mit 5 % zu tilgen. Man stelle den vollständigen Rückzahlungsplan unter der Voraussetzung auf, dass eine eventuell erforderliche Ausgleichszahlung*

(a) am Ende der Laufzeit,
(b) zu Beginn der Laufzeit

erfolgt.

(a) Man berechnet zunächst die Annuität mit

$$A = (0,07 + 0,05) \cdot 260000 = 31200,$$

sodann die Laufzeit mit

$$n = \frac{\ln \frac{0,07+0,05}{0,05}}{1,07} = 12,94$$

und abschließend die Restzahlung mit

$$A_{13} = \left(260000 \cdot 1,07^{12} - 31200 \cdot \frac{1,07^{12} - 1}{0,07} \right) \cdot 1,07$$

$$= 29371,64.$$

Nach diesen Vorbereitungen ergibt sich der vollständige Tilgungsplan so wie in Tabelle 3.8 gezeigt.

Tabelle 3.8: Tilgungsplan bei Prozentannuität mit Restzahlung

Jahr	Schuldbetrag des Vorjahres	Zinsbetrag	Tilgungsrate	Annuität
1	260000,00	18200,00	13000,00	31200,00
2	247000,00	17290,00	13910,00	31200,00
3	233090,00	16316,30	14883,70	31200,00
4	218206,30	15274,44	15925,56	31200,00
5	202280,74	14159,65	17040,35	31200,00
6	185240,39	12966,83	18233,17	31200,00
7	167007,22	11690,51	19509,49	31200,00
8	147497,73	10324,84	20875,16	31200,00
9	126622,57	8863,58	22336,42	31200,00
10	104286,15	7300,03	23899,97	31200,00
11	80386,18	5627,03	25572,97	31200,00
12	54813,21	3836,92	27363,08	31200,00
13	27450,13	1921,51	27450,13	29371,64
14	0,00			

(b) Soll die Ausgleichszahlung bereits im ersten Jahr vorgenommen werden, so berechnet sich ihre Höhe aus Gleichung (3.23) mit dem Ergebnis

$$A_1 = 260000 \cdot 1,07 - 31200 \cdot \frac{1,07^{12} - 1}{0,07 \cdot 1,07^{12}} = 30388,19,$$

und der daraus folgende Tilgungsplan ist in Tabelle 3.8 zusammengestellt.

Tabelle 3.9: Tilgungsplan bei Prozentannuität mit Vorleistung

Jahr	Schuldbetrag des Vorjahres	Zinsbetrag	Tilgungsrate	Annuität
1	260000,00	18200,00	12188,19	30388,19
2	247811,81	17346,83	13853,17	31200,00
3	233958,64	16377,10	14822,90	31200,00
4	219135,74	15339,50	15860,50	31200,00
5	203275,25	14229,27	16970,73	31200,00
6	186304,51	13041,32	18158,68	31200,00
7	168145,83	11770,21	19429,79	31200,00
8	148716,04	10410,12	20789,88	31200,00
9	127926,16	8954,83	22245,17	31200,00
10	105680,99	7397,67	23802,33	31200,00
11	81878,66	5731,51	25468,49	31200,00
12	56410,17	3948,71	27251,29	31200,00
13	29158,88	2041,12	29158,88	31200,00
14	0,00			

3.3.3.2 Annuitätische Tilgung von Anleihen

Falls bei einer Anleihe annuitätische Tilgung vorgesehen ist, so ist es im Allgemeinen unmöglich, die Tilgung so vorzunehmen, dass der Plan genau eingehalten wird. Das ist damit zu erklären, dass man Anleihen in Stücke über runde Teilbeträge (üblich sind 100 €, 500 €, 1000 €, 5000 € und 10000 €) aufteilt und die rechnerischen Tilgungsraten gleichmäßig nicht ohne Rest in dieselben runden Teilbeträge zerlegt werden können.

Hat ein Unternehmen beispielsweise eine Schuldverschreibung über 10 Millionen € begeben und zu diesem Zweck 10000 Stücke im Nennwert von je 1000 € ausgefertigt, so sind nur Tilgungsraten erlaubt, die sich ohne Rest durch 1000 teilen lassen. Ein einzelnes Stück lässt sich nur „ganz oder gar nicht" zurückzahlen. Teilweise Tilgung eines ausstehenden Stückes ist ausgeschlossen.

Unter solchen Umständen bleibt nichts anderes übrig, als von der reinen Annuitätentilgung abzuweichen und die rechnerischen Tilgungsraten pragmatisch auf- oder abzurunden. Zwingende Regeln darüber, ob nun im Einzelfall auf- oder abgerundet wird, existieren nicht. Daher fehlt es auch an verbindlichen Rechenvorschriften zur Ermittlung der gerundeten Tilgungsraten. In der Lehrbuchliteratur zu diesem Thema pflegt man jedoch grundsätzlich nach unten abzurunden sowie rundungsbedingte Tilgungsrückstände unter Verrechnung von Zinseszinsen auf spätere Zeitpunkte vorzutragen. Wir schließen uns dieser Konvention an.

Unter Verwendung der Symbole

a_t := Zahl der im Zeitpunkt t zu tilgenden Stücke
A := rechnerische Annuität
A_t^* := gerundete Annuität
K_t := (Rest-)Schuldbetrag im Zeitpunkt t
R_t := Tilgungsrückstand im Zeitpunkt t
T_t := Tilgungsbetrag im Zeitpunkt t unter Berücksichtigung
           früherer Tilgungsrückstände
T_t^* := gerundeter Tilgungsbetrag
w := Nennwert eines Stückes
Z_t := Zinsbetrag im Zeitpunkt t

können die rechnerischen Zinsbeträge, Tilgungsraten und Annuitäten sowie ihre gerundeten Pendants wie folgt berechnet werden. Man beginnt mit der Ermittlung der rechnerischen Annuität

$$A = \frac{i\,q^n}{q^n - 1}\,K_0$$

und erhält die Zinsbeträge wie gewohnt aus

$$Z_t = i\,K_{t-1}\,.$$

Die Berechnung der Tilgungsraten weicht nun allerdings von dem, was wir kennen, ein wenig ab, wobei zu unterscheiden ist, ob im Vorjahr Tilgungsrückstände angefallen sind oder nicht. Liegen solche Rückstände vor, so sind sie zu verzinsen und verstärken die Tilgungsmasse. Infolgedessen ergibt sich eine vorläufige Tilgungsrate aus

$$T_t = \left\{ \begin{array}{ll} A - Z_t & \text{wenn } t = 1 \\ A - Z_t + (1 + i)R_{t-1} & \text{wenn } t > 1 \end{array} \right\}\,.$$

Da einzelne Anleihestücke nur ganz oder gar nicht getilgt werden können und oben vereinbart wurde, dass stets abgerundet werden soll, ergibt sich die Zahl der im Zeitpunkt t einzulösenden Stücke aus

$$a_t = \text{int}\left(\frac{T_t}{w}\right)$$

und die gerundete Tilgungsrate endgültig mit

$$T_t^* = w\, a_t.$$

Weicht die vorläufige Tilgungsrate von diesem Betrag ab, so muss man einen Tilgungsrückstand in Höhe von

$$R_t = T_t - T_t^*$$

auf das kommende Jahr vortragen. Die neue Restschuld erhält man endlich aus

$$K_t = K_{t-1} - T_t^*.$$

Beispiel 89 *Die Irma & Ilsebill AG in Iserlohn hat eine Schuldverschreibung von 10 Millionen € emittiert und 10000 Stücke im Nennwert von je 1000 € ausgegeben. Die Anleihe ist mit 6 % jährlich zu verzinsen und innerhalb von 7 Jahren annuitätisch zu tilgen. Man stelle einen kompletten Tilgungsplan unter Beachtung der Stückelungsverhältnisse auf.*

Die rechnerische Annuität beträgt

$$A = \frac{0,06 \cdot 1,06^7}{1,06^7 - 1} \cdot 10000000 = 1791350,18,$$

und für den Zinsbetrag am Ende des ersten Jahres erhält man

$$Z_1 = 0,06 \cdot 10000000 = 600000.$$

Für Tilgungszwecke stehen dann vorläufig

$$T_1 = 1791350,18 - 600000 = 1191350,18$$

zur Verfügung. Das bedeutet, dass

$$a_1 = \text{int}\left(\frac{1191350,18}{1000}\right) = 1191$$

Stücke eingelöst werden und die gerundete Tilgungsrate hiervon das tausendfache beträgt,

$$T_1^* = 1191 \cdot 1000 = 1191000,$$

woraus sich die neue Restschuld mit

$$K_1 = 10000000 - 1191000 = 8809000$$

und ein Tilgungsrückstand in Höhe von

$$R_1 = 1191350,18 - 1191000 = 350,18$$

ergeben. Setzt man die Berechnungen nach diesem Muster fort, so erhält man die im Tilgungsplan laut Tabelle 3.10 zusammengestellten Zahlen.

Tabelle 3.10: Tilgungsplan einer annuitätisch zu tilgenden Anleihe unter Beachtung der Stückelung ($w = 1000 \, €$)

Jahr	Schuld-betrag des Vor-jahres	Zins-betrag	Vorläufi-ge Til-gungs-rate	Anzahl der einzu-lösenden Stücke	Endgül-tige Til-gungs-rate	Rück-stand	Annuität
1	10000000	600000	1191350,18	1191	1191000	350,18	1791000
2	8809000	528540	1263181,37	1263	1263000	181,37	1791540
3	7546000	452760	1338782,43	1338	1338000	782,43	1790760
4	6208000	372480	1419699,56	1419	1419000	699,56	1791480
5	4789000	287340	1504751,71	1504	1504000	751,71	1791340
6	3285000	197100	1595047,00	1595	1595000	47,00	1792100
7	1690000	101400	1690000,00	1690	1690000	0,00	1791400
8	0						

3.4 Unterjährliche Tilgung

Um die Standardformen der Tilgungsrechnung und die wichtigsten Abweichungen davon kennen zu lernen, haben wir mit der Vereinfachung gearbeitet, dass sowohl Tilgungs- als auch Zinszahlungen jährlich erfolgen. In der Praxis herrschen jedoch Verträge vor, die den Schuldner zu unterjährlichen (halb- oder vierteljährlichen oder monatlichen) Zahlungen verpflichten. Aus diesem Grunde müssen wir uns jetzt von der vereinfachenden Annahme jährlicher Zahlungen verabschieden.

Um alle denkbaren Fälle erfassen zu können, empfiehlt es sich, ebenso wie im Rahmen der Rentenrechnung zwischen Zinsperioden einerseits und Renten– oder Tilgungsperioden andererseits zu unterscheiden. Mit dem Symbol m_r bezeichnen wir die Zahl der Tilgungsperioden je Jahr, während m_z für die Zahl der Zinsperioden je Jahr steht. Ist beispielsweise vorgesehen, dass der Schuldner monatliche Tilgungsleistungen zu erbringen hat, aber die Zinsen jährlich verrechnet werden, so haben wir $m_r = 12$ und $m_z = 1$.

Ein Gesichtspunkt, der im Zusammenhang mit unterjährlicher Tilgung die deutschen Gerichte beschäftigt hat, betrifft die so genannte *Tilgungsverrechnung*. Zwei Fälle sind denkbar:

1. Die vom Schuldner geleisteten Tilgungsbeträge mindern die zu verzinsende Restschuld vom Zeitpunkt der betreffenden Zahlung an. Diese „nahe liegende Lösung" bezeichnet man als *sofortige Tilgungsverrechnung*.

2. Die zu verzinsende Restschuld wird an einem bestimmten Stichtag um alle seit dem letzten Stichtag geleisteten Tilgungsbeträge vermindert. Wählt man beispielsweise den 31. Dezember eines Jahres als Stichtag, so werden Tilgungsleistungen des Schuldners, die am 1. Januar erbracht werden, auf die zu verzinsende Restschuld erst am 31. Dezember des laufenden Jahres und damit praktisch erst ein Jahr später angerechnet. Diese für den naiven Kreditnehmer höchst unangenehme Variante bezeichnen wir als *verzögerte Tilgungsverrechnung*.

Der Bundesgerichtshof hat Ende 1988 entschieden, dass Verträge mit verzögerter Tilgungsverrechnung unzulässig sind. Daher werden wir sie nicht erörtern.

Bei der bisherigen Darstellung von Tilgungsplänen sind wir stillschweigend immer von der Annahme ausgegangen, dass der Kreditvertrag zu Beginn eines Kalenderjahres abgeschlossen wird. Auch das entspricht in keiner Weise der Praxis, denn natürlich werden Kreditverträge quasi täglich geschlossen, und auch die Tilgungs– und Zinszahlungen des Schuldners beginnen dann gegebenenfalls mitten im Jahr. Um aber allzu viele Fallunterscheidungen zu vermeiden, werden wir trotzdem auch weiterhin unterstellen, dass der Kreditvertrag am Jahresanfang zu laufen beginnt. Die nachfolgende Darstellung sollte den Leser aber nicht vor unüberwindliche Schwierigkeiten stellen, die notwendigen Anpassungen selbst vorzunehmen, wenn das erforderlich sein sollte.

Wir werden die folgenden Symbole verwenden:

A_t := Annuität am Ende der t-ten Tilgungsperiode
K_0 := ursprüngliche Schuld
K_t := Schuldbetrag am Ende der t-ten Tilgungsperiode
i := nomineller Zinssatz p.a.
m_r := Tilgungsperioden je Jahr
m_z := Zinsperioden je Jahr
n := Laufzeit des Kredites (gemessen in Jahren)
N := Laufzeit des Kredites (gemessen in Tilgungsperioden)
T_t := Tilgungsrate am Ende der t-ten Tilgungsperiode
Z_t := Zinsbetrag am Ende der t-ten Tilgungsperiode

Die nachstehenden Darstellungen gehen davon aus, dass die Laufzeit eines Kredits stets in Tilgungsperioden (also Monaten, Quartalen oder ähnlich) gemessen wird. Dabei gilt immer die Beziehung

$$\boxed{N = n\,m_r}\ .$$

Es ist zweckmäßig, drei Fälle zu unterscheiden:

1. $m_r = m_z$: Die Anzahl der Tilgungsperioden ist ebenso groß wie die Anzahl der Zinsperioden. Dieser Fall ist am einfachsten zu behandeln, da er dem bislang erörterten Konzept mit der Spezialisierung $m_r = m_z = 1$ entspricht.

2. $m_r < m_z$: Es gibt mehr Zins- als Tilgungsperioden. Beispielsweise werden quartalsweise Zinsen verrechnet, während die Tilgungsraten in halbjährlichen Abständen zu bezahlen sind.

3. $m_r > m_z$: Die Zahl der Tilgungsperioden ist größer als die Anzahl der Zinsperioden. Beispielsweise wird monatlich getilgt, und die Zinsen werden halbjährlich verrechnet. Dieser Fall ist praktisch am bedeutungsvollsten.

3.4.1 Ratentilgung

Charakteristisches Kennzeichen der Ratentilgung sind bekanntlich Tilgungsraten in konstanter Höhe

$$T_1 = T_2 = \ldots = T_N = T.$$

Um deren Höhe zu ermitteln, braucht man nur

$$\boxed{T = \frac{K_0}{N}} \tag{3.24}$$

zu rechnen, also die ursprüngliche Schuld durch die Gesamtzahl der vorgesehenen Tilgungsperioden zu dividieren. Völlig analog sind wir auch bei jährlicher Ratentilgung vorgegangen.

3.4.1.1 Mindestens so viele Zins- wie Tilgungsperioden

Wir behandeln zunächst den Fall, dass es genauso viele Tilgungs- wie Zinsperioden gibt ($m_r = m_z$). Den Tilgungsplan aufzustellen, ist hier vollkommen unproblematisch. Im Anschluss an die Ermittlung der Tilgungsrate berechnet man den relativen Zinssatz

$$j = \frac{i}{m_z} \tag{3.25}$$

und ermittelt mit seiner Hilfe den Zinsbetrag für das Ende der Tilgungsperiode aus

$$Z_t = j\,K_{t-1},$$

die Annuität aus

$$A_t = Z_t + T$$

und die neue Restschuld aus

$$K_t = K_{t-1} - T.$$

Diese Technik verwendet man von Tilgungsperiode zu Tilgungsperiode voranschreitend, bis man das Ende der Laufzeit erreicht hat.

Beispiel 90 *Josef hat Kredit in Höhe von 7000 € zu 8 % Zins p.a. aufgenommen, den er innerhalb von einem Jahr und neun Monaten in vierteljährlichen gleich bleibenden Raten zu tilgen hat. Auch die Zinsen sind quartalsweise zu bezahlen.*

Es gilt $m_r = m_z = 4$. Die Laufzeit des Kredits beträgt somit $N = nm_r = 1,75 \cdot 4 = 7$ Quartale, und die vierteljährliche Tilgungsrate beläuft sich auf

$$T = \frac{K_0}{N} = \frac{7000}{7} = 1000.$$

Der Quartalszins beträgt

$$j = \frac{i}{m_z} = \frac{0,08}{4} = 2\%,$$

und damit lässt sich leicht der Tilgungsplan gemäß Tabelle 3.11 aufstellen. Weitergehende Erläuterungen erscheinen überflüssig.

Tabelle 3.11: Tilgungsplan bei quartalsweiser Tilgung und Verzinsung (Ratentilgung)

Jahr	Quartal	Schuldbetrag der Vorperiode	Zinsbetrag	Tilgungsrate	Annuität
1	1	7000,00	140,00	1000,00	1140,00
	2	6000,00	120,00	1000,00	1120,00
	3	5000,00	100,00	1000,00	1100,00
	4	4000,00	80,00	1000,00	1080,00
2	1	3000,00	60,00	1000,00	1060,00
	2	2000,00	40,00	1000,00	1040,00
	3	1000,00	20,00	1000,00	1020,00

Nur wenig komplizierter liegt der Fall, wenn die Zahl der Zinsperioden größer als die Zahl der Tilgungsperioden ist ($m_z > m_r$). Bis auf den unterjährlichen Zinssatz wenden wir genau die gleiche Rechentechnik an wie im vorigen Abschnitt. Nur müssen wir den für eine Tilgungsperiode geltenden Zinssatz jetzt aus

$$j = \left(1 + \frac{i}{m_z}\right)^{m_z/m_r} - 1 \tag{3.26}$$

berechnen. Sonst bleibt alles wie vorher. Ein praktisches Beispiel mag die Vorgehensweise verdeutlichen.

Beispiel 91 *Karoline hat Kredit in Höhe von 7000€ aufgenommen, den sie innerhalb von einem Jahr und neun Monaten vierteljährlich in gleich bleibenden Raten zu tilgen hat. Der Zinssatz ist mit 8 % p.a. bei monatlicher Zinsverrechnung vereinbart.*

Die Laufzeit des Kredites beträgt ebenso wie im vorigen Beispiel $N = nm_r = 1,75 \cdot 4 = 7$ Quartale, was wieder auf eine Tilgungsrate von $T = \frac{K_0}{N} = \frac{7000}{7} = 1000$ führt. Der quartalsweise anzuwendende Zinssatz beläuft sich jetzt aber auf

$$j = \left(1 + \frac{0,08}{12}\right)^{12/4} - 1 = 2,0134\,\%.$$

Damit lässt sich ein Tilgungsplan wie in Tabelle 3.12 aufstellen.

Tabelle 3.12: Tilgungsplan bei quartalsweiser Tilgung und monatlicher Verzinsung (Ratentilgung)

Jahr	Quartal	Schuldbetrag der Vorperiode	Zinsbetrag	Tilgungsrate	Annuität
1	1	7000,00	140,94	1000,00	1140,94
	2	6000,00	120,80	1000,00	1120,80
	3	5000,00	100,67	1000,00	1100,67
	4	4000,00	80,53	1000,00	1080,53
2	1	3000,00	60,40	1000,00	1060,40
	2	2000,00	40,27	1000,00	1040,27
	3	1000,00	20,13	1000,00	1020,13

3.4.1.2 Mehr Tilgungs– als Zinsperioden

Wir konzentrieren uns auf den Fall $m_r > m_z = 1$, behandeln also im Folgenden ausschließlich unterjährliche Tilgung bei jährlicher Verzinsung.

Wenn es mehr Tilgungs– als Zinsperioden gibt, so fallen die Zinszahlungen nicht mehr am Ende jeder Tilgungsperiode an, sondern nur dann, wenn entweder eine Zinsperiode beendet ist oder das Ende der Laufzeit des Kredites erreicht wird. Um die Zinszahlungen zu berechnen, welche im Zeitpunkt t fällig sind, muss man am Ende jeder Tilgungsperiode *rechnerische Zinsen* ermitteln und aufaddieren.

Die rechnerischen Zinsen am Ende der t-ten Tilgungsperiode ergeben sich aus

$$Z_t^* = \frac{i}{m_r} K_{t-1}.$$

Für die Zinszahlungen am Ende einer Tilgungsperiode gilt

$$Z_t = \left\{ \begin{array}{ll} 0 & \text{wenn } t/m_r \neq \text{int}(t/m_r) \text{ und } t < N \\ \displaystyle\sum_{\tau=n_1 m_r+1}^{N} Z_\tau^* & \text{wenn } t/m_r \neq \text{int}(t/m_r) \text{ und } t = N \\ \displaystyle\sum_{\tau=t-m_r+1}^{t} Z_\tau^* & \text{wenn } t/m_r = \text{int}(t/m_r) \end{array} \right\},$$

$$(3.27)$$

wobei n_1 für den ganzzahligen Anteil der Laufzeit (gemessen in Jahren) steht, also $n_1 = \text{int}(n)$.

Für die Annuität schreiben wir wie stets

$$A_t = Z_t + T_t,$$

und die aktuelle Restschuld ergibt sich, indem man von dem entsprechenden Betrag der Vorperiode die Tilgungsrate abzieht,

$$K_t = K_{t-1} - T_t.$$

Vor allem die Zinsberechnung sieht schwierig aus, lässt sich aber am Beispiel ziemlich leicht nachvollziehen.

Beispiel 92 *Leopold nimmt Kredit in Höhe von 7000€ für ein Jahr und neun Monate auf. Er ist verpflichtet, jährlich Zinsen in Höhe von 8 % p.a. zu zahlen und vierteljährlich in gleich bleibenden Raten zu tilgen.*

Man beginnt wieder mit der Berechnung der Laufzeit in Quartalen und kommt auf $N = 1,75 \cdot 4 = 7$ Vierteljahre. Die alle drei Monate fällige Tilgungsrate ergibt sich damit erneut zu

$$T = \frac{7000}{7} = 1000.$$

Weil am Ende des ersten Quartals keine Zinsen zu zahlen sind, entspricht das zugleich der Annuität. Die Quartalszinsen in Höhe von

$$\frac{i}{m_r} K_0 = \frac{0,08}{4} \cdot 7000 = 140$$

haben bloß rechnerischen Charakter. Das zu verzinsende Kapital wird jedoch um die Tilgungsrate des ersten Quartals vermindert. Am Ende des zweiten Quartals ist wieder eine Tilgungsrate in bekannter Höhe fällig. Die rechnerischen Zinsen belaufen sich jetzt aber nur noch auf

$$\frac{i}{m_r} K_1 = \frac{0,08}{4} \cdot 6000 = 120$$

und so weiter. Am Ende des Jahres beziehungsweise am Ende der Laufzeit addiert man die aufgelaufenen Zinsen und zahlt die Summe, vgl. Tabelle 3.13.

Tabelle 3.13: Tilgungsplan bei quartalsweiser Tilgung und monatlicher Verzinsung (Ratentilgung)

Jahr	Quartal	Schuldbetrag der Vorperiode	Zinsen rechnerisch	Zahlung	Tilgungsrate	Annuität
1	1	7000,00	140,00		1000,00	1000,00
	2	6000,00	120,00		1000,00	1000,00
	3	5000,00	100,00		1000,00	1000,00
	4	4000,00	80,00	440,00	1000,00	1440,00
2	1	3000,00	60,00		1000,00	1000,00
	2	2000,00	40,00		1000,00	1000,00
	3	1000,00	20,00	120,00	1000,00	1120,00

3.4.2 Annuitätentilgung

Im Gegensatz zur Ratentilgung ist es jetzt erforderlich, Tilgungspläne aufzustellen, bei denen die Summe aus Zins- und Tilgungsleistungen im Zeitablauf gleich bleibt,

$$A_1 = A_2 = \ldots = A_N = A.$$

Um eindeutige Formeln zur Berechnung der unterjährlichen Annuität schreiben zu können, müssen wir verschiedene Fälle unterscheiden.

3.4.2.1 Mindestens so viele Zins- wie Tilgungsperioden

Im einfachsten Fall entspricht die Zahl der Zinsperioden der Zahl der Tilgungsperioden ($m_z = m_r$). Unter dieser Bedingung ist der relative Zinssatz

$$j = \frac{i}{m_z},$$

und die unterjährliche Annuität lässt sich mit Hilfe von

$$A = \frac{j(1+j)^N}{(1+j)^N - 1} K_0 \qquad (3.28)$$

berechnen.

Der zweite denkbare Fall ist gegeben, wenn die Zahl der Zinsperioden die Zahl der Tilgungsperioden übersteigt ($m_z > m_r$). Dann errechnet man den relativen Zinssatz aus

$$j = \left(1 + \frac{i}{m_z}\right)^{m_z/m_r} - 1$$

und verwendet zur Ermittlung der Annuität wieder Gleichung (3.28). Den Zinsbetrag für die t-te Zinsperiode berechnet man mit

$$Z_t = j K_{t-1},$$

und die Tilgungsrate ergibt sich hieraus in Höhe von

$$T_t = A - Z_t.$$

Schließlich erhält man die Restschuld der kommenden Periode wie gewohnt aus

$$K_t = K_{t-1} - T_t.$$

Sukzessives Voranschreiten von der ersten bis zur letzten Tilgungsperiode liefert alle diese Beträge ohne Probleme. Ein Beispiel mag die Vorgehensweise im Einzelnen anschaulicher machen.

Beispiel 93 *Minka hat Kredit über 7000 € mit einer Laufzeit von einem Jahr und neun Monaten aufgenommen, den sie quartalsweise annuitätisch zu tilgen hat. Es sind 8 % Zins p.a. bei monatlicher Zinsverrechnung vereinbart.*

Die Laufzeit beträgt $N = 7$ Quartale, und für den relativen Zinssatz ergibt sich

$$j = \left(1 + \frac{0,08}{12}\right)^{12/4} - 1 = 2,0134\,\%.$$

Hieraus ermittelt man unter Benutzung des ursprünglichen Kreditbetrages eine Vierteljahres–Annuität in Höhe von

$$A = \frac{0,020134 \cdot 1,020134^7}{1,020134^7 - 1} \cdot 7000 = 1082,14.$$

Der Zinsbetrag des ersten Quartals beläuft sich nun auf

$$Z_1 = 0,020134 \cdot 7000 = 140,94,$$

woraus sich sofort die Tilgungsrate

$$T_1 = 1082,14 - 140,94 = 941,20$$

und die neue Restschuld mit

$$K_1 = 7000,00 - 941,20 = 6058,80$$

ergibt. Der komplette Tilgungsplan ist in Tabelle 3.14 zusammengestellt.

Tabelle 3.14: Tilgungsplan bei quartalsweiser Tilgung und monatlicher Verzinsung (Annuitätentilgung)

Jahr	Quartal	Schuldbetrag der Vorperiode	Zinsbetrag	Tilgungsrate	Annuität
1	1	7000,00	140,94	941,20	1082,14
	2	6058,80	121,99	960,15	1082,14
	3	5098,64	102,65	979,49	1082,14
	4	4119,16	82,93	999,21	1082,14
2	1	3119,95	62,82	1019,32	1082,14
	2	2100,63	42,29	1039,85	1082,14
	3	1060,78	21,36	1060,78	1082,14

3.4.2.2 Mehr Tilgungs– als Zinsperioden

Praktisch der interessanteste Fall der jetzt zu besprechenden Art liegt vor, wenn man es mit unterjährlicher Tilgung und jährlicher Verzinsung zu tun hat ($m_r > m_z = 1$).

Um die Annuität zu berechnen, muss man sich darüber im klaren
sein, dass unterhalb des vollständigen Jahres mit einfachen Zinsen zu rechnen ist, während für ganze Jahre die Zinseszinsrechnung anzuwenden ist. Das macht die Ermittlung der unterjährlichen Annuität ein wenig mühsam, insbesondere dann, wenn die
Laufzeit nicht ein ganzzahliges Vielfaches der Zinsperiode (hier:
eines Jahres) ist. Jedoch können wir ohne weiteres auf unsere
Überlegungen zur unterjährlichen Rentenrechnung mit jährlichen Zinsen zurückgreifen.[1] Die gesuchte Annuität ist ja doch
nichts anderes als eine nachschüssige unterjährliche Rente.

Definieren wir die Laufzeitkomponenten

$$n_1 = \text{int}(n) \qquad n_2 = n - n_1$$
$$N_1 = n_1\, m_r \qquad N_2 = n_2\, m_r,$$

sowie den Zinsfaktor $q = 1 + i$, so können wir die unterjährliche
Annuität stets mit Hilfe von

$$A = \frac{q^{n_1}(1 + n_2 i)}{\left(m_r + \frac{i}{2}(m_r - 1)\right)\frac{q^{n_1}-1}{i}(1 + n_2 i) + N_2 + \frac{i}{m_r}\frac{(N_2-1)N_2}{2}} K_0 \qquad (3.29)$$

berechnen.

Für die Tilgungsraten gilt, dass sie den Annuitäten entsprechen,
solange man es nicht mit dem Ende einer Zinsperiode (hier: eines Jahres) oder dem Ende der Laufzeit zu tun hat. Sonst erhält
man die Tilgungsrate, indem man die Annuität um den fälligen
Zinsbetrag kürzt, also

$$T_t = \left\{ \begin{array}{ll} A & \text{wenn } t/m_r \neq \text{int}(t/m_r) \text{ und } t < N \\ A - Z_t & \text{sonst} \end{array} \right\}.$$

Dabei kann geschehen, dass ein Zinsbetrag größer ist als die unterjährliche Annuität, so dass eine Tilgungsrate negativ wird und
die Restschuld zunächst wieder etwas wächst.

Die *rechnerischen Zinsbeträge* ermittelt man leicht aus

$$Z_t^* = \frac{i}{m_r} K_{t-1},$$

---

[1] Vgl. oben Abschnitt 2.3.3.

und für die tatsächlich zu zahlenden Zinsbeträge gilt ebenso wie im Falle der unterjährlichen Ratentilgung bei jährlicher Verzinsung

$$Z_t = \left\{ \begin{array}{ll} 0 & \text{wenn } t/m_r \neq \text{int}(t/m_r) \text{ und } t < N \\ \sum\limits_{\tau=n_1 m_r+1}^{N} Z_\tau^* & \text{wenn } t/m_r \neq \text{int}(t/m_r) \text{ und } t = N \\ \sum\limits_{\tau=t-m_r+1}^{t} Z_\tau^* & \text{wenn } t/m_r = \text{int}(t/m_r) \end{array} \right\}.$$

Selbstverständlich ermittelt man die jeweils neueste Restschuld wie gewohnt aus

$$K_t = K_{t-1} - T_t.$$

Das alles sieht recht kompliziert aus, ist aber nicht besonders schwierig, wenn man erst einmal die unterjährliche Annuität ermittelt hat. Um das zu zeigen, betrachten wir ein Beispiel.

Beispiel 94 *Nikolaus hat Kredit in Höhe von 7000€ zu 8% p.a. Zins aufgenommen, der in Quartalsabständen innerhalb von einem Jahr und neun Monaten annuitätisch zu tilgen ist.*

Wir beginnen wie gewohnt mit der Berechnung der Laufzeit des Kredits und erhalten $N = nm_r = 1{,}75 \cdot 4 = 7$ Quartale. Sodann ermitteln wir die Laufzeitkomponenten

$$\begin{array}{llll} n_1 & = & 1 & \quad n_2 = 0{,}75 \\ N_1 & = & 4 & \quad N_2 = 3. \end{array}$$

Unter Verwendung dieser Zahlen und der weiteren Ausgangsdaten des Beispiels beläuft sich die Quartalsannuität nach Gleichung (3.29) auf

$$A = \frac{1{,}08^1 \cdot (1 + 0{,}75 \cdot 0{,}08) \cdot 7000}{\left(4 + \frac{0{,}08}{2} \cdot (4-1)\right) \cdot \frac{1{,}08^1 - 1}{0{,}08} \cdot (1 + 0{,}75 \cdot 0{,}08) + \left(3 + \frac{0{,}08}{4} \cdot \frac{2 \cdot 3}{2}\right)}$$

$$= \frac{1{,}1448}{7{,}4272} \cdot 7000$$

$$= 1078{,}95.$$

Daraus lässt sich der Tilgungsplan leicht ableiten, wie Tabelle 3.15 zeigt. Während der ersten drei Quartale stimmen Annuitäten und Tilgungsraten überein. Nach Ablauf des ersten Quartals ergeben sich *rechnerische Zinsen* in Höhe von $\frac{0{,}08}{4} \cdot 7000 =$

140, 00 €, die am Ende des zweiten Quartals unter Berücksichtigung des um die Tilgungsrate reduzierten Kreditbetrages auf $\frac{0,08}{4} \cdot 5921,05 = 118,42$ € sinken. Setzt man die Rechnung entsprechend fort, so sind am Ende des Jahres Zinsen in Höhe von 430,52 € aufgelaufen, so dass für die Tilgung am Ende des ersten Jahres nur $1078,95 - 430,52 = 648,43$ € zur Verfügung stehen. Die restlichen Zeilen des Tilgungsplans bedürfen keiner weiteren Erläuterung.

Tabelle 3.15: Tilgungsplan bei quartalsweiser Tilgung und jährlicher Verzinsung (Annuitätentilgung)

Jahr	Quartal	Schuldbetrag der Vorperiode	Zinsen rechnerisch	Zinsen Zahlung	Tilgungsrate	Annuität
1	1	7000,00	140,00		1078,95	1078,95
	2	5921,05	118,42		1078,95	1078,95
	3	4842,09	96,84		1078,95	1078,95
	4	3763,14	75,26	430,52	648,43	1078,95
2	1	3114,71	62,29		1078,95	1078,95
	2	2035,76	40,72		1078,95	1078,95
	3	956,81	19,14	122,15	956,81	1078,95

Ein weiteres Beispiel möge zeigen, dass es bei dieser Form der unterjährlichen Tilgung in einzelnen Perioden tatsächlich zu negativen Tilgungsraten kommen kann.

Beispiel 95 *Ortrud hat Kredit in Höhe von 7000 € zu 8 % p.a. Zins aufgenommen, der in Monatsabständen innerhalb von einem Jahr und neun Monaten annuitätisch zu tilgen ist.*

Für die Laufzeit des Kredits erhält man jetzt $N = nm_r = 1,75 \cdot 12 = 21$ Monate. Daraus berechnen wir die Laufzeitkomponenten

$$n_1 = 1 \qquad n_2 = 0,75$$
$$N_1 = 12 \qquad N_2 = 9.$$

Die monatliche Annuität ergibt sich mit

$$A = \frac{1,08^1 \cdot (1 + 0,75 \cdot 0,08) \cdot 7000}{\left(12 + \frac{0,08}{2} \cdot (12-1)\right) \cdot \frac{1,08^1 - 1}{0,08} \cdot (1 + 0,75 \cdot 0,08) + \left(9 + \frac{0,08}{12} \cdot \frac{8 \cdot 9}{2}\right)}$$

$$= \frac{1,1448}{22,4264} \cdot 7000$$

$$= 357,33.$$

Rechnet man den Tilgungsplan mit dieser Annuität durch, so ergibt sich bei analoger Vorgehensweise das in Tabelle 3.16 gezeigte Bild. Zwar sind die Zinsen am Ende des ersten Jahres geringer als bei quartalsweiser Tilgung, was damit zu erklären ist, dass jetzt früher getilgt wird. Jedoch erweist sich der zu zahlende Zinsbetrag als so groß, dass er die monatliche Annuität übersteigt. Das führt zu einer negativen Tilgungsrate am Ende des ersten Jahres.

Tabelle 3.16: Tilgungsplan bei monatlicher Tilgung und jährlicher Verzinsung (Annuitätentilgung)

Jahr	Monat	Schuldbetrag der Vorperiode	Zinsen		Tilgungsrate	Annuität
			rechnerisch	Zahlung		
1	1	7000,00	46,67		357,33	357,33
	2	6642,67	44,28		357,33	357,33
	3	6285,34	41,90		357,33	357,33
	4	5928,01	39,52		357,33	357,33
	5	5570,68	37,14		357,33	357,33
	6	5213,36	34,76		357,33	357,33
	7	4856,03	32,37		357,33	357,33
	8	4498,70	29,99		357,33	357,33
	9	4141,37	27,61		357,33	357,33
	10	3784,04	25,23		357,33	357,33
	11	3426,71	22,84		357,33	357,33
	12	3069,38	20,46	402,78	−45,45	357,33
2	1	3114,83	20,77		357,33	357,33
	2	2757,50	18,38		357,33	357,33
	3	2400,17	16,00		357,33	357,33
	4	2042,84	13,62		357,33	357,33
	5	1685,51	11,24		357,33	357,33
	6	1328,18	8,85		357,33	357,33
	7	970,86	6,47		357,33	357,33
	8	613,53	4,09		357,33	357,33
	9	256,20	1,71	101,13	256,20	357,33

4 Kurs- und Renditerechnung

4.1 Grundbegriffe der Kurs- und Renditerechnung

Gegenstand dieses Kapitels ist die Bewertung von Ansprüchen auf künftige Zahlungen. Typischerweise handelt es sich dabei um Ansprüche, die ein Schuldner einem Kreditgeber deswegen einräumt, weil dieser ihm für einen bestimmten Zeitraum Zahlungsmittel überlässt.

Im Rahmen der Kurs- und Renditerechnung erfolgt die Bewertung künftiger Zahlungsansprüche immer unter der vereinfachenden Annahme sicherer Zukunftserwartungen. Der Gläubiger kennt Höhe und Zeitpunkt der ihm zustehenden künftigen Zahlungen genau. Es gibt keine (in der Rechnung explizit zu berücksichtigenden) Risiken bezüglich der Zahlungsfähigkeit beziehungsweise Zahlungswilligkeit des Schuldners. Es werden auch keine Verträge behandelt, die insofern riskant sind, als Höhe und/oder Zeitpunkt künftiger Zahlungen an den Eintritt irgendwelcher zufälligen Ereignisse geknüpft sind. Zusammenfassend lässt sich also sagen, dass es in der Kurs- und Renditerechnung stets um die Bewertung sicherer und unbedingter künftiger Zahlungen geht.

Kurs und Effektivrendite. Unter dem Kurs einer Schuld versteht man den Preis, den jemand bezahlen muss oder bezahlen sollte, der Ansprüche auf die künftigen Zins- und Tilgungszahlungen erwerben will. Effektivrendite nennt man dagegen jenen Zinssatz, bei dem der Barwert der Zahlungsansprüche dem Kurs der Schuld gleicht.

Betrachten wir zum besseren Verständnis dieser Definition einen Vertrag, der den Gläubiger dazu berechtigt, vom Schuldner Zahlungen in Höhe von $z_1, z_2, \ldots, z_n$ zu verlangen. Der Bequemlichkeit wegen wollen wir hier zunächst davon ausgehen, dass die erste Zahlung z_1 in einem Jahr stattfindet und dass die übrigen Zahlungen in Jahresabständen folgen. Ferner wollen wir voraussetzen, dass es einen Kapitalmarkt gibt, an dem man zum Zinssatz i sowohl Geld anlegen als auch Geld aufnehmen kann.

Existiert nun ein solcher Kapitalmarkt, so hat ein Anleger, der Ansprüche auf die Zahlungsreihe $z_1, z_2, \ldots, z_n$ erwerben will, grundsätzlich zwei Möglichkeiten. Entweder schließt er den Kreditvertrag ab und zahlt den Preis P_0, oder er legt am Kapitalmarkt einen Betrag in Höhe des Barwerts

$$PV = \sum_{t=1}^{n} z_t (1 + i)^{-t}$$

zum Zinssatz i an. Beide Alternativen versprechen die gleiche „Ernte". Wenn es sich tatsächlich der Höhe und dem Zeitpunkt nach um identische künftige Einzahlungen $z_1, z_2, \ldots, z_n$ handelt, so wird sich ein vernünftiger Kapitalanleger für diejenige Handlungsweise entscheiden, bei der er am billigsten zum Ziel kommt. Die Maxime gilt sowohl für Anleger, die neue Kreditverträge abschließen, als auch für Anleger, die in bereits bestehende Verträge eintreten, also Restansprüche auf künftige Zahlungen erwerben.

Betrachten wir jetzt für einen Moment eine Person, die sich weder als Schuldner verpflichten möchte noch die Absicht hat, Geld anzulegen und die Gläubigerposition einzunehmen. Diese Person tut nichts anderes, als Märkte zu beobachten und Gewinnmöglichkeiten zu suchen, die keinen Kapitaleinsatz erfordern. Ein solcher Marktbeobachter soll feststellen, dass der Kurs einer Schuld kleiner ist als der Rentenbarwert ($P_0 < PV$). Dann erweist es sich für ihn als vorteilhaft, Kredit in Höhe von P_0 zu gewähren (Auszahlung) und damit Ansprüche auf die Einzahlungsreihe $z_1, z_2, \ldots, z_n$ zu erwerben und gleichzeitig Kredit in Höhe von PV zum Zinssatz i aufzunehmen (Einzahlung) und damit Verpflichtungen in Form der Auszahlungsreihe $-z_1, -z_2, \ldots, -z_n$ zu übernehmen. Tabelle 4.1 zeigt, dass auf diese Weise ein Arbitragegewinn in Höhe der Differenz zwischen PV und P_0 erzielt wird. Das gleiche geschieht mit umgekehrten Vorzeichen, wenn der Kurs der Schuld größer sein sollte als der Rentenbarwert ($P_0 > PV$). In diesem Fall empfiehlt es sich, Kredit in Höhe von

Tabelle 4.1: Zahlungsplan eines Arbitrageurs, wenn der Kurs einer Schuld kleiner ist als der Barwert künftiger Zahlungsansprüche

Kreditvergabe	$-P_0$	z_1	z_2	z_3	$\ldots$	z_n
Kreditaufnahme	PV	$-z_1$	$-z_2$	$-z_3$	$\ldots$	$-z_n$
Summen	$PV - P_0$	0	0	0	$\ldots$	0

P_0 aufzunehmen (Einzahlung) und damit Verpflichtungen von $-z_1, -z_2, \ldots, -z_n$ einzugehen sowie gleichzeitig Kapital in Höhe von PV zum Zinssatz i anzulegen (Auszahlung), vgl. Tabelle 4.2.

Tabelle 4.2: Zahlungsplan eines Arbitrageurs, wenn der Kurs einer Schuld größer ist als der Barwert künftiger Zahlungsansprüche

Kreditaufnahme	P_0	$-z_1$	$-z_2$	$-z_3$	$\ldots$	$-z_n$
Geldanlage	$-PV$	z_1	z_2	z_3	$\ldots$	z_n
Summen	$P_0 - PV$	0	0	0	$\ldots$	0

Grundlegende Bewertungsgleichung. Auf gut funktionierenden Märkten ist es unmöglich, ohne Kapitaleinsatz Gewinne in beliebigem Ausmaß zu realisieren, denn Arbitrageure sorgen durch Verstärkung (Schwächung) von Angebot und Nachfrage dafür, dass auf Dauer keine nennenswerten Unterschiede zwischen den Preisen homogener Güter (hier: Preisen für identische Ansprüche auf künftige Zahlungen) bestehen bleiben können. Im Gleichgewicht gibt es keinen Anreiz zu Arbitragen und infolgedessen muss

$$P_0 \overset{!}{=} PV$$

gelten. Diese ökonomische Gesetzmäßigkeit führt uns auf die Bewertungsgleichung

$$P_0 = \sum_{t=1}^{n} z_t (1 + i)^{-t}, \qquad (4.1)$$

die als grundlegend für die Kurs- und Renditerechnung angesehen werden kann: Sind die künftigen Ansprüche $z_1, z_2, \ldots, z_n$ gegeben und kennt man auch den Kurs P_0, den man für den Erwerb der Ansprüche zu zahlen hat, so ist i die Effektivrendite. Kennt man dagegen die Ansprüche $z_1, z_2, \ldots, z_n$ und darüber hinaus den Zinssatz i, so lässt sich der Kurs P_0 rechnerisch abschätzen, den man im Falle der Veräußerung der Ansprüche erzielen kann.

Gleichung (4.1) ist für die praktische Arbeit zum Teil zu allgemein und zum Teil zu speziell. Zu allgemein ist sie insofern, weil sie keine besonderen Voraussetzungen hinsichtlich der Struktur der Zahlungsreihe $z_1, z_2, \ldots, z_n$ erfordert. Sie kann gleichermaßen beispielsweise auf Nullkuponanleihen (Zero Bonds), Kuponanleihen, Annuitätenschulden und Ratenschulden angewandt werden. Zu speziell ist sie deswegen, weil sie nicht nur unterstellt, dass zwischen den einzelnen Zahlungen Zeiträume von jeweils einem Jahr liegen, sondern weil sie auch noch verlangt, dass die früheste Zahlung (z_1) in genau einem Jahr erfolgt. Da insbesondere die letzte Voraussetzung praktisch nur selten gegeben ist, muss Gleichung (4.1) noch in geeigneter Weise verallgemeinert werden.

Verwendet man die Symbole

i := Zinssatz, Effektivrendite
n := kleinste ganze Zahl, für die $n \geq T$ gilt,
P_0 := Kurs der Schuld,
q := Zinsfaktor ($q = 1 + i$)
z_t := Zahlung des Schuldners im Zeitpunkt t,
T := Restlaufzeit des Kredits (gemessen in Jahren),

und geht man weiterhin von der Annahme aus, dass alle Zahlungen an den Gläubiger in jährlichen Abständen erfolgen, so ist n die Anzahl der Zahlungen, die der Schuldner noch leisten muss und

$$b = n - T$$

die Frist (gemessen in Jahren), die seit der letzten Zahlung beziehungsweise seit dem Tage der Emission verstrichen ist. Ferner kann man feststellen, dass die

| 1-te Zahlung | $1 - b + 0$ | Jahre |
| 2-te Zahlung | $1 - b + 1$ | Jahre |

3-te Zahlung　　$1 - b + 2$　　　　Jahre

$\vdots$

n-te Zahlung　　$1 - b + n - 1$　　Jahre

abzuzinsen ist. Daher heißt die verallgemeinerte Bewertungs-gleichung

$$P_0 = \sum_{t=1}^{n} z_t q^{b-t}$$

oder nach geringfügiger Umformung

$$P_0 = q^b \sum_{t=1}^{n} z_t q^{-t} \,. \tag{4.2}$$

In den nachfolgenden Abschnitten werden wir uns auf der Basis dieser Bewertungsgleichung zunächst mit drei Standardtypen der Schuldentilgung auseinandersetzen, und zwar mit der Zinsschuld (Kuponanleihe), der Annuitätenschuld und der Ratenschuld. Dabei werden wir uns sowohl für die Berechnung von Kursen bei gegebenem Zins als auch für die Berechnung effektiver Renditen bei gegebenem Kurs interessieren.

Bei der Beurteilung von Kreditverträgen und von festverzinslichen Wertpapieren sind Effektivrenditen (oder Effektivzinssätze) außerordentlich beliebt. Dabei sind in Deutschland vier unterschiedliche Methoden gebräuchlich, auf die wir anschließend im Einzelnen eingehen werden.

4.2　Zinsschulden (Kuponanleihen)

4.2.1　Anleihen mit Jahreskupon

Zinsschuldverhältnisse zeichnen sich dadurch aus, dass dem Gläubiger

1. am Ende eines jeden Jahres der Laufzeit Zahlungen in Höhe der nominellen Zinsen auf den Nennwert des ausgeliehenen Kapitals,

2. am Ende des letzten Jahres der Laufzeit Rückzahlung des Nennwerts (mit oder ohne Aufgeld)

zustehen.

Der bekannteste Vertreter dieser Form der Schuldentilgung ist die Kuponanleihe. Hier werden Wertpapiere ausgegeben, die die Rechte des Gläubigers verbriefen. Die eigentliche Wertpapierurkunde bezeichnet man als Mantel. Diesem wird ein Zinsscheinbogen (Kuponbogen) beigegeben, der aus einzelnen Kupons für jedes Jahr der Laufzeit besteht. Am jeweiligen Termin wird der Zinsbetrag gegen Einreichung des entsprechenden Kupons gezahlt. Die Wertpapiere lauten gewöhnlich auf bestimmte Anteile der gesamten Kreditsumme. Üblich sind Stücke im Nennbetrag von 100 €, 500 €, 1000 €, 5000 € und 10000 €.

Spezielle Bewertungsgleichung. Führt man für eine Kuponanleihe die Symbole

N := Nennwert eines Stückes,
K := jährlicher Zinsbetrag eines Stückes,
α := Aufgeldprozentsatz

ein, so lässt sich die dem Wertpapierbesitzer zustehende Einzahlungsreihe bei n noch ausstehenden Zahlungen in der Form

$$
\begin{aligned}
z_1 &= K \\
z_2 &= K \\
&\vdots \\
z_{n-1} &= K \\
z_n &= K + (1 + \alpha)\,N
\end{aligned}
$$

schreiben. Betrachten wir beispielsweise am 05.05.01 eine 8,00%-Anleihe mit Zinstermin 1. Juli, die am 01.07.05 mit 2,00% Aufgeld fällig ist. Ein Besitzer dieses Wertpapiers darf je 100 € Nennwert folgende Zahlungen erwarten:

01.07.01 $z_1 = 8 \,€$
01.07.02 $z_2 = 8 \,€$
01.07.03 $z_3 = 8 \,€$
01.07.04 $z_4 = 8 \,€$
01.07.05 $z_5 = 8 + 1,02 \cdot 100 = 110 \,€$.

Setzt man die speziellen Notationen für Kuponanleihen in die allgemeine Bewertungsgleichung (4.2) ein, so entsteht

$$P_0 = q^b \left(\sum_{t=1}^{n-1} K q^{-t} + \left(K + (1+\alpha)N \right) q^{-n} \right)$$

und nach einigen Umformungen unter Verwendung des nachschüssigen Rentenbarwertfaktors

$$\boxed{P_0 = q^b \left(K \frac{q^n - 1}{i q^n} + \frac{(1+\alpha)N}{q^n} \right)} .$$

Diese Gleichung lässt sich anschaulich interpretieren. In der Klammer sehen wir zwei Terme. Davon ist der erste nichts anderes als der Barwert einer Rente von Zinskupons; der zweite stellt den Barwert des um ein eventuelles Aufgeld vermehrten Nennwerts dar.

Kuponanleihen werden in der Regel an Wertpapierbörsen gehandelt. Je nach Angebot und Nachfrage bilden sich dort täglich die Kurse. Wer solche Papiere kaufen will, zahlt dann allerdings nicht nur den Kurs, sondern muss weitere Belastungen tragen. Der Gesamtpreis für Käufe an deutschen Börsen setzt sich gegenwärtig aus folgenden Positionen zusammen:

· Kurs des Wertpapiers,

· Stückzinsen,

· Handelsprovision (typischerweise 0,5 % vom Kurswert),

· Abwicklungskosten (typischerweise 3,00 €),

· Maklergebühr (typischerweise 0,075 % vom Nennwert).

Kauft jemand die Anleihe zwischen zwei Zinsterminen, so wird ihm der Kupon für das gesamte letzte Jahr überlassen. Infolgedessen muss er dem Verkäufer denjenigen Teil des Zinsbetrages ersetzen, der auf den bereits zurückgelegten Teil des Jahres entfällt. Diesen Betrag nennt man Stückzinsen; er wird nach dem Konzept der einfachen Zinsrechnung ermittelt.

Wer beispielsweise am 27.03.00 eine 7,25 %-Anleihe mit Zinstermin 1. Februar zum Kurs von 102,50 € je 100 € nominal erwirbt, der muss Stückzinsen für 54 Tage zahlen. Je 100 € Nennwert belaufen die Stückzinsen sich daher auf

$$7,25 \cdot \frac{54}{360} = 1,0875 \ €.$$

Insgesamt ergibt sich dadurch für den Käufer eine Belastung von

Kurswert	102,50 €
Stückzinsen	1,09 €
Handelsprovision	0,51 €
Abwicklungskosten	3,00 €
Maklergebühr	0,08 €
Preis des Käufers	107,18 €

je 100 € nominal. Aus der Sicht des Verkäufers sieht das Bild etwas anders aus, weil auch dieser Handelsprovision, Maklergebühr und Abwicklungskosten zu zahlen hat. Er erhält daher

Kurswert	102,50 €
Stückzinsen	1,09 €
Handelsprovision	- 0,51 €
Abwicklungskosten	- 3,00 €
Maklergebühr	- 0,08 €
Preis des Verkäufers	100,00 €

Effektivrendite. Um bei gegebenem Kurswert nicht unterschiedliche Effektivrenditen für Käufer und Verkäufer zu erhalten, pflegt man die Renditen umlaufender (d.h. an der Börse gehandelter) Papiere so zu berechnen, dass man als Preis die Summe aus Kurswert und Stückzinsen verwendet,

$$P_0 = \text{Kurs} + \text{Stückzinsen}.$$

Bei gegebenem Preis die Effektivrendite zu berechnen, läuft darauf hinaus, die Nullstelle der Funktion

$$f(i) = -P_0 + q^b \left(K \frac{q^n - 1}{iq^n} + \frac{(1 + \alpha)N}{q^n} \right) \tag{4.3}$$

zu bestimmen. Soll dies mit Hilfe des *Newtonschen* Verfahrens erfolgen, braucht man die erste Ableitung der Funktion nach i. Diese ergibt sich zu

$$f'(i) = q^b \left(\frac{bK}{iq} - \frac{K}{i^2} + \frac{K}{i^2 q^n} + \frac{(n-b)K}{iq^{n+1}} - \frac{(n-b)(1+\alpha)N}{q^{n+1}} \right). \quad (4.4)$$

Mit diesen Instrumenten ausgestattet, können wir die Effektivrendite einer normalen Kuponanleihe ohne weiteres berechnen.

Beispiel 96 *Alexander kauft am 1.4.00 zum Kurs von 96,35 eine 5,25 %-Anleihe mit Zinstermin 1. Dezember, die im Jahre 06 mit einem Aufgeld von 1,5 % fällig ist. Wie groß ist die Effektivrendite?*

Man beginnt mit der Ermittlung der Restlaufzeit, die hier

$$T = 9 + 12 + 12 + 12 + 12 + 12 + 11 = 80 \text{ Monate}$$
$$= 6,667 \text{ Jahre}$$

beträgt. Insgesamt stehen also noch $n = 7$ Zinszahlungen aus, und die Zeit seit der letzten Zinszahlung am 1. Dezember -01 beträgt $b = 7 - 6,667 = 0,333$ Jahre. Zuzüglich der Stückzinsen beläuft sich daher der Preis der Anleihe am 01.04.00 auf

$$P_0 = 96,35 + 0,333 \cdot 5,25 = 98,10 \,.$$

Beginnt man das Iterationsverfahren mit einem Startwert in Höhe des Nominalzinses, so ist man, wie Tabelle 4.3 zeigt, nach zwei *Newtonschritten* am Ziel. Die Effektivrendite beträgt 6,12 %.

Tabelle 4.3: Iterative Berechnung der Effektivrendite einer Kuponanleihe mit Hilfe des *Newton*-Verfahrens

k	i_k	$f(i_k)$ gem. Gl. (4.3)	$f'(i_k)$ gem. Gl. (4.4)
0	0,05250	4,69	$-557,84$
1	0,06090	0,13	$-526,42$
2	0,06115	0,00	

Ist der Marktzins gegeben, so kann man mit Hilfe von Gleichung (4.2) rasch den Preis einer Kuponanleihe berechnen. Dies zeigt das folgende Beispiel.

Beispiel 97 *Bettina hat am 1. Mai des Jahres 00 die Möglichkeit, eine 7,375%-Anleihe mit Zinstermin 1. Oktober zu kaufen, die im Jahre 04 ohne Aufgeld fällig ist. Welchen Preis sollte sie für ein Stück im Nennwert von 1000€ bezahlen, wenn der Marktzins für Anleihen mit dieser Restlaufzeit gegenwärtig mit 6,2% veranschlagt wird? Wie hoch sind die Stückzinsen, und zu welchem Kurs wird diese Anleihe an der Börse in etwa gehandelt?*

Wieder beginnt man damit, zunächst die Restlaufzeit zu berechnen. Diese beläuft sich hier auf

$$T = 5 + 12 + 12 + 12 + 12 = 53 \text{ Monate} = 4,417 \text{ Jahre.}$$

Die Zahl der noch ausstehenden Zinstermine ist daher $n = 5$, und seit der letzten Kuponzahlung sind $b = 5 - 4,417 = 0,583$ Jahre verstrichen. Der Preis der Anleihe ergibt sich mit diesen Daten zu

$$P_0 = 1,062^{0,583} \cdot \left(73,75 \cdot \frac{1,062^5 - 1}{0,062 \cdot 1,062^5} + \frac{1000}{1,062^5} \right)$$
$$= 1086,70.$$

Die Stückzinsen belaufen sich auf $0,5833 \cdot 73,75 = 43,02$ €. Zieht man diese von dem eben ermittelten Preis ab, so erhält man einen Kurswert von 1043,68 €. Die Börsenkurse sind stets auf Stücke im Nennwert von 100 € normiert. Die Anleihe würde daher etwa zu $104,37$ notieren.

4.2.2   Anleihen mit Halbjahreskupon

Häufig werden Anleihen begeben, die mehr als einen Zinstermin je Jahr haben. So erhält beispielsweise der Inhaber einer 8,5%-Obligation mit Zinstermin Februar/August am 1. Februar 4,25 € und am 1. August 4,25 € Zinsen je 100 € Nennwert. Es ist auch denkbar, mit Drittel- oder Vierteljahreskupons zu arbeiten. Wir wollen uns allgemein mit der Bewertung von Anleihen beschäftigen, die pro Jahr $m \geq 2$ Zinstermine besitzen. Um eine zu (4.2) analoge Bewertungsgleichung zu entwickeln, müssen wir uns Klarheit darüber verschaffen, wann die Teil-Kuponzahlungen im Einzelnen fällig sind. Zu diesem Zweck legen wir willkürlich fest, dass seit der letzten Kuponzahlung beziehungsweise dem Emissionstag eine Frist von

$$b = n - mT \text{ Subperioden} \quad \text{oder} \quad \frac{b}{m} = \frac{n - mT}{m} \text{ Jahren}$$

vergangen ist. Mit dieser Konvention ist die

1-te Teilzahlung	$\frac{1-b+0}{m}$	Jahre
2-te Teilzahlung	$\frac{1-b+1}{m}$	Jahre
3-te Teilzahlung	$\frac{1-b+2}{m}$	Jahre
$\vdots$		
n-te Teilzahlung	$\frac{1-b+n-1}{m}$	Jahre

abzuzinsen. Aus diesem Grunde lautet die Bewertungsgleichung zunächst

$$P_0 = \sum_{t=1}^{n} \frac{K}{m} (1 + i)^{\frac{b-t}{m}} + (1 + \alpha)N(1 + i)^{\frac{b-n}{m}}.$$

Um Schreibarbeit zu sparen, führen wir den unterjährlichen Zinssatz j mit

$$j = (1 + i)^{\frac{1}{m}} - 1$$

ein. Dies erlaubt uns die bequeme Darstellung

$$P_0 = \sum_{t=1}^{n} \frac{K}{m} (1 + j)^{b-t} + (1 + \alpha)N(1 + j)^{b-n},$$

was sich durch Ausklammern von $(1 + j)^b$ und unter Benutzung des Rentenbarwertfaktors schließlich zu

$$\boxed{P_0 = (1 + j)^b \left(\frac{K}{m} \frac{(1 + j)^n - 1}{j (1 + j)^n} + \frac{(1 + \alpha)N}{(1 + j)^n} \right)}$$

vereinfachen lässt.

Beispiel 98 *Carsten kann am 01.01.00 eine 6,5%-Anleihe mit Halbjahreskupon 1. Mai/1. November kaufen, die am 01.11.03 ohne Aufgeld fällig ist. Der Marktzinssatz für Kapitalanlagen mit etwa vierjähriger Laufzeit wird mit 5,25% veranschlagt. Welchen Preis hat die Anleihe je 100 € nominal?*

Die Restlaufzeit beträgt

$$T = 12 + 12 + 12 + 10 = 46 \text{ Monate} = 3,833 \text{ Jahre}.$$

Die Anzahl der noch ausstehenden Zinszahlungen entspricht bei halbjährlichem Kupon der kleinsten ganzen Zahl, für die gilt

$$n \geq 2 \cdot 3,833 = 7,667, \qquad\qquad \text{also}$$
$$n = 8,$$

und die seit der letzten Zinszahlung beziehungsweise dem Emissionstag vergangene Zeit beläuft sich auf

$$b = 8 - 7,667 = 0,333 \text{ Halbjahre}.$$

Bei einem Jahreszinssatz von $i = 5,25\,\%$ ist mit einem unterjährlichen Satz von

$$j = 1,0525^{1/2} - 1 = 2,59\,\%$$

zu rechnen. Infolgedessen beläuft sich der Preis der Anleihe je $100\,\text{€}$ nominal auf

$$P_0 = 1,0259^{0,333} \cdot \left(3,25 \cdot \frac{1,0259^8 - 1}{0,0259 \cdot 1,0259^8} + \frac{100}{1,0259^8} \right)$$
$$= 105,60.$$

Wenn man die Effektivrendite einer Anleihe mit mehreren Zinsterminen je Jahr zu ermitteln wünscht, so kommt es darauf an, die Nullstelle der Funktion

$$f(j) = -P_0 + (1+j)^b \left(\frac{K}{m} \frac{(1+j)^n - 1}{j(1+j)^n} + \frac{(1+\alpha)N}{(1+j)^n} \right) \quad (4.5)$$

zu berechnen. Diese Funktion hat analog zu (4.4) die erste Ableitung

$$f'(j) = (1+j)^b \left(\frac{bK}{m\,j(1+j)} - \frac{K}{m\,j^2} + \frac{K}{m\,j^2(1+j)^n} \right.$$
$$\left. + \frac{(n-b)K}{m\,j(1+j)^{n+1}} - \frac{(n-b)(1+\alpha)N}{(1+j)^{n+1}} \right). \quad (4.6)$$

Hat man den unterjährlichen Zinssatz j, der die Funktion (4.5) null werden lässt, mit genügender Genauigkeit bestimmt, so ist er mit Hilfe von

$$i = (1+j)^m - 1$$

in die effektive Jahresrendite umzurechnen.

Beispiel 99 *Dorothea kauft am 01.01.00 eine 6,5%-Anleihe mit Halbjahreskupon 1. Mai/1. November, die am 01.11.03 ohne Agio fällig ist, und bezahlt dafür einen Preis in Höhe von 103,50 €. Wie hoch ist unter diesen Umständen die Effektivrendite?*

Ebenso wie im vorangegangenen Beispiel 98 lauten die relevanten Parameter: $m = 2$, $K = 6,5$, $\alpha = 0$, $N = 100$, $n = 8$ und $b = 0,333$. Beläuft sich der Preis auf $P_0 = 103,50$ und verwendet man im Rahmen des *Newton*-Verfahrens als ersten (unterjährlichen) Versuchszinssatz die Hälfte des Nominalzinssatzes, so erhält man nach zwei Iterationen die Lösung $j = 0,02893$ (vgl. Tabelle 4.4).

Tabelle 4.4: Iterative Berechnung der Effektivrendite einer Anleihe mit Halbjahreskupon mit Hilfe des *Newton*-Verfahrens

k	j_k	$f(j_k)$ gem. Gl. (4.5)	$f'(j_k)$ gem. Gl. (4.6)
0	0,03250	-2,43	-669,44
1	0,02887	0,04	-689,42
2	0,02893	0,00	

Dies entspricht einer effektiven Jahresrendite von

$$1,02893^2 - 1 = 5,87\%.$$

4.3 Annuitätenschulden

Spezielle Bewertungsgleichung. Annuitätenschuldverhältnisse sind dadurch gekennzeichnet, dass dem Gläubiger am Ende eines jeden Jahres der Laufzeit Zahlungen in gleich bleibender Höhe zustehen. Benutzt man die Symbole

A := Annuität
d := Gesamtlaufzeit der Schuld
i^* := Nominalzinssatz der Schuld
N := Nennwert der Schuld

so ergibt sich die jährlich vom Schuldner zu leistende Zahlung
aus

$$A = \frac{i^* (1 + i^*)^d}{(1 + i^*)^d - 1} N.$$

Setzt man das in die allgemeine Bewertungsgleichung (4.2) ein,
so berechnet man den Kurs einer Annuitätenschuld bei bekann-
tem Marktzinssatz i aus

$$P_0 = q^b \sum_{t=1}^{n} A q^{-t}$$

oder bei Verwendung des Rentenbarwertfaktors

$$\boxed{P_0 = q^b A \frac{q^n - 1}{i q^n}}.$$

Beispiel 100 *Edgar hat am 01.01.00 Kredit in Höhe von
100000 € gewährt, der mit 7 % zu verzinsen und innerhalb von
7 Jahren annuitätisch zu tilgen ist. Er will seine Ansprüche an
den Schuldner am 01.04.03 verkaufen, weil er selbst Liquiditäts-
probleme hat. Welchen Preis kann er für die ihm noch zustehenden Zahlungen verlangen, wenn der Marktzinssatz inzwischen
auf 9 % gestiegen ist?*

Man beginnt mit der Berechnung der dem Gläubiger zustehenden Annuitäten,

$$A = \frac{0,07 \cdot 1,07^7}{1,07^7 - 1} \cdot 100000 = 18555,32.$$

Sodann ermittelt man die Restlaufzeit

$$T = 9 + 12 + 12 + 12 = 45 \text{ Monate} = 3,75 \text{ Jahre}.$$

Danach beträgt die Anzahl der noch ausstehenden Annuitäten

$$n = 4,$$

und seit der letzten Zahlung sind

$$b = 4 - 3,75 = 0,25 \text{ Jahre}$$

vergangen. Infolgedessen liegt der Preis für die restlichen Ansprüche bei

$$P_0 = 1,09^{0,25} \cdot 18555,32 \cdot \frac{1,09^4 - 1}{0,09 \cdot 1,09^4} = 61423,22.$$

Effektivrendite. Soll die Effektivrendite einer Annuitätenschuld bei gegebenem Preis berechnet werden, so muss die Nullstelle der Funktion

$$f(i) = -P_0 + q^b A \frac{q^n - 1}{i q^n} \tag{4.7}$$

gefunden werden. Wer sich dabei des *Newtonschen* Verfahrens bedienen will, braucht die erste Ableitung der Funktion nach i

$$f'(i) = q^b \left(\frac{b A}{i q} - \frac{A}{i^2} + \frac{A}{i^2 q^n} + \frac{(n - b)A}{i q^{n+1}} \right). \tag{4.8}$$

Beispiel 101 *Friederike erwirbt am 01.04.03 die Ansprüche eines Gläubigers, der am 01.01.00 Kredit über 100000 € gewährt hatte, zum Preise von 60000 €. Mit dem Schuldner war eine Gesamtlaufzeit von 7 Jahren, ein Nominalzins von 8 % und annuitätische Tilgung verabredet worden. Wie hoch ist die Effektivrendite?*

Die Annuität beträgt

$$A = \frac{0,08 \cdot 1,08^7}{1,08^7 - 1} \cdot 100000 = 19207,24.$$

Bezüglich der Restlaufzeit, der Zahl der noch ausstehenden Annuitäten und der seit der letzten Zahlung vergangenen Frist ergeben sich die gleichen Werte wie im vorangegangenen Beispiel, $T = 3,75$, $n = 4$ und $b = 0,25$. Verwendet man diese Parameter und benutzt man den Nominalzins im Rahmen des *Newton*-Verfahrens als erste Abschätzung der Effektivrendite, so erhält man nach drei Iterationen eine Lösung von $i = 12,01\,\%$ (vgl. Tabelle 4.5).

Tabelle 4.5: Iterative Berechnung der Effektivrendite einer Annuitätenschuld

k	i_k	$f(i_k)$ gem. Gl. (4.7)	$f'(i_k)$ gem. Gl. (4.8)
0	0,08000	4852,67	−129342,63
1	0,11752	297,24	−113934,11
2	0,12013	1,28	−112956,33
3	0,12014	0,00	

4.4 Ratenschulden

Spezielle Bewertungsgleichung. Im Falle einer Ratenschuld wird zwischen Gläubiger und Schuldner vereinbart, dass die ursprüngliche Schuld in gleich bleibenden Raten zu tilgen ist. Weil auf diese Weise die Restschuldbeträge von Jahr zu Jahr linear abnehmen, verringern sich auch die Zinsbeträge entsprechend. Benutzt man als spezielle Symbole

A_τ := Annuität am Ende des τ-ten Jahres der Gesamtlaufzeit
i^* := Nominalzins der Ratenschuld
d := Gesamtlaufzeit der Ratenschuld
N := ursprünglicher Nennbetrag der Ratenschuld,

so wissen wir aus der Tilgungsrechnung, dass der Gläubiger am Ende des τ-ten Jahres der Gesamtlaufzeit Anspruch auf Zahlungen in Höhe von

$$A_\tau = \left(i^* \left(1 - \frac{\tau - 1}{d} \right) + \frac{1}{d} \right) N$$

besitzt.[1] Um eine Bewertungsgleichung für Ratenschulden zu erhalten, müssen wir aber wissen, welche Zahlungen am Ende des t-ten Jahres der Restlaufzeit anfallen. Misst T wieder die Restlaufzeit in Jahren und repräsentiert b die seit der letzten Zahlung vergangene Frist, dann erfolgt die

1-te Teilzahlung von $\left(i^* \frac{n+1-1}{d} + \frac{1}{d} \right) N$ nach $(1 - b + 0)$ Jahren

2-te Teilzahlung von $\left(i^* \frac{n+1-2}{d} + \frac{1}{d} \right) N$ nach $(1 - b + 1)$ Jahren

3-te Teilzahlung von $\left(i^* \frac{n+1-3}{d} + \frac{1}{d} \right) N$ nach $(1 - b + 2)$ Jahren

$\vdots$

n-te Teilzahlung von $\left(i^* \frac{n+1-n}{d} + \frac{1}{d} \right) N$ nach $(1 - b + n - 1)$ Jahren .

Setzt man das in die grundlegende Bewertungsgleichung (4.2) ein, so entsteht zunächst

$$P_0 = q^b \left(\sum_{t=1}^{n} \left(i^* \frac{n+1-t}{d} + \frac{1}{d} \right) N q^{-t} \right) , \qquad (4.9)$$

---

[1]Vgl. Gleichung (3.10) auf Seite 148.

was sich ohne Verwendung des Summenzeichens in der bequemeren Form

$$P_0 = \frac{N}{d}\, \frac{q^{b-n}}{i}\left(i^* n\, q^n + (q^n - 1)\left(1 - \frac{i^*}{i}\right)\right) \qquad (4.10)$$

darstellen lässt. Die Überführung der vorletzten Gleichung in diese Darstellungsform ist mit einigem Aufwand verbunden. Zunächst bringen wir (4.9) in die Form

$$P_0 = \frac{N}{d}\, q^b \left(i^* \underbrace{\sum_{t=1}^{n}(n + 1 - t)q^{-t}}_{:=x_1} + \underbrace{\sum_{t=1}^{n} q^{-t}}_{:=x_2} \right). \qquad (4.11)$$

Anschließend konzentrieren wir uns auf den Term x_1. Multiplizieren wir diesen Term mit q^n, so können wir

$$\begin{aligned} q^n x_1 &= \sum_{t=1}^{n}(n + 1 - t)\, q^{n-t} \\ &= q^0 + 2\, q^1 + 3\, q^2 + \ldots + n\, q^{n-1} \end{aligned} \qquad (4.12)$$

schreiben. Multiplikation mit q ergibt

$$q^{n+1} x_1 = q^1 + 2\, q^2 + 3\, q^3 + \ldots n\, q^n\,.$$

Hiervon ziehen wir Gleichung (4.12) ab, um

$$i\, q^n x_1 = n\, q^n - \left(1 + q^1 + q^2 + \ldots + q^{n-1}\right)$$

zu bekommen. Von Seite 50 wissen wir, dass das mit

$$i\, q^n x_1 = n\, q^n - \frac{q^n - 1}{i}$$

identisch ist, woraus sich mit elementarer Umformung

$$x_1 = \frac{1}{i}\left(n - \frac{q^n - 1}{i\, q^n}\right)$$

ableiten lässt. Der Term x_2 in Gleichung (4.11) bereitet weniger Mühe. Es handelt sich um eine einfache Summe von Abzinsungsfaktoren, von der wir wissen, dass

$$x_2 = \sum_{t=1}^{n} q^{-t} = \frac{q^n - 1}{i\, q^n}$$

gilt. Setzen wir die Resultate für die Hilfsgrößen x_1 und x_2 in Gleichung (4.11) ein, so lässt sich daraus mit wenigen Umformungen (4.10) gewinnen.

Beispiel 102 *Georg hat am 01.01.00 Kredit in Höhe von 200000 € zu 7,5 % Zins aufgenommen und mit dem Gläubiger Ratentilgung über 6 Jahre vereinbart. Am 01.08.02 will er sich von seinen restlichen Zahlungsverpflichtungen befreien, indem er an seinen Gläubiger eine einmalige Zahlung leistet. Wie hoch muss diese Zahlung sein, wenn der Marktzins mittlerweile auf 5 % gefallen ist?*

Die Restlaufzeit beträgt

$$T = 5 + 12 + 12 + 12 = 41 \text{ Monate} = 3,417 \text{ Jahre.}$$

Das bedeutet, dass insgesamt noch $n = 4$ Raten offen sind und seit der letzten Rate $b = 4 - 3,417 = 0,583$ Jahre verstrichen sind. Der Preis für alle noch offenen Ansprüche beträgt mit diesen Daten

$$P_0 = \frac{20000}{6} \cdot \frac{1,05^{0.583-4}}{0,05}$$
$$\cdot \left(0,075 \cdot 4 \cdot 1,05^4 + \left(1,05^4 - 1 \right) \left(1 - \frac{0,075}{0,05} \right) \right)$$
$$= 144968,61.$$

Effektivrendite. Wer die Effektivrendite einer Ratenschuld mit Hilfe des *Newton*-Verfahrens berechnen will, der muss die Nullstelle der Funktion

$$f(i) = -P_0 + \frac{N}{d} \frac{q^{b-n}}{i} \left(i^* \, n \, q^n + (q^n - 1) \left(1 - \frac{i^*}{i} \right) \right) \quad (4.13)$$

bestimmen und diese Funktion einmal nach i differenzieren. Um sich die Mühe des im vorliegenden Falle etwas langwierigen Differenzierens zu sparen, kann man auch mit dem vereinfachten *Newton*-Verfahren arbeiten.[2]

---

[2]Vgl. dazu Seite 292.

Beispiel 103 *Hanna hat am 01.07.01 zum Preis von 380000 €*
die Ansprüche aus einer Ratenschuld gekauft, die am 01.01.00
durch Gewährung eines Kredits in Höhe von 400000 € entstanden
war. Zwischen den Vertragsparteien war ein Zinssatz von 8,25 %
auf eine Laufzeit von 10 Jahren vereinbart worden. Wie hoch ist
die Effektivrendite?

Die Restlaufzeit beträgt $T = 8, 5$ Jahre. Infolgedessen erhält der
Erwerber der Forderungen noch $n = 9$ Zahlungen, und die Zeit
seit der letzten Zahlung liegt $b = 0, 5$ Jahre zurück. Verwendet man im Rahmen des vereinfachten *Newton*-Verfahrens den
Nominalzinssatz als erste Abschätzung der gesuchten Effektivrendite, so ist man bei $\Delta i = 0, 00001$ nach drei Iterationen am
Ziel und erhält $i = 7, 82 \%$ (vgl. Tabelle 4.6).

Tabelle 4.6: Iterative Berechnung der Effektivrendite einer Ratenschuld mit Hilfe des vereinfachten *Newton*-Verfahrens

k	i_k	$f(i_k)$ gem. Gl. (4.13)	$\frac{f(i_k+\Delta i)-f(i_k)}{\Delta i}$ mit $f(\cdot)$ gem. Gl. (4.13)
0	0,08250	-5444,26	-1247943
1	0,07814	71,55	-1280180
2	0,07819	-0,01	-1279760
3	0,07819	0,00	

4.5 Berechnung von Effektivzinssätzen

Wir konzentrieren unsere Aufmerksamkeit auf die in der Bun-
desrepublik üblichen Verfahren. Das sind die „internationale"
Methode gemäß Rule 803 der Association of International Bond
Dealers (AIBD)[3] sowie die beiden „deutschen" Verfahren von
Moosmüller und *Braeß-Fangmeyer*. Letztere wird ganz überwie-
gend von den Sparkassen benutzt. Die weitaus meisten Kreditinstitute arbeiten mit der Methode *Moosmüller*. Darüber hinaus

---

[3] Der Verband firmiert heute unter dem Namen International Securities Mar-
ket Association (ISMA).

wird die in Deutschland vorgeschriebene Methode zur Berechnung von Effektivzinssätzen nach der Preisangabenverordnung (PAngV) berücksichtigt. Diese ist allerdings ausschließlich im Kreditgeschäft von Bedeutung.

Um die Verfahren in allgemeiner Form darstellen zu können, empfiehlt sich eine zum Teil etwas andere Symbolik als diejenige, welche wir bisher benutzt haben.

Festverzinsliche Kapitalanlagen beziehungsweise Kredite lassen sich aus der Sicht des Kapitalgebers grundsätzlich folgendermaßen beschreiben: Im Zeitpunkt $d_0 = 0$ zahlt der Kapitalanleger einen Preis P_0 und erwirbt dafür Zahlungsansprüche in Höhe von $z_1, z_2, \ldots, z_n$, die in den Zeitpunkten $d_1, d_2, \ldots, d_n$ fällig sind. Die Differenz $d_t - d_0$ gibt die in Jahren gemessene Zeitspanne an, welche zwischen dem Zeitpunkt der Kapitalhingabe und demjenigen Zeitpunkt liegt, an dem der Schuldner die Zahlung z_t leistet. Weiter wird vorausgesetzt, dass die Zahlungen des Schuldners zeitlich in der Weise geordnet sind, dass $d_0 < d_1 < \ldots < d_n$ ist. Alle Zahlungen sind positiv. Darüber hinausgehende Annahmen bezüglich der Zahlungsstruktur werden nicht getroffen.

Unter Effektivverzinsung versteht man nun jenen Zinssatz, bei dem der Barwert der künftigen Zahlungen $z_1, z_2, \ldots, z_n$ ebenso groß ist wie der im Zeitpunkt d_0 bezahlte Preis P_0. Schreibt man für den Barwert das Symbol PV und für den Effektivzins das Symbol i, so gilt stets

$$PV(i) = P_0 \quad . \tag{4.22}$$

Die Methoden der Effektivzinsberechnung unterscheiden sich nun einzig und allein dadurch voneinander, dass sie mit unterschiedlichen Barwertfunktionen $PV(i)$ arbeiten.

4.5.1 Methode PAngV 1985

Die Preisangabenverordnung (PAngV) vom 14. März 1985 ist am 1. September 2000 außer Kraft getreten. Sie musste auf Grund der Richtlinie 98/7/EG des Europäischen Parlaments und des Rates vom 16. Februar 1998 zur Angleichung der Rechts- und Verwaltungsvorschriften der Mitgliedstaaten über den Verbraucherkredit geändert werden. Finanzmathematisch bleibt die PangV

1985 aber nach wie vor interessant, weswegen wir sie nicht übergehen wollen. Rechnet man den Effektivzins nach den (nicht mehr aktuellen) Vorschriften der PAngV 1985, so lautet die Barwertdefinition

$$PV(i) = \frac{\sum_{t=1}^{n} z_t (1 + d_{1t} i)(1 + i)^{d_{2t}} (1 + d_{3t} i)}{(1 + i)^{n_1} (1 + n_2 i)} \qquad (4.23)$$

$$
\begin{aligned}
\text{mit} \quad n_1 &= \text{int}(d_n) \\
n_2 &= d_n - n_1 \\
d_{1t} &= d_n - d_t - d_{2t} - d_{3t} \\
d_{2t} &= \max(0, \text{int}(n_1 - d_t)) \\
d_{3t} &= \left\{ \begin{array}{ll} n_2 & \text{wenn } n_1 > \text{int}(d_t) \\ d_n - d_t & \text{wenn } n_1 = \text{int}(d_t) \end{array} \right\}.
\end{aligned}
$$

int($\cdot$) bezeichnet hier die Integer- oder Ganzzahligkeitsfunktion.

Um Gleichung (4.23) ökonomisch nachvollziehen zu können, betrachte man zunächst den Zähler und anschließend den Nenner des rechten Terms. Der Zähler repräsentiert den auf das Laufzeitende bezogenen Wert aller Zahlungen des Schuldners; mit Hilfe des Nenners erfolgt eine Abzinsung dieses Endwertes auf den Kreditvergabezeitpunkt. Betrachtet man die Elemente der Gleichung (4.23) genauer, so erkennt man, dass die effektiven Zinsen teilweise nach den Regeln der einfachen und teilweise nach den Regeln der Zinseszinsrechnung verrechnet werden. Dabei wendet man im Einzelnen folgende Vorgehensweise an:

1. Häufig hat man es mit Laufzeiten zu tun, die nicht ganzzahlig sind, wenn man sie in Jahren misst. In solchen Fällen zerlegt man die Laufzeit in zwei Komponenten, und zwar den ganzzahligen Anteil n_1 und den Laufzeitrest n_2. Charakteristisches Merkmal der Effektivzinsberechnung nach PAngV 1985 ist die Regel, dass der ganzzahlige Anteil zuerst berücksichtigt wird und der Laufzeitrest stets ans Ende der Gesamtlaufzeit gesetzt wird, vgl. Abbildung 4.1.

2. Es wird zwischen zwei Typen von Zeitpunkten unterschieden, den *Zahlungs-Zeitpunkten* auf der einen Seite und den *Zinsbelastungs-Zeitpunkten* auf der anderen Seite. Ist die Gesamtlaufzeit länger als ein Jahr, so ist der erste

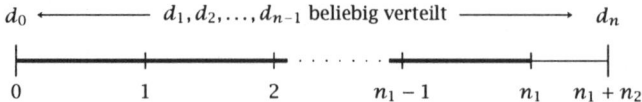

Abbildung 4.1: Anordnung der Zahlungs- und Zinsbelastungs-Zeitpunkte gemäß PAngV 1985

(zweite usw.) Zinsbelastungs-Zeitpunkt vom Kreditvergabezeitpunkt ein (zwei usw.) Jahr(e) entfernt. Der letzte Zinsbelastungs-Zeitpunkt liegt am Ende der Gesamtlaufzeit. Falls die Laufzeit insgesamt kürzer als ein Jahr ist, ist das zugleich der einzige Zinsbelastungs-Zeitpunkt.

3. Zahlungen des Schuldners werden

   (a) mit einfachen Zinsen bis zum nächsten Zinsbelastungs-Zeitpunkt,

   (b) mit Zinseszinsen von diesem Zeitpunkt bis zum Ende des ganzzahligen Anteils der Gesamtlaufzeit

   (c) und von dort mit einfachen Zinsen bis zum Ende der Gesamtlaufzeit aufgezinst.

4. Der auf diese Weise gewonnene Endwert wird um n_1 Perioden exponentiell und um n_2 Perioden linear abgezinst.

Ein Beispiel soll die Funktionsweise von Gleichung (4.23) veranschaulichen und zugleich deren Leistungsfähigkeit demonstrieren. Zu diesem Zweck betrachten wir einen Kreditvertrag mit etwas ungewöhnlicher Tilgungsstruktur.

Beispiel 104 *Ignaz vergibt am 01.04.00 einen Kredit über $P_0 = 5000$ € und vereinbart, dass der Schuldner als Gegenleistung die in Tabelle 4.7 angegebenen Leistungen zu erbringen hat. Zunächst sind die Zahlungen im Halbjahresabstand, anschließend quartalsweise und schließlich monatlich fällig. Die Höhe der Zahlungen beläuft sich im halbjährlichen Bereich auf 600 €, im vierteljährlichen Bereich auf 350 € und sinkt schließlich bei monatlicher Zahlweise auf 250 €.*

Tabelle 4.7: Zahlungsverpflichtungen eines Schuldners (Beispiel 104)

t	Datum	z_t	d_t
1	01.10.00	600,00	0,500
2	01.04.01	600,00	1,000
3	01.10.01	600,00	1,500
4	01.04.02	600,00	2,000
5	01.10.02	600,00	2,500
6	01.01.03	350,00	2,750
7	01.04.03	350,00	3,000
8	01.07.03	350,00	3,250
9	01.10.03	350,00	3,500
10	01.01.04	350,00	3,750
11	01.04.04	350,00	4,000
12	01.07.04	350,00	4,250
13	01.08.04	250,00	4,333
14	01.09.04	250,00	4,417
15	01.10.04	250,00	4,500
16	01.11.04	250,00	4,583
17	01.12.04	250,00	4,667

Mit Gleichung (4.23) berechnet man für dieses Beispiel einen Effektivzins in Höhe von $i = 0,11508$, den wir in Form der in Tabelle 4.8 dargestellten Rechnung verifizieren können. Verfolgen wir exemplarisch die Zahlung in Höhe von 600 €, welche der Schuldner am 01.10.01 zu leisten hat. Diese wird zunächst mit einfachen Zinsen auf den 01.04.02 aufgezinst. Das ergibt für ein halbes Jahr $600 \cdot (1 + 0,5 \cdot 0,11508) = 634,52$ €. Dieser Betrag wird mit Zinseszinsen für zwei Jahre auf den 01.4.04 aufgezinst, was uns auf $634,52 \cdot (1 + 0,11508)^2 = 788,97$ € bringt. Hierauf kommen noch einmal einfache Zinsen für 8 Monate oder 0,667 Jahre. Das ergibt schließlich $798,97 \cdot (1 + 0,667 \cdot 0,11508) = 849,50$ €.

Auf das gleiche Resultat bringt uns Gleichung (4.23). Die Zahlung vom 01.10.01 erfolgt $d_3 = 1,500$ Jahre nach Kreditaufnahme. Die Gesamtlaufzeit des Kredits beträgt 4,667 Jahre, was man in den glatten Anteil $n_1 = 4$ und den Laufzeitrest $n_2 = 0,667$ zerlegt. Die drei Parameter d_{1t}, d_{2t} und d_{3t} ergeben sich damit zu $d_{13} = 0,5$, $d_{23} = 2$ und $d_{33} = 0,667$. Also erhält man $600 \cdot (1 +$

Tabelle 4.8: Überprüfung eines Effektivzinssatzes ($i = 0,11508$) im Rahmen der Methode PAngV 1985

Datum	Zahlung z_t	Wert der Zahlung am					
		01.04.00	01.04.01	01.04.02	01.04.03	01.04.04	01.12.04
01.10.00	600,00		634,52			879,76	947,26
01.04.01	600,00		600,00			831,90	895,72
01.10.01	600,00			634,52		788,97	849,50
01.04.02	600,00			600,00		746,04	803,28
01.10.02	600,00				634,52	707,55	761,83
01.01.03	350,00				360,07	401,51	432,31
01.04.03	350,00				350,00	390,28	420,22
01.07.03	350,00					380,21	409,38
01.10.03	350,00					370,14	398,54
01.01.04	350,00					360,07	387,69
01.04.04	350,00					350,00	376,85
01.07.04	350,00						366,78
01.08.04	250,00						259,59
01.09.04	250,00						257,19
01.10.04	250,00						254,80
01.11.04	250,00						252,40
01.12.04	250,00						250,00
Summe		5000,00				7730,27	8323,34

$0,5 \cdot 0,11508) \cdot (1 + 0,11508)^2 \cdot (1 + 0,667 \cdot 0,11508) = 849,50$ €.

Zinst man sämtliche Zahlungen des Schuldners in entsprechender Weise auf das Laufzeitende hoch, so ergibt sich insgesamt ein Betrag von 8323,34 €. Dieser ist nun wieder auf den Kreditvergabezeitpunkt abzuzinsen, und zwar für $n_2 = 0,667$ Jahre mit einfachen Zinsen, was uns auf 7730,27 € führt, und anschließend für $n_1 = 4$ Jahre mit Zinseszinsen, was 5000 € ergibt; und da das genau der Kreditsumme entspricht, erweist sich der Zinssatz in Höhe von $i = 0,11508$ als richtig.

Rechnerisch geht es um die Aufgabe, die Nullstelle der Funktion

$$f(i) = \frac{\sum_{t=1}^{n} z_t (1 + d_{1t}i)(1 + i)^{d_{2t}}(1 + d_{3t}i)}{(1 + i)^{n_1}(1 + n_2 i)} - P_0 \qquad (4.24)$$

$$\text{mit} \quad \begin{aligned} n_1 &= \text{int}(d_n) \\ n_2 &= d_n - n_1 \\ d_{1t} &= d_n - d_t - d_{2t} - d_{3t} \\ d_{2t} &= \max\left(0, \text{int}(n_1 - d_t)\right) \\ d_{3t} &= \left\{ \begin{array}{ll} n_2 & \text{wenn } n_1 > \text{int}(d_t) \\ d_n - d_t & \text{wenn } n_1 = \text{int}(d_t) \end{array} \right\}. \end{aligned}$$

zu bestimmen. Da die erste Ableitung dieser Funktion nach i sehr unhandlich ist, empfiehlt sich das vereinfachte *Newton*-Verfahren. Verwendet man 7% als ersten Versuchszinssatz und benutzt zugleich $\Delta i = 0,00001$, so kann man die Prozedur nach drei Iterationen mit befriedigendem Ergebnis abbrechen. (vgl. Tabelle 4.9).

Tabelle 4.9: Iterative Berechnung des Effektivzinses nach PAngV 1985 mit Hilfe des vereinfachten *Newton*-Verfahrens

k	i_k	$f(i_k)$ gem. Gl. (4.24)	$\frac{f(i_k+\Delta i)-f(i_k)}{\Delta i}$ mit $f(\cdot)$ gem. Gl. (4.24)
0	0,07000	571,29	-13715,08
1	0,11165	39,93	-11567,80
2	0,11511	-0,29	-11562,28
3	0,11508	0,00	

Am Rande sei vermerkt, dass das hier dargestellte Verfahren der Effektivzinsberechnung eine Verallgemeinerung des Modells ist, das wir oben ab Seite 85 unter dem Namen 360-Tage-Methode vorgestellt haben. Die dort angegebene Technik war jedoch nur unter zwei ziemlich restriktiven Einschränkungen anwendbar. Erstens war erforderlich, dass die Schuldnerzahlungen im Zeitablauf konstant sind (gleich bleibende Rente), zweitens war notwendig, dass die Zahlungszeitpunkte äquidistant sind. Im Rahmen des hier beschriebenen Verfahrens haben wir beide Voraussetzungen fallen lassen können. Daher ist es wesentlich allgemeiner.

4.5.2 Methode Braeß–Fangmeyer

Will man den Effektivzins nach der Methode *Braeß-Fangmeyer* rechnen, so hat man die Barwertdefinition

$$PV(i) = \frac{\sum_{t=1}^{n} z_t (1 + d_{1t}i)(1 + i)^{d_{2t}}}{(1 + i)^{n_1}(1 + n_2 i)} \tag{4.25}$$

$$\text{mit} \quad \begin{aligned} n_1 &= \text{int}(d_n) \\ n_2 &= d_n - n_1 \\ d_{1t} &= d_n - d_t - d_{2t} \\ d_{2t} &= \text{int}(d_n - d_t) \end{aligned}$$

zu benutzen. Wieder beschreibt der Zähler des rechten Terms den Wert aller auf das Laufzeitende bezogenen Zahlungen des Schuldners. Gegenüber der Methode der Effektivzinsberechnung nach PAngV 1985 gilt jetzt:

1. Der Laufzeitrest wird nicht an das Ende, sondern an den Anfang der Gesamtlaufzeit gesetzt, vgl. Abbildung 4.2. Das hat Auswirkungen auf die Anordnung der Zinsbelastungs-Zeitpunkte und die Art der Zinsverrechnung.

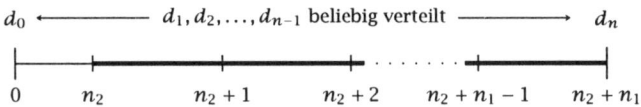

Abbildung 4.2: Anordnung der Zahlungs- und Zinsbelastungs-Zeitpunkte gemäß *Braeß-Fangmeyer*

2. Der erste Zinsbelastungs-Zeitpunkt entspricht dem Ende des Laufzeitrestes. Danach folgen die weiteren Zinsbelastungs-Zeitpunkte in jährlichem Abstand, es sei denn die Gesamtlaufzeit ist kürzer als ein Jahr.

3. Zahlungen des Schuldners werden

    (a) mit einfachen Zinsen bis zum nächsten Zinsbelastungs-Zeitpunkt,

    (b) mit Zinseszinsen von diesem Zeitpunkt bis zum Ende der Gesamtlaufzeit aufgezinst.

4. Abschließend wird der Endwert um n_1 Perioden exponentiell und um n_2 Perioden linear abgezinst.

Wir veranschaulichen die Funktionsweise von Gleichung (4.25) an demselben Beispiel wie zuvor, vgl. Tabelle 4.7. Der Effektivzins nach *Braeß-Fangmeyer* ergibt sich in diesem Fall zu

$i = 0,11468$, was wir im Rahmen der in Tabelle 4.10 dargestellten Rechnung überprüfen können.

Tabelle 4.10: Überprüfung eines Effektivzinssatzes ($i = 0,11468$) im Rahmen der Methode *Braeß–Fangmeyer*

Datum	Zahlung z_t	Wert der Zahlung am					
		01.04.00	01.12.00	01.12.01	01.12.02	01.12.03	01.12.04
01.10.00	600,00		611,47				944,01
01.04.01	600,00			645,87			894,54
01.10.01	600,00			611,47			846,89
01.04.02	600,00				645,87		802,50
01.10.02	600,00				611,47		759,76
01.01.03	350,00					386,79	431,15
01.04.03	350,00					376,76	419,97
01.07.03	350,00					366,72	408,78
01.10.03	350,00					356,69	397,60
01.01.04	350,00						386,79
01.04.04	350,00						376,76
01.07.04	350,00						366,72
01.08.04	250,00						259,56
01.09.04	250,00						257,17
01.10.04	250,00						254,78
01.11.04	250,00						252,39
01.12.04	250,00						250,00
Summe		5000,00	5382,27				8309,35

Verfolgen wir wieder den Weg, den die Zahlung in Höhe von 600 € nimmt, welche der Kapitalnehmer am 01.10.01 zu leisten hat. Diese wird zunächst mit einfachen Zinsen für zwei Monate bis zum 01.12.01 aufgezinst, was auf einen Wert von $600 \cdot (1 + 0,167 \cdot 0,11468) = 611,47$ € führt. Dieser Betrag wird mit Zinseszinsen für drei Jahre bis zum 01.12.04 aufgezinst, wodurch man $611,47 \cdot (1 + 0,11468)^3 = 846,89$ € erhält.

Dasselbe Resultat erreicht man mit Gleichung (4.25). Die Laufzeitkomponenten sind wieder $n_1 = 4$ und $n_2 = 0,667$. Für die betrachtete Zahlung, die $d_3 = 1,500$ Jahre nach dem Kreditvergabezeitpunkt erfolgt, ergeben sich die Parameter d_{1t} und d_{2t} aber jetzt mit $d_{1t} = 0,167$ und $d_{2t} = 3$. Wir müssen daher $600 \cdot (1 + 0,167 \cdot 0,11468) \cdot (1 + 0,11468)^3$ rechnen und erhalten tatsächlich 846,89 €.

Führt man die Aufzinsungen nach dem beschriebenen Muster für alle Leistungen des Kapitalnehmers durch, so erhält man insgesamt einen Betrag in Höhe von 8309,35 €. Dieser wird zunächst mit Zinseszinsen um $n_1 = 4$ Jahre und anschließend mit einfachen Zinsen um $n_2 = 0,667$ Jahre abgezinst. Das Ergebnis entspricht dem Kreditbetrag, wodurch sich zeigt, dass $i = 0,11468$ tatsächlich der Effektivzinssatz nach *Braeß-Fangmeyer* ist.

Die Berechnung des Effektivzinssatzes läuft darauf hinaus, die Nullstelle der Funktion

$$f(i) = \frac{\sum_{t=1}^{n} z_t(1 + d_{1t}i)(1 + i)^{d_{2t}}}{(1 + i)^{n_1}(1 + n_2 i)} - P_0 \qquad (4.26)$$

$$\begin{aligned}
\text{mit} \quad n_1 &= \text{int}(d_n) \\
n_2 &= d_n - n_1 \\
d_{1t} &= d_n - d_t - d_{2t} \\
d_{2t} &= \text{int}(d_n - d_t)
\end{aligned}$$

zu ermitteln, wobei man zweckmäßigerweise wieder das vereinfachte *Newton*-Verfahren einsetzt. Benutzt man $i_0 = 7\%$ und $\Delta i = 0,00001$ an, so erhält man die in Tabelle 4.11 zusammengestellten Resultate. Auch hier findet man die Lösung mit brauchbarer Genauigkeit nach der dritten Iteration.

Tabelle 4.11: Iterative Berechnung des Effektivzinses nach *Braeß-Fangmeyer* mit Hilfe des vereinfachten *Newton*-Verfahrens

k	i_k	$f(i_k)$ gem. Gl. (4.26)	$\frac{f(i_k+\Delta i)-f(i_k)}{\Delta i}$ mit $f(\cdot)$ gem. Gl. (4.26)
0	0,07000	1571,09	-18088,73
1	0,09385	252,90	-12537,46
2	0,11403	7,63	-11683,98
3	0,11468	0,00	

4.5.3 Methode Moosmüller

Für dieses Verfahren ist charakteristisch, dass alle Zeitintervalle $d_{t+1} - d_t$, die nach der ersten Zahlung des Schuldners auftreten, gleich lang sind. Wir können damit die Spezialisierung

$$d_{t+1} - d_t = \frac{1}{m} \qquad \text{für alle } t > 0$$

vornehmen, wobei m eine natürliche Zahl ist. Unter Verwendung dieser Festlegung lautet die Barwertdefinition

$$PV(i) = \frac{\sum_{t=1}^{n} z_t (1+j)^{n-t}}{(1+j)^{N_1}(1+N_2 j)} \qquad (4.27)$$

mit
$$\begin{aligned}
j &= \sqrt[m]{1+i} - 1 \\
N_1 &= \text{int}(m d_n) \\
N_2 &= m d_n - N_1.
\end{aligned}$$

Im Zähler des Terms auf der rechten Seite findet man auch jetzt wieder den Endwert der Schuldnerzahlungen, während mit dem Nenner auf den Zeitpunkt der Kapitalanlage abgezinst wird. Für den Fall, dass der Schuldner mehr als eine Leistung je Jahr erbringt ($m \geq 2$), erfolgt die Verzinsung mit dem Subperioden-Zinssatz j. Im Zeitpunkt d_t beträgt die Restlaufzeit der Kapitalanlage definitionsgemäß immer $n - t$ Subperioden. Die Gesamtlaufzeit im Umfang von $m d_n$ Subperioden wird auch hier wieder in zwei Komponenten N_1 und N_2 zerlegt, wobei N_1 der ganzzahlige Anteil und N_2 der Laufzeitrest ist, immer in Subperioden gemessen.

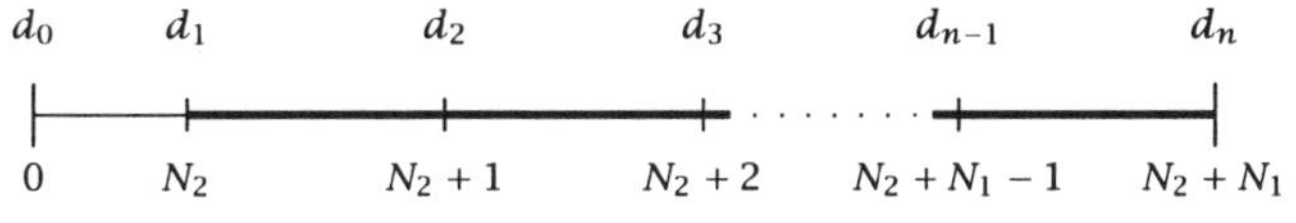

Abbildung 4.3: Anordnung der Zahlungs- und Zinsbelastungs-Zeitpunkte gemäß *Moosmüller*

Um die Funktionsweise von Gleichung (4.27) zu veranschaulichen, müssen wir ein Beispiel verwenden, bei dem die Zeitpunkte der Zahlungen des Kreditnehmers äquidistant sind.

Beispiel 105 *Juanita gewährt am 01.04.00 Kredit in Höhe von 4500 €. Der Schuldner verpflichtet sich, beginnend am 01.06.00 Zahlungen im halbjährlichen Rhythmus zu leisten, die im Einzelnen in Tabelle 4.12 zusammengestellt sind.*

Tabelle 4.12: Zahlungsverpflichtungen eines Schuldners (Beispiel 105)

t	Datum	z_t	d_t
1	01.06.00	150,00	0,167
2	01.12.00	150,00	0,667
3	01.06.01	175,00	1,167
4	01.12.01	175,00	1,667
5	01.06.02	200,00	2,167
6	01.12.02	200,00	2,667
7	01.06.03	225,00	3,167
8	01.12.03	225,00	3,667
9	01.06.04	250,00	4,167
10	01.12.04	5250,00	4,667

Halbjährlicher Zahlungsrhythmus bedeutet $m = 2$. Die Laufzeit beträgt insgesamt $m d_n = 2 \cdot 4,667 = 9,333$ Semester, was sich in die glatte Komponente $N_1 = 9$ und den Laufzeitrest $N_2 = 0,333$ zerlegen lässt. Der Effektivzins nach *Moosmüller* ergibt sich mit $i = 0,11633$, was einem Halbjahreszinssatz von $j = \sqrt[2]{1,11633} - 1 = 0,05657$ entspricht. Das lässt sich mit der in Tabelle 4.13 durchgeführten Rechnung überprüfen.

Beschränken wir uns wieder darauf, den Weg zu verfolgen, den eine einzige Schuldnerzahlung nimmt, und konzentrieren uns auf die 150 €, welche der Schuldner am 01.12.00 zahlt. Diese sind mit Zinseszinsen um 8 Halbjahre bis zum 01.12.04 aufzuzinsen, was uns auf $150 \cdot (1 + 0,05657)^8 = 232,95$ € führt. Das gleiche erreichen wir mit Gleichung (4.27), weil für die zweite Zahlung des Schuldners $n - t = 8$ ist. Verfährt man mit allen Zahlungen des Schuldners in entsprechender Weise, so beläuft sich deren gesamte Summe per 01.12.04 auf 7523,03 €. Dieser Betrag ist um 9 Semester mit Zinseszinsen und um 0,333 Semester mit einfachen Zinsen abzuzinsen, wobei wir 4500 € erhalten, was genau der ursprünglichen Kreditsumme entspricht.

Tabelle 4.13: Überprüfung eines Effektivzinssatzes ($i = 0,11633, j = 0,05657$) im Rahmen der Methode *Moosmüller*

Datum	Zahlung z_t	Wert der Zahlung am					
		01.04.00	01.06.00	01.12.00	$\cdots$	01.06.04	01.12.04
01.06.00	150,00		150,00				246,13
01.12.00	150,00			150,00			232,95
01.06.01	175,00				$\cdots$		257,22
01.12.01	175,00				$\cdots$		243,45
01.06.02	200,00				$\cdots$		263,34
01.12.02	200,00				$\cdots$		249,24
01.06.03	225,00				$\cdots$		265,38
01.12.03	225,00				$\cdots$		251,17
01.06.04	250,00					250,00	264,14
01.12.04	5250,00						5250,00
Summe		4500,00	4584,85				7523,03

Zu bestimmen ist die Nullstelle der Funktion

$$f(j) = \frac{\sum_{t=1}^{n} z_t (1+j)^{n-t}}{(1+j)^{N_1}(1+N_2 j)} - P_0 \tag{4.28}$$

$$\text{mit} \quad N_1 = \text{int}(md_n)$$
$$N_2 = md_n - N_1 \, ,$$

wobei man die erste Ableitung am besten wieder mit Hilfe von

$$f'(j) \approx \frac{f(j + \Delta j) - f(j)}{\Delta j} \tag{4.29}$$

annähert. Bei Verwendung eines Startwerts von $j_0 = 7\%$ und $\Delta j = 0,00001$, erhält man die in Tabelle 4.14 zusammengestellten Werte. Bis zur Lösung mit dem gewünschten Genauigkeitsgrad benötigt man drei Iterationen.

4.5.4 AIBD-Methode

Dieses Verfahren ist international verbreitet. Die Barwertdefinition

$$PV(i) = \sum_{t=1}^{n} \frac{z_t}{(1+i)^{d_t}} \tag{4.30}$$

Tabelle 4.14: Iterative Berechnung des Effektivzinses nach *Moosmüller* mit Hilfe des vereinfachten *Newton*-Verfahrens

k	i_k	$f(i_k)$ gem. Gl. (4.28)	$\frac{f(i_k+\Delta i)-f(i_k)}{\Delta i}$ mit $f(\cdot)$ gem. Gl. (4.28)
0	0,07000	-422,87	-29321,57
1	0,05558	33,18	-33796,07
2	0,05656	0,18	-33519,10
3	0,05657	0,00	

ist denkbar einfach. Im Gegensatz zu allen anderen Methoden der Effektivzinsberechnung wird hier auch im unterjährlichen Bereich grundsätzlich mit Zinseszinsen gerechnet. Damit entfällt der Grund, zwischen Zinsbelastungs- und Zahlungszeitpunkten zu unterscheiden. Wir haben diesen Ansatz in den Abschnitten 4.1 bis 4.4 durchgängig verwendet.

Tabelle 4.15: Überprüfung eines Effektivzinssatzes (i = $0,11643$) im Rahmen der AIBD-Methode

Datum	Zahlung	Wert der Zahlung am 01.04.00
01.06.00	150,00	147,27
01.12.00	150,00	139,38
01.06.01	175,00	153,90
01.12.01	175,00	145,65
01.06.02	200,00	157,54
01.12.02	200,00	149,10
01.06.03	225,00	158,75
01.12.03	225,00	150,25
01.06.04	250,00	158,00
01.12.04	5250,00	3140,16
Summe		4500,00

Wendet man dieses Konzept auf das im Zusammenhang mit der Methode *Moosmüller* angegebene Beispiel (vgl. oben Tabelle 4.12) an, so erhält man einen Effektivzinssatz in Höhe von $i = 0,11643$. Tabelle 4.15 zeigt, dass diese Behauptung korrekt ist. Die 150 €, welche der Kapitalnehmer am 01.12.00 zahlt, haben am 01.04.00 einen Wert von 139,38 €. Zwischen den beiden Zahlungszeitpunkten liegt ein Intervall von $d_2 = 0,667$ Jahren. Im Rahmen der AIBD-Methode rechnet man daher $150 \cdot (1 + 0,11643)^{-0,667} = 139,38$ €. Geht man entsprechend für alle Zahlungen des Schuldners vor und bildet die Summe, so ist man bereits fertig.

Die Ermittlung des Effektivzinssatzes entspricht der Nullstellenbestimmung der Funktion

$$f(i) = \sum_{t=1}^{n} z_t (1 + i)^{-d_t} - P_0, \qquad (4.31)$$

deren erste Ableitung sich zu

$$f'(i) = - \sum_{t=1}^{n} d_t z_t (1 + i)^{-d_t - 1} \qquad (4.32)$$

ergibt. Beginnt man das *Newtonsche* Iterationsverfahren mit einem Startwert von $i_0 = 7\%$, so erhält man die in Tabelle (4.16) angegebenen Resultate. Bei dem ab Seite 93 dargestellten Verfah-

Tabelle 4.16: Iterative Berechnung des Effektivzinses nach AIBD mit Hilfe des *Newton*-Verfahrens

k	i_k	$f(i_k)$ gem. Gl. (4.31)	$f'(i_k)$ gem. Gl. (4.32)
0	0,07000	823,79	-19869,43
1	0,11146	79,45	-16188,18
2	0,11637	0,94	-15809,13
3	0,11643	0,00	

ren handelt es sich um eine spezielle Variante der hier beschriebenen Methode. Oben mussten wir voraussetzen, dass sämtliche Schuldnerzahlungen gleich groß sind und darüber hinaus in gleich bleibenden Zeitabständen vorgenommen werden. Da wir jetzt weder das eine noch das andere voraussetzen, ist das hier beschriebene Konzept das wesentlich allgemeinere.

4.5.5 Methode PangV 2000

Die Richtlinie 98/7/EG zur Angleichung der Rechts- und Verwaltungsvorschriften der Mitgliedstaaten über den Verbraucherkredit änderte den Berechnungsmodus des effektiven Jahreszinses. Durch die Einführung einer gemeinschaftsweit einheitlich geltenden AIBD-Methode zur Berechnung des effektiven Jahreszinses wurde die Vergleichbarkeit von Finanzierungsangeboten auch über Landesgrenzen hinweg verbessert. Die Bundesregierung setzte die EU-Richtlinie am 28. Juli 2000 in nationales Recht um. Die Preisangabenverordnung in der neuen Fassung trat am 1. September 2000 in Kraft. Danach gilt zur Berechnung des Effektivzinssatzes grundsätzlich Gleichung (4.31), also das oben ab Seite 213 beschriebene Konzept.

Die EU-Richtlinie ließ den Mitgliedsstaaten lediglich dort Freiheiten, wo es um den in Jahresbruchteilen zu messenden Abstand d_t der t-ten Rückzahlung des Kreditnehmers vom Zeitpunkt der Kreditvergabe geht.

- Grundsätzlich ging die Richtlinie davon aus, dass ein Jahr 365 Tage hat und ein Monat $\frac{365}{12} = 30,41\bar{6}$ Tage umfasst.

- Die Richtlinie erlaubte aber, den Abstand zwischen zwei Zahlungsterminen stattdessen auch in tatsächlichen Kalendertagen zu messen (actual/365).

Die Bundesregierung hat sich für die erste Variante entschieden. Für das Jahr werden danach 365 Tage, 52 Wochen oder 12 gleich lange Monate zugrunde gelegt. Ein Monat besitzt $\frac{365}{12} = 30,41\bar{6}$ Tage.

Um die Vorgehensweise zu verstehen, betrachten wir ein letztes Beispiel.[4]

Beispiel 106 *Kay nimmt am 15.10.00 Kredit in Höhe von 10000 € auf. Er verpflichtet sich, im Gegenzug Zahlungen zu leisten, die in Tabelle 4.17 zusammengestellt sind. Man berechne die Effektivverzinsung nach PangV 2000.*

---

[4]Das Beispiel ist der Bekanntmachung der Neufassung der Preisangabenverordnung vom 28. Juli 2000 entnommen.

Tabelle 4.17: Zahlungsverpflichtungen eines Schuldners (Beispiel 106)

t	Datum	z_t	d_t	
1	31.10.00	25,00	0,5/12	= 0,04167
2	15.11.00	1000,00	1,0/12	= 0,08333
3	30.11.00	47,50	1,5/12	= 0,12500
4	15.12.00	1000,00	2,0/12	= 0,16667
5	31.12.00	42,50	2,5/12	= 0,20833
6	15.01.01	1000,00	3,0/12	= 0,25000
7	31.01.01	37,50	3,5/12	= 0,29167
8	15.02.01	1000,00	4,0/12	= 0,33333
9	28.02.01	32,50	4,5/12	= 0,37500
10	15.03.01	1000,00	5,0/12	= 0,41667
11	05.04.01	5031,67	5,0/12 + 20/365	= 0,47146

Zwischen dem Zeitpunkt der Kreditvergabe und den ersten zehn Rückzahlungen des Schuldners liegen immer Abstände von halben Monaten. Daher gilt für alle Zahlungen mit Ausnahme der letzten $d_t = d_{t-1} + \frac{0,5}{12}$. Da die letzte Zahlung genau 20 Tage später als die vorletzte Zahlung erfolgt, haben wir $d_{11} = d_{10} + \frac{20}{365}$. Nachdem wir die d_t für $t = 1, \ldots, 11$ ermittelt haben, können wir uns an die Berechnung des Effektivzinssatzes mit Hilfe der Gleichungen (4.31) und (4.32) heranmachen. Beginnen wir das *New-*

Tabelle 4.18: Iterative Berechnung des Effektivzinses nach PangV 2000 mit Hilfe des *Newton*-Verfahrens

k	i_k	$f(i_k)$ gem. Gl. (4.31)	$f'(i_k)$ gem. Gl. (4.32)
0	0,1000	-125,21	-3200,15
1	0,0608	3,25	-3368,46
2	0,0617	0,00	

tonsche Iterationsverfahren mit einem Startwert von $i_0 = 10\%$, so erhalten wir die in Tabelle (4.18) angegebenen Resultate. Der Effektivzinssatz beträgt in diesem Beispiel also 6,17%.

5 Aufgaben und Lösungen

5.1 Aufgaben

5.1.1 Zinsrechnung

Aufgabe 1: Wie hoch ist das Endkapital, wenn man 800 € zu einem Zinssatz von 6 % mit einfachen Zinsen sieben Jahre lang anlegt?

Aufgabe 2: Jemand legt 900 € vier Jahre und sechs Monate zu 7 % an. Wie hoch ist sein Endkapital bei

1. einfacher Verzinsung,
2. reinem Zinseszins,
3. gemischter Verzinsung?

Aufgabe 3: Sie wollen in 5 Jahren ein Endkapital in Höhe von 10000 € besitzen. Wie viel Geld müssen Sie heute bei einem Zinssatz von $6\frac{1}{8}$ % anlegen, wenn

1. einfache Zinsen,
2. Zinseszinsen

geboten werden?

Aufgabe 4: Jemand will ein Kapital von 1000 € innerhalb von neun Jahren und drei Monaten auf das doppelte wachsen lassen. Welchen Zinssatz muss er bei

1. einfachen Zinsen,
2. Zinseszinsen,

3. gemischter Verzinsung

verlangen?

Aufgabe 5: Ein Kapitalanleger besitzt heute 10000 €. Ihm wird ein Zinssatz von $6\frac{1}{2}$ % geboten. Wie lange dauert es dann bei

1. einfachen Zinsen,

2. Zinseszins,

3. gemischter Verzinsung

bis zu dem Tag, an dem sein Kapital auf 15000 € angewachsen ist?

Aufgabe 6: Sie können 8000 € für 20 Jahre anlegen und haben die Wahl zwischen $6\frac{1}{2}$ % Zinseszins und 10 % einfachem Zins. Was ist besser?

Aufgabe 7: Sie haben die Möglichkeit, 1000 € für ein halbes Jahr anzulegen, wobei Ihnen entweder 5 % reiner Zinseszins oder 5 % einfache Verzinsung geboten werden. Wofür entscheiden Sie sich?

Aufgabe 8: Welches Endkapital besitzt jemand, der 50000 € ein Jahr lang anlegt, wenn er Zinsen in Höhe von

1. 12 % je Jahr,

2. 6 % je Halbjahr,

3. 3 % je Quartal,

4. 1 % je Monat

erhält?

Aufgabe 9: Wie hoch ist das Endkapital unter den in Aufgabe 8 genannten Bedingungen bei stetiger Verzinsung?

Aufgabe 10: Eine Bank bietet 2 % Zins je Quartal. Wie hoch ist dann der

1. nominelle,

2. konforme

Jahreszinssatz?

Aufgabe 11: Wie viel Geld muss ein Ehepaar bei der Geburt seines Kindes anlegen, damit dieses an seinem 18. Geburtstag über 20000 € verfügen kann, wenn die Bank Zinsen in Höhe von

1. $5\frac{1}{2}$ % je Jahr

2. 0,45 % je Monat

bietet?

Aufgabe 12: Welchen nominellen Jahreszins muss man verlangen, wenn ein Kapital sich bei stetiger Verzinsung innerhalb von 20 Jahren verdreifachen soll?

5.1.2 Rentenrechnung

Aufgabe 1: Über welchen Betrag können Sie nach 4 Jahren verfügen, wenn Sie jeweils am Jahresende 100 € auf ein Konto zahlen, das mit $4\frac{1}{2}$ % verzinst wird?

Aufgabe 2: Wie groß ist der Endwert einer Rente, bei der 5 Jahre lang am Anfang eines jeden Jahres 1000 € zum Zinssatz von 10 % angelegt werden?

Aufgabe 3: Jemand zahlt 16 Jahre lang 500 € auf ein Konto ein, das mit $5\frac{3}{8}$ % verzinst wird. Wie groß ist der Endwert, wenn die Rente

1. vorschüssig,

2. nachschüssig

gezahlt wird?

Aufgabe 4: Sie besitzen 20000 €, die mit $4\frac{1}{8}$ % verzinst werden. Wie hoch ist die Rente, die man 10 Jahre lang aus diesem Kapital

1. vorschüssig,

2. nachschüssig

zahlen kann?

Aufgabe 5: Wie viel müssen Sie jährlich

1. vorschüssig,
2. nachschüssig

auf ein Konto einzahlen, das mit $3\frac{3}{4}$ % verzinst wird, wenn Sie nach 12 Jahren 16000 € besitzen wollen?

Aufgabe 6: Jemand zahlt 6 Jahre lang jährlich 6000 € auf ein Konto, das mit 6 % verzinst wird. Wie hoch ist sein Kapital nach Ablauf des sechsten Jahres, wenn er

1. nachschüssig jährlich 6000 €,
2. vorschüssig jährlich 6000 €,
3. nachschüssig monatlich 500 €,
4. vorschüssig monatlich 500 €

einzahlt?

Aufgabe 7: Ein Geschäftsmann setzt sich mit einem Kapital von 1000000 € zur Ruhe. Er will aus diesem Kapital 15 Jahre lang eine Jahresrente von 120000 € ziehen. Zu welchem Zinssatz muss er sein Vermögen anlegen, wenn die Rente

1. vorschüssig,
2. nachschüssig

gezahlt werden soll?

Aufgabe 8: Sie haben die Absicht, 10 Jahre lang jährlich 1000 € auf ein Konto zu zahlen, das am Ende des zehnten Jahres einen Stand von 15000 € haben soll. Welchen Zinssatz müssen Sie verlangen, wenn die Rente

1. vorschüssig,
2. nachschüssig

gezahlt wird?

Aufgabe 9: Jemand besitzt Kapital in Höhe von 50000 € und beabsichtigt, aus diesem Kapital 3 Jahre lang nachschüssig eine Jahresrente von 18000 € zu ziehen. Welchen nominellen Jahreszinssatz muss man bei

1. quartalsweiser,

2. monatlicher,

3. stetiger

Verzinsung verlangen, damit diese Rechnung aufgeht?

Aufgabe 10: Sie haben die Wahl zwischen 5000 € in bar und einer monatlichen Rente von 100 € über einen Zeitraum von 5 Jahren. Was ist Ihnen bei einem Zinssatz von $6\frac{1}{8}$ % lieber?

Aufgabe 11: Ihre Bank verzinst Spareinlagen mit $2\frac{1}{2}$ % p.a. Wie lange müssen Sie am Ende eines Quartals 400 € einzahlen, um ein Endkapital von 16076,54 € zu erreichen?

Aufgabe 12: Sie nehmen Kredit in Höhe von 180000 € auf, um Ihr Haus zu finanzieren, und verpflichten sich, 20 Jahre lang Rückzahlungen in Höhe von jeweils 4300 € am Quartalsende zu leisten. Berechnen Sie den Effektivzins nach dem international üblichem Standard.

Aufgabe 13: Wenn Sie Kredit in Höhe von 24000 € aufgenommen haben und bei einem effektiven Jahreszins von $7\frac{1}{8}$ % (nach der 360-Tage-Methode) vereinbart ist, dass Sie Monatsraten von 584 € zu leisten haben, wie lange müssen Sie dann zahlen?

Aufgabe 14: Jemand zahlt 5 Jahre lang am Monatsultimo 150 € auf ein Konto, das mit $2\frac{1}{2}$ % je Halbjahr verzinst wird. Wie hoch ist sein Kapital am Ende des fünften Jahres?

Aufgabe 15: Sie besitzen 50000 € und wollen über einen Zeitraum von 2 Jahren und 6 Monaten monatlich 1850 € abheben. Welchen Quartalszins muss man Ihnen bieten, damit die Rechnung aufgeht?

Aufgabe 16: Ein Elternpaar ist bereit, zu Gunsten seines Kindes regelmäßige Sparleistungen zu erbringen. Es ist vorgesehen, am Ende eines jeden Jahres Einzahlungen vorzunehmen. Diese sollen mit 1000 € beginnen und von Jahr zu Jahr um 150 € gesteigert werden. Die Einlagen werden mit $4\frac{1}{2}$ % verzinst. Wie groß ist das Kapital am 18. Geburtstag des Kindes?

Aufgabe 17: Sie sind verpflichtet, an einen Ihrer Mitarbeiter 10 Jahre lang eine Rente zu zahlen, die im ersten Jahr 7000 € beträgt und danach jährlich um 6 % wächst. Sie beabsichtigen, sich dieser Verpflichtungen durch Zahlung einer einmaligen Abfindung zu entledigen. Wie hoch müsste diese Abfindung fairerweise ausfallen, wenn der Mitarbeiter Kapital zu 5 % anlegen kann.

Aufgabe 18: Jemand besitzt heute Kapital in Höhe von 20000 €, das er zu 3 % Zins anlegen kann. Er will aus diesem Kapital jährlich nachschüssig eine Rente zahlen, die mit 1000 € beginnt und jährlich um 10 % wächst.

1. Wie lange kann die Rente gezahlt werden?

2. Wie groß ist die Abschlusszahlung am Ende der Laufzeit, wenn Sie davon ausgehen, dass auch diese am Ende der Laufzeit erfolgt?

Aufgabe 19: Ein Elternpaar will für sein Kind sparen und ist bereit, vierteljährlich einen Betrag auf ein Konto einzuzahlen, das mit 3,5 % p.a. verzinst wird. Die erste Zahlung wird sich auf 25 € belaufen. Dieser Betrag soll von Quartal zu Quartal um 1 € steigen. Wie groß ist der Rentenendwert nach zehn Jahren?

Aufgabe 20: Auf einem Konto befindet sich ein Guthaben in Höhe von 100000 €, aus dem halbjährlich eine Rente gezahlt werden soll, die jeweils um 2 % geringer ausfällt als ihre Vorgängerin. Die erste Auszahlung beläuft sich auf 6000 €. Welchen Zinssatz muss man mit der kontoführenden Bank vereinbaren, damit der beschriebene Plan 16 Jahre lang realisiert werden kann?

Aufgabe 21: Ein Kaufmann verfügt über 48000 €, die er zu $5\frac{3}{4}$ % p.a. anlegen kann. Wie groß ist die Rente, die er aus diesem Kapital über einen Zeitraum von 3 Jahren und 9 Monaten zahlen kann, wenn die Zahlung

1. vorschüssig monatlich,

2. nachschüssig monatlich,

3. vorschüssig vierteljährlich,

4. nachschüssig vierteljährlich

erfolgt?

Aufgabe 22: Bei welchem Zinssatz kann man sich folgendes Angebot leisten?

Zahlen Sie an mich 10 Jahre lang jährlich 1000 €;
dann zahle ich an Sie 20 Jahre lang jährlich 1000 €.

Aufgabe 23: Berechnen Sie, bei welchem Zinssatz der nachfolgende Plan verwirklicht werden kann: Es sollen 10 Jahre lang Renten eingezahlt werden, die von Jahr zu Jahr um 10 % steigen. Anschließend sollen von diesem Konto 20 Jahre lang Renten ausgezahlt werden, die jährlich um 5 % steigen. Die erste Rente, welche ausgezahlt wird, soll ebenso groß sein wie die letzte Rente, die eingezahlt wird.

5.1.3 Tilgungsrechnung

Aufgabe 1: Ein Unternehmen nimmt bei einer Bank Kredit in Höhe von 2,5 Mio. € zu $7\frac{1}{4}$ % mit einer Laufzeit von 5 Jahren auf. Stellen Sie die vollständigen Tilgungspläne für den Fall auf, dass

1. Ratentilgung,
2. Annuitätentilgung

vereinbart wird.

Aufgabe 2: Sie haben ein Darlehn über 100000 € zu $6\frac{1}{8}$ % Zins aufgenommen, das im Laufe von 5 Jahren im Wege der Ratentilgung zurückzuzahlen ist. Wie groß ist

1. der Zinsbetrag am Ende des zweiten Jahres,
2. die Tilgungsrate am Ende des dritten Jahres,
3. die Annuität am Ende des vierten Jahres,
4. die Restschuld zu Beginn des fünften Jahres?

Aufgabe 3: Eine Bank hat Kredit über 4 Mio. € zu 8 % Zins gewährt, der innerhalb von 7 Jahren annuitätisch getilgt werden soll. Man berechne

1. den Zinsbetrag am Ende des zweiten Jahres,

2. die Tilgungsrate am Ende des dritten Jahres,

3. die Annuität am Ende des vierten Jahres,

4. die Restschuld zu Beginn des fünften Jahres.

Aufgabe 4: Welcher Betrag ist vom Schuldner jährlich zu zahlen, wenn ein Kredit über 600000 € (Zinssatz $6\frac{1}{4}$%, Laufzeit 8 Jahre) annuitätisch zu tilgen ist?

Aufgabe 5: Die Weserbergland AG hat bei ihrer Hausbank Kredit über 6 Mio. € zum Zinssatz von $7\frac{1}{8}$% mit einer Laufzeit von 10 Jahren aufgenommen, wobei die ersten 3 Jahre tilgungsfrei sind. Stellen Sie den vollständigen Tilgungsplan auf, wenn

1. Ratentilgung,

2. Annuitätentilgung

vereinbart wurde.

Aufgabe 6: Die Euro GmbH hat einen Kredit über 10 Mio. € für 10 Jahre zu einen Zinssatz von $4\frac{1}{4}$% aufgenommen, der mit einem zusätzlichen Aufgeld von $1\frac{3}{4}$% in gleich bleibenden Raten zu tilgen ist. Stellen Sie den vollständigen Rückzahlungsplan auf.

Aufgabe 7: Die A & A oHG will einen Kredit über 700000 € zu $5\frac{1}{2}$% Zins mit annuitätischer Tilgung und einer Laufzeit von 6 Jahren aufnehmen. Wie sieht der vollständige Tilgungsplan aus, wenn zusätzlich ein Agio von 2% verlangt wird?

Aufgabe 8: Stellen Sie den kompletten Tilgungsplan für den Fall auf, dass die Konditionen aus Aufgabe 7 gelten, das Agio aber einbezogen wird.

Aufgabe 9: Eine Bank bietet eine Hypothek über 180000 € an. Der Zinssatz soll $5\frac{3}{4}$%, der Tilgungsprozentsatz $1\frac{3}{4}$% betragen. Wie hoch ist die jährliche Belastung, und wie lange muss man zahlen?

Aufgabe 10: Ein Grundstück ist mit einer Grundschuld über 680000 € belastet. Die Bank berechnet $3\frac{1}{4}$ % Zins und verlangt einen Tilgungsprozentsatz von $14\frac{1}{4}$ %. Stellen Sie einen vollständigen Tilgungsplan für den Fall auf, dass eine eventuell fällige Ausgleichszahlung

1. am Ende der Laufzeit,

2. zu Beginn der Laufzeit

erfolgt.

Aufgabe 11: Die B&B AG emittiert eine Schuldverschreibung über 25 Mio. € (25000 Stück im Nennwert von je 1000 €). Die Anleihe wird mit $7\frac{3}{8}$ % verzinst und soll annuitätisch innerhalb von 12 Jahren getilgt werden. Stellen Sie den kompletten Tilgungsplan unter Berücksichtigung der Stückelungsverhältnisse auf.

Aufgabe 12: Sie schließen einen Kreditvertrag über 18000 € mit einer Laufzeit von 3 Jahren und 6 Monaten ab. Der Zins wird mit $11\frac{1}{4}$ % p.a. vereinbart. Der Kreditnehmer ist zu Rückzahlungen im vierteljährlichen Rhythmus bereit. Wie sieht der Tilgungsplan im Falle der Ratentilgung aus?

Aufgabe 13: Was ändert sich an dem Tilgungsplan aus Aufgabe 12, wenn die Schuld halbjährlich annuitätisch getilgt wird?

5.1.4 Kurs– und Renditerechnung

Aufgabe 1: Eine 6%-Kuponanleihe mit Zinstermin 1. Januar ist zu Beginn des Jahres 07 fällig. Welchen Preis sollte man am 01.01.00 für 100 € nominal bezahlen, wenn der Marktzins $4\frac{1}{2}$ % beträgt?

Aufgabe 2: Sie kaufen am 01.01.00 eine $8\frac{1}{4}$ %-Anleihe mit Zinstermin 1. Juli, die im Jahre 04 mit 2 % Aufgeld fällig wird. Berechnen Sie unter der Voraussetzung, dass der Marktzins bei 10 % liegt,

1. Kurswert,

2. Stückzinsen und

3. Preis

eines Stücks im Nennwert von 100 €.

Aufgabe 3: Eine 8 %-Anleihe mit Halbjahreskupon 1. Februar/1. August ist am 01.08.03 ohne Aufgeld fällig. Man berechne bei einem Marktzinssatz von $7\frac{1}{4}$ %

1. Kurswert,

2. Stückzinsen und

3. Preis

eines Stücks im Nennwert von 100 €.

Aufgabe 4: Jemand kauft am 01.01.00 eine 8 %-Kuponanleihe mit Zinstermin 1. März, die im Jahre 06 mit 1 % Aufgeld fällig ist. Der Kurswert beträgt 98,50 € je 100 € nominal. Hinzu kommen die Stückzinsen. Wie hoch ist die Rendite dieser Anleihe?

Aufgabe 5: Wie groß wäre die Effektivrendite unter den in Aufgabe 4 genannten Bedingungen, wenn die Anleihe mit Vierteljahreskupon (März/Juni/September/Dezember) ausgestattet wäre?

Aufgabe 6: Sie haben am 01.01.00 Kredit über 500000 € aufgenommen, der innerhalb von 6 Jahren bei einem Zinssatz von $6\frac{1}{4}$ % annuitätisch zu tilgen ist. Am 01.09.02 wollen Sie sich von den noch offenen Verpflichtungen durch Zahlung eines einmaligen Betrages befreien. Wie hoch muss diese Summe fairerweise sein, wenn der Marktzins bei 6 % liegt?

Aufgabe 7: Die C&C GmbH hat am 01.01.00 ein Darlehn über 1,5 Mio. € gewährt, das binnen 5 Jahren im Wege der Ratentilgung zurückzuzahlen und mit 7 % zu verzinsen ist. Am 01.06.02 verkauft die C&C GmbH ihre Ansprüche aus dem Kredit zu einem Preis von 975000 €. Wie groß ist die Effektivrendite?

Aufgabe 8: Ein Schuldner nimmt am 01.07.00 Kredit in Höhe von 10000 € auf und vereinbart mit dem Kreditgeber folgenden Rückzahlungsplan:

- ab 01.08.00 bis einschließlich zum 01.07.01 monatliche Zahlungen in Höhe von 500 €,

- ab 01.08.01 bis einschließlich 01.05.02 vierteljährliche Zahlungen in Höhe von 1250 €.

Berechnen Sie den Effektivzins dieses Kredits nach

1. den Vorschriften der Preisangabenverordnung von 1985,

2. der Methode *Braeß-Fangmeyer*,

3. der AIBD-Methode.

Aufgabe 9: Jemand nimmt am 15.09.00 Kredit in Höhe von 6500 € auf und verpflichtet sich, die Schuld in 18 „bequemen" Monatsraten zurückzuzahlen. Die erste Rate beläuft sich auf 381 € und muss am 01.11.00 geleistet werden. Danach sind monatlich 400 € fällig. Wegen einer so genannten Bearbeitungsgebühr zahlt der Kreditgeber die Kreditsumme nicht vollständig, sondern nur zu 99,5 % aus. Ermitteln Sie die Effektivverzinsung nach den Vorschriften der AIBD-Methode, indem Sie mit Jahresbruchteilen auf

1. Monatsbasis,

2. Tagesbasis

rechnen.

Aufgabe 10: Am 01.02.00 wird eine $7\frac{1}{2}$%-Anleihe mit Halbjahreskupon zum Kurs von 98 € je 100 € nominal emittiert. Der erste Kupon ist am 01.05.00 fällig. Die Laufzeit der Anleihe endet am 01.11.07. Berechnen Sie die Effektivrendite nach der Methode *Moosmüller*.

5.2 Lösungen der Aufgaben

5.2.1 Zinsrechnung

Aufgabe 1: Wenn man 800 € sieben Jahre lang zu 6 % Zinsen anlegt, so beläuft sich das Endkapital bei einfachen Zinsen auf

$$K_n = K_0\,(1 + ni) = 800 \cdot (1 + 7 \cdot 0,08) = 1136.$$

Aufgabe 2: Legt jemand 900 € vier Jahre und sechs Monate zu 7 % an, so erhält man

1. bei einfacher Verzinsung ein Endkapital von

$$K_n = K_0\,(1 + ni)$$
$$= 900 \cdot (1 + 4,5 \cdot 0,07) = 1183,50\,,$$

2. während sich bei reinem Zinseszins ein Betrag in Höhe von

$$K_n = K_0\,(1 + i)^n$$
$$= 900 \cdot 1,07^{4,5} = 1220,31$$

ergibt.

3. Bei gemischter Verzinsung haben wir zunächst die Laufzeitkomponenten $n_1 = \text{int}(n) = \text{int}(4,5) = 4$ und $n_2 = n - n_1 = 4,5 - 4 = 0,5$ zu ermitteln. Setzt man dies alles ein, so ergibt sich schließlich

$$K_n = K_0\,(1 + i)^{n_1}(1 + n_2 i)$$
$$= 900 \cdot 1,07^4 \cdot (1 + 0,5 \cdot 0,07) = 1221,01\,.$$

Aufgabe 3: Wer in 5 Jahren ein Endkapital in Höhe von 10000 € besitzen will, muss bei einem Zinssatz von 6,125 % heute

1. bei einfachen Zinsen ein Anfangskapital von

$$K_0 = \frac{K_n}{(1 + ni)} = \frac{10000}{1 + 5 \cdot 0,06125} = 7655,50$$

bereitstellen.

2. Bekommt man Zinseszinsen geboten, so braucht man dagegen heute nur

$$K_0 = \frac{K_n}{(1+i)^n} = \frac{10000}{1,06125^5} = 7428,68$$

anzulegen.

Aufgabe 4: Um den Zinssatz zu ermitteln, den man verlangen muss, um ein Kapital von 1000 € innerhalb von neun Jahren und drei Monaten zu verdoppeln, rechnet man bei

1. einfachen Zinsen

$$i = \frac{1}{n}\left(\frac{K_n}{K_0} - 1\right) = \frac{1}{9,25} \cdot \left(\frac{2000}{1000} - 1\right) = 10,811\,\%.$$

2. Im Falle von Zinseszinsen ergibt sich

$$i = \sqrt[n]{\frac{K_n}{K_0}} - 1 = \sqrt[9,25]{\frac{2000}{1000}} - 1 = 7,781\,\%.$$

3. Bei gemischter Verzinsung lässt sich keine geschlossene Formel für den Zinssatz angeben. Stattdessen muss mit einem Approximationsverfahren gearbeitet werden. Es geht um die Bestimmung der Nullstelle der Funktion

$$f(i) = -K_n + K_0\,(1+i)^{n_1}(1+n_2 i)$$
$$= -2000 + 1000 \cdot (1+i)^9(1+0,25 \cdot i).$$

Ermittelt man die Nullstelle mit Hilfe des vereinfachten *Newton*-Verfahrens unter Verwendung von $i_0 = 0,10000$ und $\Delta i = 0,01$, so kann man die nachstehende Rechentabelle aufstellen.

k	i_k	$f(i_k)$	$\frac{f(i_k+\Delta i)-f(i_k)}{\Delta i}$
0	0,10000	416,90	21148,66
1	0,08029	44,02	18217,54
2	0,07787	2,05	17884,20
3	0,07776	0,08	17868,50
4	0,07775	0,00	

Man muss also bei gemischter Verzinsung 7,775 % verlangen.

Aufgabe 5: Gefragt wird nach der Laufzeit einer Kapitalanlage in Höhe von 10000 €, die bei einem Zinssatz von 6,5 % auf 15000 € anwachsen soll.

1. Für die Laufzeit bei einfachen Zinsen ergibt sich

$$n = \frac{1}{i}\left(\frac{K_n}{K_0} - 1\right)$$
$$= \frac{1}{0,065} \cdot \left(\frac{15000}{10000} - 1\right) = 7,69 \,.$$

Das entspricht 7 Jahren und 249 Tagen.

2. Im Falle der Zinseszinsrechnung ist die Laufzeit mit 6 Jahren und 158 Tagen wesentlich kürzer, wovon man sich durch die Rechnung

$$n = \frac{\ln \frac{K_n}{K_0}}{\ln(1 + i)}$$
$$= \frac{\ln \frac{15000}{10000}}{\ln 1,065} = 6,44$$

überzeugen kann.

3. Bei gemischter Verzinsung verwenden wir

$$n = n_1 + n_2$$

mit

$$n_1 = \text{int}\left(\frac{\ln \frac{K_n}{K_0}}{\ln(1 + i)}\right) \quad \text{und}$$
$$n_2 = \frac{1}{i}\left(\frac{K_n}{K_0(1 + i)^{n_1}} - 1\right).$$

Im Einzelnen erhalten wir

$$n_1 = \text{int}\left(\frac{\ln \frac{15000}{10000}}{\ln 1,065}\right) = \text{int}(6,44) = 6$$

sowie

$$n_2 = \frac{1}{0,065} \cdot \left(\frac{15000}{10000 \cdot 1,065^6} - 1\right) = 0,43,$$

woraus sich insgesamt eine Laufzeit von $n = 6 + 0,43 = 6,43$ Jahren ergibt. Das entspricht 6 Jahren und 155 Tagen.

Aufgabe 6: Wer $8000\,€$ für 20 Jahre zu $6{,}5\,\%$ Zinseszins anlegt, kommt auf ein Endkapital von

$$K_n = K_0\,(1+i)^n = 8000 \cdot 1{,}065^{20} = 28189{,}16\,.$$

Bei $10{,}0\,\%$ einfachem Zins erreicht man dagegen nur

$$K_n = K_0\,(1+ni) = 8000 \cdot (1 + 20 \cdot 0{,}1) = 24000{,}00\,.$$

Also ist das erste Angebot besser.

Aufgabe 7: Bei Kapitalanlagen mit Laufzeiten von weniger als einem Jahr ist einfache Verzinsung stets besser als Zinseszins. Das gilt auch dann, wenn man $1000\,€$ für ein halbes Jahr zu $5\,\%$ anlegt. Das zeigen die nachstehenden Rechnungen. Bei einfacher Verzinsung haben wir

$$K_{0{,}5} = 1000 \cdot (1 + 0{,}5 \cdot 0{,}05) = 1025{,}00,$$

während Zinseszinsrechnung auf

$$K_{0{,}5} = 1000 \cdot 1{,}05^{0{,}5} = 1024{,}70$$

führt. Also bekommt der Kapitalanleger bei Zinseszinsrechnung $0{,}30\,€$ weniger.

Aufgabe 8: Um das Endkapital auszurechnen, das jemand nach einem Jahr besitzt, wenn ein unterjährlicher Zins j vereinbart wurde, kann man

$$K_1 = K_0\,(1+j)^m$$

benutzen, wobei m die Zahl der jährlichen Zinsperioden darstellt:

1. $K_1 = 50000 \cdot (1 + 0{,}12)^1 \;= 56000{,}00\,,$
2. $K_1 = 50000 \cdot (1 + 0{,}06)^2 \;= 56180{,}00\,,$
3. $K_1 = 50000 \cdot (1 + 0{,}03)^4 \;= 56275{,}44\,,$
4. $K_1 = 50000 \cdot (1 + 0{,}01)^{12} = 56341{,}25\,.$

Aufgabe 9: Unter der Voraussetzung, dass wir auf ein Anfangskapital von $50000\,€$ mit einem nominellen Jahreszinssatz von $i = 12\,\%$ das Konzept der stetigen Verzinsung anwenden, haben wir nach einem Jahr ein Endkapital in Höhe von

$$K_1 = K_0 e^i = 50000 \cdot 2{,}71828^{0{,}12} = 56374{,}84\,.$$

Aufgabe 10: Bei einem Quartalszinssatz von $j = 2\%$ Zins belaufen sich der

1. nominelle Zinssatz auf $i = mj = 4 \cdot 0,02 = 8,00\%$

2. und der konforme Zinssatz auf $i^* = (1 + j)^m - 1 = 1,02^4 - 1 = 8,24\%$.

Aufgabe 11: Wenn das Ehepaar seinem Kind nach $n = 18$ Jahren ein Endkapital von $K_n = 20000 \text{ €}$ aushändigen will und

1. $5,5\%$ Zins je Jahr geboten werden, so muss es heute

$$K_0 = \frac{K_n}{(1 + i)^n} = \frac{20000}{1,055^{18}} = 7629,32$$

ausgeben.

2. Werden dagegen Zinsen in Höhe von $j = 0,45\%$ je Monat vereinbart, so beläuft sich der erforderliche Kapitaleinsatz nur auf

$$K_0 = \frac{K_n}{(1 + j)^{mn}} = \frac{20000}{1,0045^{12 \cdot 18}} = 7583,03 \, .$$

Aufgabe 12: Wer wissen will, welcher nominelle Jahreszins zu verlangen ist, damit sich ein Kapital bei stetiger Verzinsung innerhalb von 20 Jahren verdreifacht, muss die Gleichung

$$K_n = K_0 \, e^{in}$$

nach i auflösen. Umstellen und Logarithmieren ergibt

$$i = \frac{\ln\left(\frac{K_n}{K_0}\right)}{n} = \frac{\ln 3}{20} = 5,49\%.$$

5.2.2 Rentenrechnung

Aufgabe 1: Den Endwert einer nachschüssigen Rente errechnet man mit Hilfe von

$$R_n = r \, \frac{(1 + i)^n - 1}{i},$$

woraus man mit den Zahlen des Beispiels

$$R_4 = 100 \cdot \frac{1,045^4 - 1}{0,045} = 427,82$$

erhält.

Aufgabe 2: Hier geht es um den Endwert einer vorschüssigen Rente, den man mit Hilfe von

$$R_n = r\,(1+i)\,\frac{(1+i)^n - 1}{i}$$

berechnen kann. Mit den Zahlen des Beispiels ergibt sich

$$R_5 = 1000 \cdot 1,1 \cdot \frac{1,1^5 - 1}{0,1} = 6715,61.$$

Aufgabe 3: Es sind die Endwerte einer Rente in Höhe von 500 € auszurechnen, die 16 Jahre lang gezahlt wird. Bei einem Zinssatz von 5,375 %

1. und vorschüssiger Zahlung erhält man

$$R_{16} = 500 \cdot 1,05375 \cdot \frac{1,05375^{16} - 1}{0,05375} = 12850,92,$$

2. während sich bei nachschüssiger Zahlung nur

$$R_{16} = 500 \cdot \frac{1,05375^{16} - 1}{0,05375} = 12195,42$$

ergibt.

Aufgabe 4: Es ist eine Rente bei gegebenem Rentenbarwert $R_0 = 20000$ zu berechnen. Bei einem Zins von $i = 0,04125$ und einer Laufzeit von $n = 10$ Jahren ermittelt man die Rente

1. bei vorschüssiger Zahlweise aus

$$\begin{aligned}
r &= R_0\,\frac{i\,(1+i)^n}{(1+i)\,((1+i)^n - 1)} \\
&= 20000 \cdot \frac{0,04125 \cdot 1,04125^{10}}{1,04125 \cdot (1,04125^{10} - 1)} \\
&= 2382,89,
\end{aligned}$$

2. bei nachschüssiger Zahlweise aus

$$\begin{aligned}
r &= R_0\,\frac{i\,(1+i)^n}{(1+i)^n - 1} \\
&= 20000 \cdot \frac{0,04125 \cdot 1,04125^{10}}{1,04125^{10} - 1} \\
&= 2481,19.
\end{aligned}$$

Aufgabe 5: Gegenüber Aufgabe 4 geht es um die Berechnung von Renten bei gegebenem Endwert. Man erhält

1. bei vorschüssiger Zahlweise

$$r = R_n \frac{i}{(1 + i)((1 + i)^n - 1)}$$
$$= 16000 \cdot \frac{0,0375}{1,0375 \cdot (1,0375^{12} - 1)} = 1041,15,$$

2. bei nachschüssiger Zahlweise

$$r = R_n \frac{i}{(1 + i)^n - 1}$$
$$= 16000 \cdot \frac{0,0375}{1,0375^{12} - 1} = 1080,20.$$

Aufgabe 6: Wenn jemand 6 Jahre lang jährlich 6000 € auf ein Konto einzahlt, das mit 6 % verzinst wird, so hängt der Rentenendwert davon ab, ob er vor- oder nachschüssig zahlt. Ferner ist von Bedeutung, ob er die Jahresleistungen in einer Summe oder in Teilbeträgen erbringt.

1. Werden nachschüssig jährlich 6000 € gezahlt, so beläuft sich der Rentenendwert auf

$$R_6 = 6000 \cdot \frac{1,06^6 - 1}{0,06} = 41851,91.$$

2. Wenn dagegen vorschüssig jährlich 6000 € geleistet werden, so ergibt sich ein Rentenendwert von

$$R_6 = 6000 \cdot 1,06 \cdot \frac{1,06^6 - 1}{0,06} = 44363,03.$$

3. Bei nachschüssiger Monatsrente in Höhe von 500 € erhält man

$$R_6 = 500 \cdot \left(12 + \frac{0,06}{2} \cdot 11\right) \cdot \frac{1,06^6 - 1}{0,06} = 43002,84,$$

4. während sich der Rentenendwert bei vorschüssiger Zahlungsweise von monatlichen 500 € auf

$$R_6 = 500 \cdot \left(12 + \frac{0,06}{2} \cdot 13\right) \cdot \frac{1,06^6 - 1}{0,06} = 43212,10$$

beläuft.

Aufgabe 7: In dieser Aufgabe sollen Zinssätze bei gegebenem Rentenbarwert, $R_0 = 1000000$, berechnet werden. Eine Rente in Höhe von $r = 120000$ wird $n = 15$ Jahre lang gezahlt.

1. Bei vorschüssiger Rente ist die Nullstelle der Funktion

$$f(i) = -R_0 + r\,(1+i)\,\frac{(1+i)^n - 1}{i\,(1+i)^n}$$

zu bestimmen. Um sich das Ableiten dieser Funktion nach i zu sparen, verwenden wir das vereinfachte *Newton*-Verfahren. Mit $i_0 = 0,05000$ und $\Delta i = 0,01$ ergeben sich die in nachstehender Tabelle beschriebenen Iterationen.

k	i_k	$f(i_k)$	$\frac{f(i_k+\Delta i)-f(i_k)}{\Delta i}$
0	0,05000	307837	-7243884
1	0,09250	41359	-4925551
2	0,10089	-284	-4582874
3	0,10083	12	-4585289
4	0,10083	-1	-4585184
5	0,10083	0	

Der gesuchte Zinssatz liegt also bei $i = 10,083\,\%$.

2. Im Falle nachschüssiger Zahlweise muss die Nullstelle der Funktion

$$f(i) = -R_0 + r\,\frac{(1+i)^n - 1}{i\,(1+i)^n}$$

berechnet werden. Die Lösung ergibt sich zu $i = 8,442\,\%$.

Aufgabe 8: Wenn danach gefragt wird, zu welchem Zinssatz sich ein Konto verzinsen muss, auf das $n = 10$ Jahre lang eine Rente von $r = 1000$ eingezahlt wird, damit sich ein Rentenendwert von $R_n = 15000$ ergibt, so muss

1. bei vorschüssiger Zahlweise die Nullstelle der Funktion

$$f(i) = -R_n + r\,(1+i)\,\frac{(1+i)^n - 1}{i}$$

bestimmt werden. Mit den Beispielszahlen ergibt sich $i = 7,257\,\%$.

2. Im Falle einer nachschüssigen Rente ist die Nullstelle der Funktion

$$f(i) = -R_n + r\,\frac{(1+i)^n - 1}{i}$$

zu ermitteln. Das Ergebnis lautet mit den Zahlen des Beispiels $i = 8{,}732\,\%$.

Aufgabe 9: Wir bestimmen zunächst den konformen Jahreszinssatz i^*, für den die Funktion

$$\begin{aligned}
f(i^*) &= -R_0 + r\,\frac{(1+i^*)^n - 1}{i^*} \\
&= -50000 + 18000 \cdot \frac{(1+i^*)^3 - 1}{i^*}
\end{aligned}$$

den Wert null annimmt. Mit einem ersten Versuchszinssatz von $i_0^* = 0{,}15000$ und $\Delta i^* = 0{,}01$ ergibt sich im Rahmen des vereinfachten *Newton*-Verfahrens die nachstehende Tabelle.

k	i_k^*	$f(i_k^*)$	$\frac{f(i_k^* + \Delta i^*) - f(i_k^*)}{\Delta i^*}$
0	0,15000	-8901,95	-67204,04
1	0,01754	2159,79	-100286,88
2	0,03907	39,50	-93591,38
3	0,03950	-0,60	-93466,29
4	0,03949	0,01	

Der konforme Jahreszinssatz beträgt also $i^* = 3{,}949\,\%$.

1. Bei quartalsweiser Verzinsung ergibt sich der nominelle Jahreszinssatz daraus mit

$$\begin{aligned}
i &= m_z\left((1+i^*)^{\frac{1}{m_z}} - 1\right) \\
&= 4 \cdot \left(1{,}03949^{\frac{1}{4}} - 1\right) = 3{,}892\,\%.
\end{aligned}$$

2. Im Falle monatlicher Verzinsung lautet die Rechnung

$$\begin{aligned}
i &= m_z\left((1+i^*)^{\frac{1}{m_z}} - 1\right) \\
&= 12 \cdot \left(1{,}03949^{\frac{1}{12}} - 1\right) = 3{,}879\,\%.
\end{aligned}$$

3. Bei stetiger Verzinsung beträgt der nominelle Zinssatz

$$i = \ln(1 + i^*) = \ln 1,03949 = 3,873\,\%.$$

Aufgabe 10: Es ist der Barwert einer (nachschüssigen) monatlichen Rente in Höhe von $r = 100\,€$ über einen Zeitraum von $n = 5$ Jahren bei einem Zinssatz von $i = 6,125\,\%$ zu berechnen. Sollte dieser Barwert kleiner als $5000\,€$ sein, so ist die Barabfindung günstiger. Man berechnet den Barwert mit

$$
\begin{aligned}
R_0 &= r \left(m_r + \frac{i}{2} (m_r - 1) \right) \frac{(1+i)^n - 1}{i(1+i)^n} \\
&= 100 \cdot \left(12 + \frac{0,06125}{2} \cdot 11 \right) \cdot \frac{1,06125^5 - 1}{0,06125 \cdot 1,06125^5} \\
&= 5179,12.
\end{aligned}
$$

Mithin ist die Rente attraktiver als die Barabfindung in Höhe von $5000\,€$.

Aufgabe 11: Wir haben es hier mit dem Fall einer unterjährlichen Rente bei jährlicher Verzinsung zu tun. Zu bestimmen ist die Laufzeit $n = n_1 + n_2$ mit $n_1 = \text{int}(n)$ und $n_2 = n - n_1$ sowie $N_2 = m_r n_2$ unter der Voraussetzung einer Quartalsrente in Höhe von $r = 400\,€$, die bei einem Zins von $i = 2,5\,\%$ p.a. auf einen Endwert in Höhe von $R_n = 16076,54\,€$ führen soll. Infolgedessen ist die Nullstelle der Funktion

$$
\begin{aligned}
f(n) = {}&-R_n + r \left(\left(m_r + \frac{i}{2} (m_r - 1) \right) \frac{q^{n_1} - 1}{i} (1 + n_2 i) \right. \\
&\left. + \left(N_2 + \frac{i}{m_r} \frac{(N_2 - 1)N_2}{2} \right) \right) \\
= {}&-16076,54 \\
&+ 400 \cdot \left(\left(4 + \frac{0,025}{2} \cdot 3 \right) \cdot \frac{1,025^{n_1} - 1}{0,025} \cdot (1 + n_2 \cdot 0,025) \right. \\
&\left. + \left(N_2 + \frac{0,025}{4} \cdot \frac{(N_2 - 1)N_2}{2} \right) \right)
\end{aligned}
$$

zu bestimmen. Es ist etwas unangenehm, diese Funktion nach n zu differenzieren. Daher bietet sich zur Ermittlung der Nullstelle das vereinfachte *Newton*-Verfahren an. Wir verwenden $n_0 = 12,5$ und $\Delta n = 1$. Damit ergeben sich die in nachstehender Tabelle wiedergegebenen Zahlen.

k	n_k	$f(n_k)$	$\frac{f(n_k+\Delta n)-f(n_k)}{\Delta n}$
0	12,5000	7284,28	2199,15
1	9,1877	375,49	2026,38
2	9,0024	4,76	2017,03
3	9,0000	0,05	2016,91
4	9,0000	0,00	

Aufgabe 12: Um den Effektivzins (nach international üblichem Standard) zu berechnen, der für einen Kredit über $R_0 = 180000\,€$ gilt, der $n = 20$ Jahre lang in vierteljährlichen Raten ($m = 4$) in Höhe von $r = 4300\,€$ zurückgezahlt wird, ist jener Zinssatz i zu ermitteln, für den

$$R_n = r\,\frac{\left(1+\frac{i}{m}\right)^{mn}-1}{\frac{i}{m}\left(1+\frac{i}{m}\right)^{mn}}$$

erfüllt ist. Bestimmt man die Nullstelle der Funktion

$$f(i) = -R_n + r\,\frac{\left(1+\frac{i}{m}\right)^{mn}-1}{\frac{i}{m}\left(1+\frac{i}{m}\right)^{mn}}$$

$$= -180000 + 4300 \cdot \frac{\left(1+\frac{i}{4}\right)^{4\cdot20}-1}{\frac{i}{4}\cdot\left(1+\frac{i}{4}\right)^{4\cdot20}}$$

mit Hilfe des vereinfachten *Newton*-Verfahrens und startet die Berechnungen mit $i_0 = 0,04000$ sowie $\Delta i = 0,01$, so erhält man die in nachstehender Tabelle angegebenen Resultate.

k	i_k	$f(i_k)$	$\frac{f(i_k+\Delta i)-f(i_k)}{\Delta i}$
0	0,04000	56019,29	-1935666,09
1	0,06894	5906,64	-1364982,84
2	0,07327	-196,05	-1298097,86
3	0,07312	11,77	-1300364,72
4	0,07313	-0,70	-1300228,74
5	0,07313	0,04	-1300236,77
6	0,07313	0,00	

Der Effektivzinssatz beläuft sich demnach auf 7,313 %.

Aufgabe 13: Es soll die Laufzeit eines Kredits über $R_0 = 24000 €$ bestimmt werden, der in monatlichen ($m_r = 12$) Raten von $r = 584 €$ zurückgezahlt wird. Der effektive Jahreszins ist mit $i = 7,125\%$ gegeben. Diese Aufgabe ist dem Modell der unterjährlichen Rente bei jährlichem Zinssatz zugeordnet. Für den Barwert einer solchen Rente gilt, vgl. dazu Seite 82,

$$R_0 = r \frac{\left[\left(m_r + \frac{i}{2}(m_r - 1)\right)\frac{q^{n_1}-1}{i}(1 + n_2 i) + \left(N_2 + \frac{i}{m_r}\frac{(N_2-1)N_2}{2}\right)\right]}{q^{n_1}(1 + n_2 i)}.$$

Gesucht wird nach der Laufzeit $n = n_1 + n_2$ mit $n_1 = \text{int}(n)$, $n_2 = n - n_1$ und $N_2 = m_r n_2$, die vorstehende Gleichung für die oben genannten Beispielszahlen erfüllt. Wir müssen also die Nullstelle der Funktion

$$f(n) = -R_0 + r \frac{\left[\left(m_r + \frac{i}{2}(m_r - 1)\right)\frac{q^{n_1}-1}{i}(1 + n_2 i) + \left(N_2 + \frac{i}{m_r}\frac{(N_2-1)N_2}{2}\right)\right]}{q^{n_1}(1 + n_2 i)}$$

ermitteln. Es bietet sich das vereinfachte *Newton*-Verfahren an, wenn man vermeiden will, vorstehende Funktion nach n zu differenzieren. Mit $n_0 = 7$ und $\Delta n = 0,1$ ergeben sich die in nachstehender Tabelle zusammengestellten Zahlen.

k	n_k	$f(n_k)$	$\frac{f(n_k + \Delta n) - f(n_k)}{\Delta n}$
0	7,00000	14832,11	4300,64
1	3,55118	-1977,77	5455,74
2	3,91369	-16,59	5329,40
3	3,91680	0,06	5327,92
4	3,91679	0,00	

Die gesuchte Laufzeit beläuft sich demnach auf 3,91679 Jahre oder $3,91679 \cdot 12 = 47$ Monate.

Aufgabe 14: Wenn der Rentenendwert R_n unter der Voraussetzung zu berechnen ist, dass wir $n = 5$ Jahre lang monatlich eine Rente in Höhe von $r = 150$ auf ein Konto einzahlen, das halbjährlich mit $j = 2,5\%$ verzinst wird, so haben wir es mit unterjährlicher Rente und unterjährlicher Verzinsung zu tun, wobei $m_r > m_z$ gilt.

Um zum Ziel zu kommen, rechnen wir die Monatsrente r zunächst in eine konforme Halbjahresrente r^* um. Zu diesem Zweck machen wir uns klar, dass je Halbjahr (das ist jetzt die Zinsperiode) genau 6 Monatsrenten zu zahlen sind, woraus sich in analoger Anwendung von Gleichung (2.23) von Seite 78

$$r^* = r \left(m_r + \frac{j}{2} (m_r - 1) \right)$$
$$= 150 \cdot \left(6 + \frac{0,025}{2} \cdot 5 \right) = 909,38$$

ergibt. Innerhalb eines Zeitraums von 5 Jahren sind nun genau $2 \cdot 5 = 10$ solche Halbjahresrenten zu leisten, woraus man für den Rentenendwert das Resultat

$$R_n = r^* \frac{(1 + j)^{2n} - 1}{j}$$
$$= 909,38 \cdot \frac{1,025^{10} - 1}{0,025} = 10188,08$$

gewinnt.

Aufgabe 15: Ebenso wie in Aufgabe 14 haben wir es mit hier mit unterjährlicher Rentenrechnung bei unterjährlicher Verzinsung zu tun. Da die Rentenzahlungen monatlich erfolgen, während die Zinsverrechnungen quartalsweise vorgenommen werden, empfiehlt es sich auch hier, die Monatsrente in eine konforme Quartalsrente umzurechnen, was numerisch unmöglich ist, solange der Quartalszinssatz j unbekannt ist. Trotzdem gilt

$$r^* = r \left(m_r + \frac{j}{2} (m_r - 1) \right)$$
$$= 1850 \cdot \left(3 + \frac{j}{2} \cdot 2 \right)$$
$$= 1850 \cdot (3 + j).$$

Hierbei haben wir die Tatsache genutzt, dass es je Quartal immer genau drei Rentenzahlungen gibt.

Da die Gesamtlaufzeit der Rente mit 2 Jahren und 6 Monaten aus genau $N = 2 \cdot 4 + \frac{6}{3} = 10$ Quartalen besteht und der

Kreditbetrag sich auf $R_0 = 50000$ beläuft, können wir für den Barwert der Rente

$$R_0 = r* \frac{(1+j)^N - 1}{j\,(1+j)^N}$$

$$50000 = 1850 \cdot (3+j) \cdot \frac{(1+j)^{10} - 1}{j \cdot (1+j)^{10}}$$

schreiben.

Nunmehr ist klar, dass wir die Nullstelle der Funktion

$$f(j) = -50000 + 1850 \cdot (3+j) \cdot \frac{(1+j)^{10} - 1}{j \cdot (1+j)^{10}}$$

bestimmen müssen. Wir bewerkstelligen das wieder mit dem vereinfachten *Newton*-Verfahren und starten mit $j_0 = 0,0100000$ sowie $\Delta j = 0,01$. Das führt uns dann rasch auf die Zahlen der nachstehenden Tabelle.

k	j_k	$f(j_k)$	$\frac{f(j_k + \Delta j) - f(j_k)}{\Delta j}$
0	0,0100000	2740,96	−255525,68
1	0,0207267	7,44	−235681,90
2	0,0207583	−0,28	−235626,34
3	0,0207571	0,01	−235628,44
4	0,0207572	0,00	

Der gesuchte Quartalszinssatz beträgt demnach $j = 2,076\,\%$.

Aufgabe 16: Wenn ein Elternpaar bereit ist, zu Gunsten seines Kindes nachschüssig regelmäßig jährliche Sparleistungen zu erbringen, die mit 1000 € beginnen und von Jahr zu Jahr um 150 € gesteigert werden, dann handelt es sich um eine arithmetisch fortschreitende Rente. Den Endwert einer solchen Rente ermittelt man mit Hilfe von

$$R_n = r \frac{q^n - 1}{i} + \frac{d}{i} \left(\frac{q^n - 1}{i} - n \right).$$

Für $n = 18$ und $i = 0,045$ ergibt sich ein Endkapital von

$$R_{18} = 1000 \cdot \frac{1,045^{18} - 1}{0,045}$$

$$+ \frac{150}{0,045} \cdot \left(\frac{1,045^{18} - 1}{0,045} - 18 \right) = 56372,03.$$

Aufgabe 17: Wenn Sie verpflichtet sind, an einen Ihrer Mitarbeiter 10 Jahre lang eine Rente zu zahlen, die im ersten Jahr 7000 € beträgt und danach jährlich um 6 % wächst, so haben Sie es mit einer geometrisch fortschreitenden Rente zu tun. Da Sie beabsichtigen, sich Ihrer Verpflichtungen durch Zahlung einer einmaligen Abfindung zu entledigen, geht es um die Bestimmung des Barwerts einer solchen Rente. Bei einem Zinssatz von 5 % ergibt sich

$$R_0 = r \, \frac{q^n - g^n}{(q-g)q^n}$$
$$= 7000 \cdot \frac{1,05^{10} - 1,06^{10}}{(1,05 - 1,06) \cdot 1,05^{10}} = 69597,60 \, .$$

Aufgabe 18: Ebenso wie in Aufgabe 17 geht es um den Barwert einer geometrisch wachsenden Rente. Wir gehen also wieder von

$$R_0 = r \, \frac{q^n - g^n}{(q-g)q^n}$$

aus.

1. Gegeben sind nun $R_0 = 20000$ €, $i = 0,03$, $r = 1000$ € sowie $g = 1,1$ Gesucht wird nach n. Da sich vorstehende Gleichung nicht elementar nach n auflösen lässt, müssen wir die Nullstelle der Funktion

$$f(n) = -20000 + 1000 \cdot \frac{1,03^n - 1,10^n}{(1,03 - 1,10) \cdot 1,03^n}$$

mit Hilfe eines Iterationsverfahrens berechnen. Die erste Ableitung der Funktion nach n ergibt sich zu

$$f'(n) = r \, \frac{g^n \, (\ln q - \ln g)}{q^n \, (q - g)}$$
$$= 1000 \cdot \frac{1,10^n \cdot (\ln 1,03 - \ln 1,10)}{1,03^n \cdot (1,03 - 1,10)}$$

Beginnen wir das Suchverfahren mit $n_0 = 20$, so erhalten wir mit dem *Newton*-Verfahren die in nachstehender Tabelle zusammengestellten Zahlen.

k	n_k	$f(n_k)$	$\frac{f(n_k+\Delta n)-f(n_k)}{\Delta n}$
0	20,00000	18926,48	3498,78
1	14,59054	2999,92	2451,58
2	13,36687	117,51	2262,06
3	13,31492	0,20	2254,35
4	13,31483	0,00	

Die Rente kann also 13 Jahre lang gezahlt werden.

2. Am Ende des vierzehnten Jahres reicht es nicht mehr für einen vollen Rentenbetrag. Um die Schlusszahlung zu ermitteln, berechnen wir den Barwert der Rente für $n = 13$ und ziehen diesen Betrag vom ursprünglichen Kapital ab. Dabei erhalten wir

$$x = 20000 - 1000 \cdot \frac{1,10^{13} \cdot (\ln 1,03 - \ln 1,10)}{1,03^{13} \cdot (1,03 - 1,10)}$$
$$= 702,45.$$

Aufzinsen dieses Betrages ergibt eine Schlusszahlung von

$$x \cdot q^{14} = 702,45 \cdot 1,03^{14} = 1062,51.$$

Aufgabe 19: In dieser Aufgabe geht es um eine unterjährliche Rente, die einer arithmetischen Folge gehorcht. Um den Rentenendwert zu ermitteln, berechnet man zunächst die erste konforme Jahresrente und anschließend die Differenz zwischen zwei konformen Jahresrenten. Für die konforme Jahresrente

$$r_1 = (1 + i)m_r \left(r + \frac{d}{2}(m_r - 1) \right)$$
$$- i(m_r + 1)\left(\frac{r}{2} + \frac{d}{3}(m_r - 1) \right)$$

erhält man mit $i = 0,035$, $m_r = 4$, $r = 25$ und $d = 1$

$$r_1 = 1,035 \cdot 4 \cdot \left(25 + \frac{1}{2} \cdot (4 - 1) \right)$$
$$- 0,035 \cdot (4 + 1) \cdot \left(\frac{25}{2} + \frac{1}{3} \cdot (4 - 1) \right) = 107,3475,$$

während sich für die Differenz zwischen zwei benachbarten konformen Jahresrenten aus

$$\delta = m_r\, d \left((1+i)\, m_r - \frac{i}{2}\, (m_r + 1) \right)$$

ein Wert von

$$\delta = 4 \cdot 1 \cdot \left(1{,}035 \cdot 4 - \frac{0{,}035}{2} \cdot (4+1) \right) = 16{,}21$$

ergibt. Insgesamt erreicht das Elternpaar damit nach $n = 10$ Jahren einen Endwert von

$$R_n = r_1 \frac{q^n - 1}{i} + \frac{\delta}{i} \left(\frac{q^n - 1}{i} - n \right)$$

$$R_{10} = 107{,}3475 \cdot \frac{1{,}035^{10} - 1}{0{,}035}$$

$$+ \frac{16{,}21}{0{,}035} \cdot \left(\frac{1{,}035^{10} - 1}{0{,}035} - 10 \right) = 2061{,}22 \;.$$

Aufgabe 20: Es geht um eine geometrisch schrumpfende Rente, die halbjährlich gezahlt wird. Der halbjährliche Wachstumsfaktor beläuft sich hier auf $g = 0{,}98$, woraus sich ein jahresbezogener Wachstumsfaktor von $\mathfrak{g} = g^{m_r} = 0{,}98^2 = 0{,}9604$ ergibt. Die konforme Jahresrente ermittelt man mit

$$r_1 = \frac{r}{g-1} \left[(g^{m_r} - 1) \left(1 + \frac{i}{m_r (g-1)} \right) - i \right],$$

was sich unter Verwendung der hier vorgegebenen Daten in der Form

$$r_1 = \frac{6000}{0{,}98 - 1} \cdot \left[(0{,}98^2 - 1) \cdot \left(1 + \frac{i}{2 \cdot (0{,}98 - 1)} \right) - i \right]$$

darstellen lässt. Man erkennt, dass die konforme Jahresrente nicht eindeutig bestimmt ist, solange der Zinssatz noch nicht feststeht.

Es ist die Nullstelle einer Funktion $f(i)$ zu berechnen, für die wir wegen

$$R_0 = r_1 \frac{q^n - \mathfrak{g}^n}{(q - \mathfrak{g}) q^n}$$

mit den Daten der Aufgabe

$$f(i) = -100000 + \frac{6000}{0,98 - 1} \cdot \left[\left(0,98^2 - 1 \right) \right.$$

$$\left. \cdot \left(1 + \frac{i}{2 \cdot (0,98 - 1)} \right) - i \right]$$

$$\cdot \frac{(1 + i)^{16} - 0,9604^{16}}{(1 + i - 0,9604) \cdot (1 + i)^{16}} \quad (5.1)$$

notieren. Aus Gründen der Bequemlichkeit bedienen wir uns des vereinfachten *Newton*-Verfahrens, indem wir mit $i_0 = 0,100000$ beginnen und $\Delta i = 0,000001$ verwenden. Nach der vierten Iteration hat man den Zinssatz mit $i = 5,3333\,\%$ hinreichend genau bestimmt, vgl. Tabelle 5.1. Auf Seite 248 zeigt

Tabelle 5.1: Iterative Berechnung des Zinssatzes einer unterjährlichen geometrisch fortschreitenden Rente bei gegebenem Barwert mit Hilfe des vereinfachten *Newton*-Verfahrens

k	i_k	$f(i_k)$ gem. Gl. (5.1)	$\frac{f(i_k + \Delta i) - f(i_k)}{\Delta i}$ mit $f(\cdot)$ gem. Gl. (5.1)
0	0,100000	-22698,20	-390005,54
1	0,041800	7359,25	-675806,65
2	0,052690	388,59	-606012,65
3	0,053331	1,23	-602190,20
4	0,053333	0,00	

Tabelle 5.2 die Entwicklung des Kapitals über 33 Halbjahre im Detail.

Aufgabe 21: In dieser Aufgabe geht es um die Berechnung von unterjährlichen Renten bei jährlichen Zinsen, wenn der Barwert mit $R_0 = 48000\,€$ gegeben ist. Die Laufzeit beträgt 3 Jahre und 9 Monate, also $n = 3,75$ Jahre. Der jährliche Zins ist 5,75 %. Gefragt ist nach vor- und nachschüssigen Renten. Man berechnet eine solche Rente stets aus

$$r = R_0 \frac{q^{n_1}(1 + n_2 i)}{\text{Nenner}},$$

Tabelle 5.2: Entwicklung eines Kapitals bei Auszahlung einer halbjährlichen geometrisch fortschreitenden Rente und jährlichem Zinszuschlag

Semester	Kapital zu Beginn des Semesters	Rente	Kapital am Ende des Semesters	Unterj. Zinsen 2,67% auf Kapital zu Beginn des Semesters	Jährliche Zinsen
1	100000,00	-6000,00	94000,00	2666,66	
2	94000,00	-5880,00	88120,00	2506,66	5173,31
3	93293,31	-5762,40	87530,91	2487,81	
4	87530,91	-5647,15	81883,76	2334,15	4821,96
5	86705,72	-5534,21	81171,52	2312,14	
6	81171,52	-5423,52	75747,99	2164,57	4476,71
7	80224,70	-5315,05	74909,65	2139,32	
8	74909,65	-5208,75	69700,89	1997,58	4136,90
9	73837,79	-5104,58	68733,22	1969,00	
10	68733,22	-5002,49	63730,73	1832,88	3801,88
11	67532,61	-4902,44	62630,17	1800,86	
12	62630,17	-4804,39	57825,78	1670,13	3470,99
13	61296,78	-4708,30	56588,48	1634,57	
14	56588,48	-4614,13	51974,35	1509,02	3143,60
15	55117,94	-4521,85	50596,09	1469,81	
16	50596,09	-4431,41	46164,67	1349,22	2819,03
17	48983,71	-4342,79	44640,92	1306,23	
18	44640,92	-4255,93	40384,99	1190,42	2496,65
19	42881,64	-4170,81	38710,82	1143,51	
20	38710,82	-4087,40	34623,43	1032,28	2175,79
21	36799,22	-4005,65	32793,57	981,31	
22	32793,57	-3925,53	28868,04	874,49	1855,80
23	30723,84	-3847,02	26876,81	819,30	
24	26876,81	-3770,08	23106,73	716,71	1536,01
25	24642,74	-3694,68	20948,06	657,14	
26	20948,06	-3620,79	17327,27	558,61	1215,75
27	18543,02	-3548,37	14994,65	494,48	
28	14994,65	-3477,41	11517,24	399,86	894,33
29	12411,58	-3407,86	9003,72	330,97	
30	9003,72	-3339,70	5664,02	240,10	571,07
31	6235,09	-3272,91	2962,19	166,27	
32	2962,19	-3207,45	-245,26	78,99	245,26
33	0,00				

wobei der Nenner sich bei nachschüssiger Zahlungsweise aus

$$\text{Nenner}_{\text{nach}} = \left(m_r + \frac{i}{2}(m_r - 1) \right) \frac{q^{n_1} - 1}{i} (1 + n_2 i)$$
$$+ \left(N_2 + \frac{i}{m_r} \frac{(N_2 - 1)N_2}{2} \right)$$

und bei vorschüssiger Zahlungsweise aus

$$\text{Nenner}_{\text{vor}} = \left(m_r + \frac{i}{2}(m_r + 1) \right) \frac{q^{n_1} - 1}{i} (1 + n_2 i)$$
$$+ \left(N_2 + \frac{i}{m_r} \frac{(N_2 + 1)N_2}{2} \right)$$

ergibt. Wir können nun schon einige Teilberechnungen vornehmen. Der Kaufmann besitzt ein Startkapital in Höhe von $R_0 = 48000 €$, das er im Rahmen eines Zeitraums von $n = 3,75$ Jahren zu einem Zinssatz von $i = 0,0575$ anlegen kann. Damit haben wir bereits

$$r = 48000 \cdot \frac{1,0575^3 \cdot (1 + 0,75 \cdot 0,0575)}{\text{Nenner}} = \frac{59213,23}{\text{Nenner}} \quad (5.2)$$

und müssen uns nur noch um den Nenner kümmern.

1. Wird die Rente vorschüssig monatlich gezahlt, so sind $m_r = 12$ und $N_2 = 12 \cdot 0,75 = 9$. Das führt auf einen Nenner mit einem Betrag von

$$\text{Nenner}_{\text{vor}} = \left(12 + \frac{0,0575}{2} \cdot 13 \right) \cdot \frac{1,0575^3 - 1}{0,0575}$$
$$\cdot (1 + 0,75 \cdot 0,0575) + \left(12 + \frac{0,0575}{12} \cdot \frac{10 \cdot 9}{2} \right)$$
$$= 50,20692.$$

Einsetzen in Gleichung (5.2) bringt uns endlich auf die Lösung

$$r = \frac{59213,23}{50,20692} = 1179,38.$$

2. Bei nachschüssiger monatlicher Zahlung haben wir ebenfalls $m_r = 12$ und $N_2 = 9$, aber der Nenner ergibt sich

zu

$$\text{Nenner}_{\text{nach}} = \left(12 + \frac{0,0575}{2} \cdot 11\right) \cdot \frac{1,0575^3 - 1}{0,0575}$$
$$\cdot (1 + 0,75 \cdot 0,0575) + \left(12 + \frac{0,0575}{12} \cdot \frac{8 \cdot 9}{2}\right)$$
$$= 49,97332 .$$

Damit kommen wir auf eine etwas höhere Monatsrente von

$$r = \frac{59213,23}{49,97332} = 1184,90 .$$

3. Quartalsweise vorschüssige Zahlung führt wegen $m_r = 4$ und $N_2 = m_r \, n_2 = 4 \cdot 0,75 = 3$ auf $r = 3521,76\,€$,

4. während nachschüssige vierteljährliche Zahlung $r = 3571,39\,€$ ergibt.

Aufgabe 22: Um zu beantworten, bei welchem Zinssatz man sich das Angebot

Zahlen Sie an mich 10 Jahre lang jährlich 1000 €;
dann zahle ich an Sie 20 Jahre lang jährlich 1000 €.

leisten kann, konzentriert man sich auf den Zeitpunkt $t = 10$. Der Endwert der Einzahlungen E beläuft sich auf

$$R_{10}^E = E \cdot \frac{q^{10} - 1}{i} .$$

Der Barwert der Auszahlungen A (diskontiert auf den Zeitpunkt $t = 10$) beträgt dagegen

$$R_{10}^A = A \cdot \frac{q^{20} - 1}{i \, q^{20}} .$$

Gesucht wird nach dem Zinssatz, für den $R_{10}^E = R_{10}^A$ ist. Wegen $E = A = 1000$ kommen wir damit auf

$$\frac{q^{10} - 1}{i} = \frac{q^{20} - 1}{i \, q^{20}}$$
$$q^{20}(q^{10} - 1) = q^{20} - 1$$
$$q^{30} - q^{20} = q^{20} - 1$$
$$q^{30} - 2 \, q^{20} + 1 = 0 .$$

Wir müssen also die Nullstelle der Funktion

$$f(q) = q^{30} - 2\,q^{20} + 1$$

ermitteln, deren erste Ableitung sich zu

$$f'(q) = 30\,q^{29} - 40\,q^{19}$$

ergibt. Starten wir *Newtons* Iterationsverfahren mit $q_0 = 1,100000$, so erhalten wir die in nachstehender Tabelle zusammengestellten Zahlen und kommen damit auf einen Zinssatz in Höhe von 4,9298 %.

k	q_k	$f(q_k)$	$f'(q_k)$
0	1,100000	4,994402	231,256427
1	1,078403	1,575659	99,935483
2	1,062636	0,446872	47,820782
3	1,053292	0,098032	27,945794
4	1,049784	0,010539	22,065465
5	1,049306	0,000178	21,322988
6	1,049298	0,000000	

Aufgabe 23: Es empfiehlt sich, dass wir uns ebenso wie in der vorigen Aufgabe auf den Zeitpunkt $t = 10$ konzentrieren und zunächst den Endwert der Renten ermitteln, die eingezahlt werden. Verwenden wir E als Symbol für die Rente, welche im ersten Jahr eingezahlt wird, ergibt sich der Rentenendwert einer jährlich um 10 % steigenden Rente aus

$$R_{10}^{E} = E\,\frac{q^{10} - 1,1^{10}}{q - 1,1}\,.$$

Bezeichnen wir die erste Rente, welche (im Zeitpunkt $t = 11$) ausgezahlt wird und anschließend jährlich um 5 % steigt, mit A, so ergibt sich deren Barwert, bezogen auf den Zeitpunkt $t = 10$, auf

$$R_{10}^{A} = A\,\frac{q^{20} - 1,05^{20}}{(q - 1,05)q^{20}}\,.$$

Berücksichtigen wir schließlich, dass sich die erste Rente, welche ausgezahlt wird, auf $A = 1,1^9 \cdot E$ beläuft, so ist jener Zinssatz zu berechnen, für den die Funktion

$$f(i) = \frac{(1 + i)^{10} - 1,1^{10}}{1 + i - 1,1} - 1,1^9 \cdot \frac{(1 + i)^{20} - 1,05^{20}}{(1 + i - 1,05)(1 + i)^{20}} \quad (5.3)$$

den Wert null annimmt. Wenn wir zu bequem sind, diese Funktion nach i abzuleiten, können wir den Zinssatz mit Hilfe des vereinfachten *Newton*-Verfahrens berechnen. Zu diesem Zweck beginnen wir mit $i_0 = 0$ und verwenden $\Delta i = 0,00001$. Das führt auf die in nachstehender Tabelle zusammengestellten Ergebnisse.

k	i_k	$f(i_k)$ gem. Gl. (5.3)	$\frac{f(i_k + \Delta i) - f(i_k)}{\Delta i}$ mit $f(\cdot)$ gem. Gl. (5.3)
0	0,000000	-62,03	1002,48
1	0,061877	-19,77	461,54
2	0,104716	-3,45	318,66
3	0,115550	-0,12	297,23
4	0,115954	0,00	

Der gesuchte Zinssatz beläuft sich also auf etwa 11,60 %. Tabelle 5.3 zeigt die Entwicklung der Ein- und Auszahlungen im Detail, wenn mit einer ersten Rente in Höhe von 100 € begonnen wird.

5.2.3 Tilgungsrechnung

Aufgabe 1: Wir betrachten ein Unternehmen, das bei einer Bank Kredit in Höhe von 2,5 Mio. € zu 7,25 % mit einer Laufzeit von 5 Jahren aufnimmt.

1. Im Falle der Ratentilgung beläuft sich die gleich bleibende Tilgungsrate auf $T = \frac{2500000}{5} = 500000$ €, woraus sich der Tilgungsplan gemäß Tabelle 5.4 ableiten lässt.

2. Bei Annuitätentilgung empfiehlt sich, zunächst die Annuität

$$A = 2500000 \cdot \frac{0,0725 \cdot 1,0725^5}{1,0725^5 - 1} = 613813,71$$

zu berechnen. Zieht man davon den Zinsbetrag des ersten Jahres

$$Z_1 = 2500000 \cdot 0,0725 = 181250,00$$

Tabelle 5.3: Entwicklung eines Kapitals bei Ein- und Auszahlung geometrisch verschieden fortschreitender Renten

Jahr	Kapital am Jahresbeginn	Rente	Zinsen 11,5954%	Kapital am Jahresende
1	0,00	100,00	0,00	100,00
2	100,00	110,00	11,60	221,60
3	221,60	121,00	25,69	368,29
4	368,29	133,10	42,70	544,10
5	544,10	146,41	63,09	753,60
6	753,60	161,05	87,38	1002,03
7	1002,03	177,16	116,19	1295,37
8	1295,37	194,87	150,20	1640,45
9	1640,45	214,36	190,22	2045,02
10	2045,02	235,79	237,13	2517,95
11	2517,95	-235,79	291,97	2574,12
12	2574,12	-247,58	298,48	2625,02
13	2625,02	-259,96	304,38	2669,43
14	2669,43	-272,96	309,53	2706,00
15	2706,00	-286,61	313,77	2733,16
16	2733,16	-300,94	316,92	2749,15
17	2749,15	-315,99	318,77	2751,93
18	2751,93	-331,79	319,10	2739,24
19	2739,24	-348,38	317,63	2708,49
20	2708,49	-365,80	314,06	2656,76
21	2656,76	-384,08	308,06	2580,74
22	2580,74	-403,29	299,25	2476,69
23	2476,69	-423,45	287,18	2340,42
24	2340,42	-444,63	271,38	2167,18
25	2167,18	-466,86	251,29	1951,61
26	1951,61	-490,20	226,30	1687,71
27	1687,71	-514,71	195,70	1368,70
28	1368,70	-540,45	158,71	986,96
29	986,96	-567,47	114,44	533,93
30	533,93	-595,84	61,91	0,00

Tabelle 5.4: Tilgungsplan bei Ratentilgung

Jahr	Schuldbetrag des Vorjahres	Zinsbetrag	Tilgungsrate	Annuität
1	2500000,00	181250,00	500000,00	681250,00
2	2000000,00	145000,00	500000,00	645000,00
3	1500000,00	108750,00	500000,00	608750,00
4	1000000,00	72500,00	500000,00	572500,00
5	500000,00	36250,00	500000,00	536250,00
6	0,00			

Tabelle 5.5: Tilgungsplan bei Annuitätentilgung

Jahr	Schuldbetrag des Vorjahres	Zinsbetrag	Tilgungsrate	Annuität
1	2500000,00	181250,00	432563,71	613813,71
2	2067436,29	149889,13	463924,57	613813,71
3	1603511,72	116254,60	497559,11	613813,71
4	1105952,61	80181,56	533632,14	613813,71
5	572320,47	41493,23	572320,47	613813,71
6	0,00			

ab, gewinnt man die Tilgungsrate des ersten Jahres mit $T_1 = 432563,71$ €, woraus sich der restliche Tilgungsplan gemäß Tabelle 5.5 entwickeln lässt.

Aufgabe 2: Sie haben ein Darlehn über 100000 € zu 6,125 % Zins aufgenommen, das im Laufe von 5 Jahren im Wege der Ratentilgung zurückzuzahlen ist. Zu berechnen sind einige Größen des Tilgungsplans, ohne den kompletten Tilgungsplan aufzustellen:

1. Der Zinsbetrag am Ende des zweiten Jahres ergibt sich aus

$$Z_t = i \left(1 - \frac{t-1}{n} \right) K_0$$
$$Z_2 = 0,06125 \cdot \left(1 - \frac{2-1}{5} \right) \cdot 100000 = 4900.$$

2. Für die Tilgungsrate am Ende des dritten Jahres gilt

$$T_3 = T = \frac{K_0}{n}$$
$$= \frac{100000}{5} = 20000.$$

3. Um die Annuität am Ende des vierten Jahres zu berechnen, verwenden wir

$$A_t = \left(i \left(1 - \frac{t-1}{n} \right) + \frac{1}{n} \right) K_0$$
$$A_4 = \left(0,06125 \cdot \left(1 - \frac{3}{5} \right) + \frac{1}{5} \right) \cdot 100000 = 22450.$$

4. Die Restschuld zu Beginn des fünften Jahres (am Ende des vierten Jahres) ergibt sich schließlich zu

$$K_t = K_0 \left(1 - \frac{t}{n} \right)$$
$$K_4 = 100000 \cdot \left(1 - \frac{4}{5} \right) = 20000.$$

Aufgabe 3: Die Fragestellung entspricht derjenigen in der vorigen Aufgabe, nur mit dem Unterschied, dass wir es jetzt mit annuitätischer Tilgung zu tun haben. Es handelt sich um einen Kredit über 4 Mio. € zu 8 % Zins, der innerhalb von 7 Jahren getilgt werden soll.

1. Der Zinsbetrag am Ende des zweiten Jahres ergibt sich aus

$$Z_t = \frac{i(q^n - q^{t-1})}{q^n - 1} K_0$$
$$Z_2 = \frac{0,08 \cdot (1,08^7 - 1,08^1)}{1,08^7 - 1} \cdot 4000000$$
$$= 284136,83.$$

2. Für die Tilgungsrate am Ende des dritten Jahres erhalten wir

$$T_t = \frac{i\, q^{t-1}}{q^n - 1} K_0$$
$$T_3 = \frac{0,08 \cdot 1,08^2}{1,08^7 - 1} \cdot 4000000 = 522885,00.$$

3. Die Annuität am Ende des vierten Jahres berechnet sich aus

$$A_4 = A = \frac{i\,q^n}{q^n - 1}\,K_0$$

$$= \frac{0,08 \cdot 1,08^7}{1,08^7 - 1} \cdot 4000000 = 768289,61.$$

4. Und die Restschuld zu Beginn des fünften (am Ende des vierten) Jahres beläuft sich auf

$$K_t = \frac{q^n - q^t}{q^n - 1}\,K_0$$

$$K_4 = \frac{1,08^7 - 1,08^4}{1,08^7 - 1} \cdot 4000000 = 1979956,83.$$

Aufgabe 4: Wenn Kredit über 600000 € zum Zinssatz von 6,25 % über einen Zeitraum von 8 Jahre aufgenommen wird, der annuitätisch zu tilgen ist, so beläuft sich die jährliche Zahlung auf

$$A = \frac{i\,q^n}{q^n - 1}\,K_0 = \frac{0,0625 \cdot 1,0625^8}{1,0625^8 - 1} \cdot 600000 = 97579,78.$$

Aufgabe 5: Es sind Tilgungspläne unter der Voraussetzung aufzustellen, dass die Gesamtlaufzeit eines Kredits über 6 Mio. € 10 Jahre beträgt, von denen die ersten 3 Jahre tilgungsfrei bleiben. Der Zinssatz beläuft sich auf 7,125 %.

1. Im Falle der Ratentilgung berechnet man zunächst die Tilgungsrate

$$T = \frac{K_0}{n} = \frac{6000000}{10 - 3} = 857142,86.$$

Lässt man die ersten drei Jahre tilgungsfrei, so ergibt sich daraus ein Tilgungsplan gemäß Tabelle 5.6.

2. Wird Annuitätentilgung vereinbart, so empfiehlt sich, mit der Berechnung der Annuität für jene Jahre zu berechnen, in denen Tilgungsleistungen erbracht werden. Das sind in unserem Beispiel 7 Jahre, woraus sich eine

Tabelle 5.6: Tilgungsplan bei Ratentilgung und tilgungsfreien Jahren

Jahr	Schuldbetrag des Vorjahres	Zinsbetrag	Tilgungsrate	Annuität
1	6000000,00	427500,00	0,00	427500,00
2	6000000,00	427500,00	0,00	427500,00
3	6000000,00	427500,00	0,00	427500,00
4	6000000,00	427500,00	857142,86	1284642,86
5	5142857,14	366428,57	857142,86	1223571,43
6	4285714,29	305357,14	857142,86	1162500,00
7	3428571,43	244285,71	857142,86	1101428,57
8	2571428,57	183214,29	857142,86	1040357,14
9	1714285,71	122142,86	857142,86	979285,71
10	857142,86	61071,43	857142,86	918214,29

Jahresannuität von

$$A = K_0 \frac{i\,q^n}{q^n - 1}$$

$$= 6000000 \cdot \frac{0,07125 \cdot 1,07125^7}{1,07125^7 - 1} = 1118175,82$$

ergibt. In den ersten drei Jahren unterscheidet sich der jetzt aufzustellende Tilgungsplan überhaupt nicht vom Fall der Ratentilgung. Im Übrigen erhalten wir einen Plan wie in Tabelle 5.7.

Aufgabe 6: Es ist ein Ratentilgungsplan mit zusätzlichem Aufgeld zu entwickeln. Der Kredit hat ein Volumen von 10 Mio. € bei einem Zinssatz von 4,25 % und einem Aufgeld von 1,75 %. Die Laufzeit beläuft sich auf 10 Jahre. Den daraus resultierenden Tilgungsplan zeigt Tabelle 5.8.

Aufgabe 7: Jetzt geht es im Unterschied zu Aufgabe 6 um einen annuitätischen Tilgungsplan mit zusätzlichem Aufgeld. Der Kredit beläuft sich auf 700000 € mit einem Zinssatz von 5,5 % und einer Laufzeit von 6 Jahren. Das Agio beläuft sich auf 2 %. Den Schlüssel zur Lösung der Aufgabe findet man in der Berechnung einer Annuität, allerdings einer Annuität ohne Agio. Die Summe aus Zinsbetrag und Tilgungsra-

Tabelle 5.7: Tilgungsplan bei Annuitätentilgung und tilgungsfreien Jahren

Jahr	Schuldbetrag des Vorjahres	Zinsbetrag	Tilgungsrate	Annuität
1	6000000,00	427500,00	0,00	427500,00
2	6000000,00	427500,00	0,00	427500,00
3	6000000,00	427500,00	0,00	427500,00
4	6000000,00	427500,00	690675,82	1118175,82
5	5309324,18	378289,35	739886,47	1118175,82
6	4569437,71	325572,44	792603,38	1118175,82
7	3776834,32	269099,45	849076,38	1118175,82
8	2927757,95	208602,75	909573,07	1118175,82
9	2018184,88	143795,67	974380,15	1118175,82
10	1043804,73	74371,09	1043804,73	1118175,82

Tabelle 5.8: Tilgungsplan bei Ratentilgung und zusätzlichem Aufgeld

Jahr	Schuldbetrag des Vorjahres	Zinsbetrag	Tilgungsrate	Aufgeld	Annuität
1	10000000	425000	1000000	17500	1442500
2	9000000	382500	1000000	17500	1400000
3	8000000	340000	1000000	17500	1357500
4	7000000	297500	1000000	17500	1315000
5	6000000	255000	1000000	17500	1272500
6	5000000	212500	1000000	17500	1230000
7	4000000	170000	1000000	17500	1187500
8	3000000	127500	1000000	17500	1145000
9	2000000	85000	1000000	17500	1102500
10	1000000	42500	1000000	17500	1060000

te beläuft sich mit unseren Beispielszahlen auf

$$Z_t + T_t = K_0 \frac{i\,q^n}{q^n - 1} \qquad t = 1, \ldots, n$$

$$= 700000 \cdot \frac{0,055 \cdot 1,055^6}{1,055^6 - 1} = 140125,26.$$

Daraus lässt sich leicht der Tilgungsplan gemäß Tabelle 5.9 entwickeln. Der eigentliche Reiz annuitätischer Tilgung, näm-

Tabelle 5.9: Tilgungsplan bei Annuitätentilgung und zusätzlichem Aufgeld

Jahr	Schuldbetrag des Vorjahres	Zinsbetrag	Tilgungsrate	Aufgeld	Annuität
1	700000,00	38500,00	101625,26	2032,51	142157,77
2	598374,74	32910,61	107214,65	2144,29	142269,56
3	491160,08	27013,80	113111,46	2262,23	142387,49
4	378048,63	20792,67	119332,59	2386,65	142511,92
5	258716,04	14229,38	125895,88	2517,92	142643,18
6	132820,15	7305,11	132820,15	2656,40	142781,67

lich die Tatsache, dass die Summe aller jährlichen Zahlungen des Schuldners unverändert bleibt, geht verloren.

Aufgabe 8: Die „reine Form der Annuitätentilgung" ist im Falle des Aufgeldes nur dann gewahrt, wenn das Agio einbezogen wird. Mit den Beispielszahlen aus Aufgabe 7 errechnen wir die Annuität aus

$$A = Z_t + T_t(1 + \alpha) = \frac{i\left(1 + \frac{i}{1+\alpha}\right)^n}{\left(1 + \frac{i}{1+\alpha}\right)^n - 1} K_0$$

$$= \frac{0,055 \cdot \left(1 + \frac{0,055}{1+0,02}\right)^6}{\left(1 + \frac{0,055}{1+0,02}\right)^6 - 1} \cdot 700000$$

$$= 142458,60.$$

Den ersten Zinsbetrag ermittelt man aus

$$Z_1 = iK_0 = 0,055 \cdot 700000 = 38500,00.$$

Damit ergibt sich die Tilgungsrate des ersten Jahres zu

$$T_1 = \frac{A - Z_1}{1 + \alpha} = \frac{142458,60 - 38500,00}{1 + 0,02} = 101920,19.$$

Der komplette Tilgungsplan sieht dann so aus wie in Tabelle 5.10 gezeigt.

Aufgabe 9: Es ist nach der jährlichen Belastung im Zusammenhang mit einer Prozentannuität gefragt, wenn sich die

Tabelle 5.10: Tilgungsplan bei Annuitätentilgung und einbezogenem Aufgeld

Jahr	Schuldbetrag des Vorjahres	Zinsbetrag	Tilgungsrate	Aufgeld	Annuität
1	700000,00	38500,00	101920,19	2038,40	142458,60
2	598079,81	32910,61	107399,99	2148,00	142458,60
3	490679,82	27013,80	113181,17	2263,62	142458,60
4	377498,65	20792,67	119280,32	2385,61	142458,60
5	258218,34	14229,38	125714,92	2514,30	142458,60
6	132503,42	7305,11	132503,42	2650,07	142458,60

Kreditsumme auf $K_0 = 180000 €$ beläuft und zwischen den Vertragsparteien ein Zinssatz von $i = 5,75\%$ sowie ein Tilgungsprozentsatz von $p = 1,75\%$ vereinbart wurde. Die Annuität beträgt

$$A = (i + p)K_0 = (0,0575 + 0,0175) \cdot 180000 = 13500.$$

Die Laufzeit des Kredits beläuft sich auf

$$n = \frac{\ln \frac{0,0575+0,0175}{0,0175}}{\ln 1,0575} = 26,03.$$

Aufgabe 10:   Die Annuität für eine Grundschuld über $680000 €$ mit einem Zinssatz von $3,25\%$ und einem Tilgungsprozentsatz von $14,25\%$ beträgt jährlich

$$A = (0,0325 + 0,1425) \cdot 680000 = 119000.$$

1. Wird die fällige Ausgleichszahlung am Ende der Laufzeit erbracht, so bekommen wir einen Tilgungsplan gemäß Tabelle 5.11.

2. Zahlt man den Ausgleichsbetrag dagegen gleich im ersten Jahr, so sieht der Tilgungsplan so aus wie in Tabelle 5.12.

Aufgabe 11:   Es ist ein Tilgungsplan für eine Anleihe im Umfang von 25 Mio. € aufzustellen, die in 25000 Stück mit einem Nennwert von je $1000 €$ zerlegt ist. Die Anleihe wird mit $7,375\%$ verzinst und soll annuitätisch innerhalb von 12 Jahren getilgt werden. Die rechnerische Annuität beläuft sich

Tabelle 5.11: Prozentannuität mit Ausgleichszahlung am Ende der Laufzeit

Jahr	Schuldbetrag des Vorjahres	Zinsbetrag	Tilgungsrate	Annuität
1	680000,00	22100,00	96900,00	119000,00
2	583100,00	18950,75	100049,25	119000,00
3	483050,75	15699,15	103300,85	119000,00
4	379749,90	12341,87	106658,13	119000,00
5	273091,77	8875,48	110124,52	119000,00
6	162967,25	5296,44	113703,56	119000,00
7	49263,69	1601,07	49263,69	50864,76

Tabelle 5.12: Prozentannuität mit Ausgleichszahlung zu Beginn der Laufzeit

Jahr	Schuldbetrag des Vorjahres	Zinsbetrag	Tilgungsrate	Annuität
1	680000,00	22100,00	40661,80	62761,80
2	639338,20	20778,49	98221,51	119000,00
3	541116,69	17586,29	101413,71	119000,00
4	439702,99	14290,35	104709,65	119000,00
5	334993,33	10887,28	108112,72	119000,00
6	226880,62	7373,62	111626,38	119000,00
7	115254,24	3745,76	115254,24	119000,00

jährlich auf

$$A = \frac{0,0735 \cdot 1,0735^{12}}{1,0735^{12} - 1} \cdot 25000000 = 3210749,20.$$

Zieht man davon den Zinsbetrag des ersten Jahres ab, so verbleiben

$$3210749,20 - 0,07375 \cdot 25000000 = 1366999,20$$

für die Tilgung, ein Betrag, der sich nicht ohne Rest durch den Nennwert eines Anleihestücks teilen lässt. Man muss sich daher darauf beschränken, im ersten Jahr eine Tilgung in Höhe von

$$\text{int}\left(\frac{1366999,20}{1000}\right) \cdot 1000 = 1366000$$

vorzunehmen. Es verbleibt ein Tilgungsrest in Höhe von 999,20 €, der auf das zweite Jahr vorgetragen wird. Unter Berücksichtigung dieses Tilgungsrests lässt sich der Tilgungsplan dann so aufstellen wie in Tabelle 5.13 gezeigt.

Tabelle 5.13: Annuitätische Tilgung einer Serienanleihe

Jahr	Schuldbetrag des Vorjahres	Zinsbetrag	Tilgungsrate	Annuität
1	25000000	1843750	1366000	3209750
2	23634000	1743008	1468000	3211008
3	22166000	1634743	1576000	3210743
4	20590000	1518513	1693000	3211513
5	18897000	1393654	1817000	3210654
6	17080000	1259650	1951000	3210650
7	15129000	1115764	2095000	3210764
8	13034000	961258	2249000	3210258
9	10785000	795394	2416000	3211394
10	8369000	617214	2593000	3210214
11	5776000	425980	2785000	3210980
12	2991000	220586	2991000	3211586

Aufgabe 12: Wenn ein Kreditvertrag über 18000 € mit einer Laufzeit von 3 Jahren und 6 Monaten bei einem Zinssatz von 11,25 % geschlossen wird, der bei jährlicher Zinsverrechnung quartalsweise zurückzuzahlen ist und Ratentilgung vereinbart wurde, so sieht der vollständige Tilgungsplan so wie in Tabelle 5.14 aus.

Aufgabe 13: Unter den gleichen Bedingungen wie in Aufgabe 12 erhalten wir einen Tilgungsplan gemäß Tabelle 5.15, wenn halbjährliche Zahlungen und annuitätische Tilgung vereinbart wird.

5.2.4 Kurs- und Renditerechnung

Aufgabe 1: Will man eine 6%-Kuponanleihe mit Zinstermin 1. Januar bewerten, die zu Beginn des Jahres 07 fällig ist,

Tabelle 5.14: Ratentilgung eines Kredits im Quartalsrhythmus

Quartal	Schuldbetrag der Vorperiode	Zinsbetrag	Tilgungsrate	Annuität
1	1800,00	0,00	128,57	128,57
2	1671,43	0,00	128,57	128,57
3	1542,86	0,00	128,57	128,57
4	1414,29	180,80	128,57	309,38
5	1285,71	0,00	128,57	128,57
6	1157,14	0,00	128,57	128,57
7	1028,57	0,00	128,57	128,57
8	900,00	122,95	128,57	251,52
9	771,43	0,00	128,57	128,57
10	642,86	0,00	128,57	128,57
11	514,29	0,00	128,57	128,57
12	385,71	65,09	128,57	193,66
13	257,14	0,00	128,57	128,57
14	128,57	10,85	128,57	139,42

Tabelle 5.15: Annuitätentilgung eines Kredits im Halbjahresrhythmus

Halbjahr	Schuldbetrag der Vorperiode	Zinsbetrag	Tilgungsrate	Annuität
1	1800,00	0,00	316,30	316,30
2	1483,70	184,71	131,60	316,30
3	1352,10	0,00	316,30	316,30
4	1035,79	134,32	181,99	316,30
5	853,81	0,00	316,30	316,30
6	537,50	78,26	238,04	316,30
7	299,46	16,84	299,46	316,30

wenn der Marktzins 4,5 % beträgt, so kann man

$$P_0 = K \frac{(1+i)^n - 1}{i(1+i)^n} + \frac{N}{(1+i)^n}$$

$$= 6 \cdot \frac{1,045^7 - 1}{0,045 \cdot 1,045^7} + \frac{100}{1,045^7} = 108,84$$

benutzen.

Aufgabe 2: Soll dagegen am 01.01.00 eine $8\frac{1}{4}\%$-Anleihe mit Zinstermin 1. Juli bewertet werden, die im Jahre 04 mit 2% Aufgeld fällig wird, und beläuft sich der Marktzins auf 10%, so ergibt sich ihr Preis aus

$$P_0 = (1 + i)^b \left(K \frac{(1 + i)^n - 1}{i\,(1 + i)^n} + \frac{(1 + \alpha)N}{(1 + i)^n} \right).$$

Dabei stellt n die Zahl der noch ausstehenden Kupons dar, in unserer Aufgabe also $n = 5$; mit b erfassen wir die seit der letzten Kuponzahlung verstrichene Zeit (in Jahren), also $b = 0,5$.

1. Den rechnerischen Kurswert der Anleihe erhält man, indem man von ihrem Preis die Stückzinsen abzieht, also

$$
\begin{aligned}
\text{Kurs} &= P_0 - bK \\
&= (1 + i)^b \left(K \frac{(1 + i)^n - 1}{i\,(1 + i)^n} + \frac{(1 + \alpha)N}{(1 + i)^n} \right) - bK \\
&= 1,1^{0,5} \cdot \left(8,25 \cdot \frac{1,1^8 - 1}{0,1 \cdot 1,1^8} + \frac{1,02 \cdot 100}{1,1^8} \right) \\
&\quad - 0,5 \cdot 8,25 \\
&= 96,07 - 4,13 \\
&= 91,94.
\end{aligned}
$$

2. Die Stückzinsen betragen $bK = 0,5 \cdot 8,25 = 4{,}13\,€$.

3. Der Preis der Anleihe ist mit 96,07 € aus der obigen Rechnung schon bekannt.

Aufgabe 3: Im Gegensatz zur vorhergehenden Aufgabe haben wir es jetzt mit einer Anleihe zu tun, die mit einem Halbjahreskupon ausgestattet ist. Eine zweckmäßige Bewertungsgleichung ist jetzt

$$P_0 = (1 + j)^b \left(\frac{K}{m} \frac{(1 + j)^n - 1}{j\,(1 + j)^n} + \frac{(1 + \alpha)N}{(1 + j)^n} \right),$$

wobei $j = (1 + i)^{1/m} - 1$ für den relativen Zinssatz, m für Zahl der Kupons je Jahr, n für die Zahl der noch ausstehenden Kupons, K für die Summe aller Kuponzahlungen eines Jahres und b für die seit der letzten Kuponzahlung verstrichene Zeit (gemessen in „Kuponperioden", hier also Halbjahren) stehen.

Setzen wir $K = 8$, $m = 2$, $j = (1 + 0,0725)^{0,5} - 1 = 0,03562$, $n = 8$, $b = 0,8333$ und $N = 100$ in vorstehende Gleichung ein, so bekommen wir für den Preis der Anleihe

$$P_0 = 1,03562^{0,8333} \cdot \left(\frac{8}{2} \cdot \frac{1,03562^8 - 1}{0,03562 \cdot 1,03562^8} + \frac{100}{1,03562^8} \right) = 106,05.$$

Ziehen wir davon die Stückzinsen in Höhe von

$$b \frac{K}{m} = 0,8333 \cdot \frac{8}{2} = 3,33$$

ab, so bleibt der Kurs mit

$$P_0 - b \frac{K}{m} = 106,05 - 3,33 = 102,72$$

übrig.

Aufgabe 4: Es geht um die Berechnung der Effektivrendite unter der Voraussetzung, dass jemand am 01.01.00 eine 8%-Kuponanleihe mit Zinstermin 1. März kauft, die im Jahre 06 mit 1% Aufgeld fällig ist, wenn der Kurswert sich auf 98,50 € beläuft.

Die Restlaufzeit dieser Anleihe beläuft sich auf $6 + \frac{2}{12} = 6,167$ Jahre. Daraus folgt, dass die letzte Kuponzahlung am 01.01.00 genau $b = 7 - 6,167 = 0,833$ Jahre zurückliegt. Der Erwerber muss mithin Stückzinsen in Höhe von $bK = 0,833 \cdot 8 = 6,67$ € bezahlen, womit der von ihm zu zahlende Preis $P_0 = 98,50 + 6,67 = 105,17$ € beträgt. Es geht nun um die Nullstelle der Funktion

$$f(i) = -P_0 + (1 + i)^b \left(K \frac{(1 + i)^n - 1}{i(1 + i)^n} + \frac{(1 + \alpha)N}{(1 + i)^n} \right)$$
$$= -105,17 + (1 + i)^{0,833} \cdot \left(8 \cdot \frac{(1 + i)^7 - 1}{i(1 + i)^7} + \frac{1,01 \cdot 100}{(1 + i)^7} \right).$$

Wir lösen die Aufgabe mit Hilfe des vereinfachten *Newton*-Verfahrens, indem wir $i_0 = 0,10000$ und $\Delta i = 0,00001$ benutzen. Die gesuchte Effektivverzinsung beträgt also 8,442 %.

Tabelle 5.16: Berechnung der Effektivrendite aus Aufgabe 4

k	i_k	$f(i_k)$	$\frac{f(i_k+\Delta i)-f(i_k)}{\Delta i}$
0	0,10000	-6,89	-421,45
1	0,08366	0,35	-465,73
2	0,08442	0,00	

Aufgabe 5: Ändert man an Aufgabe 4 die Eigenschaft, dass anstelle einer Anleihe mit Jahreskupon eine Anleihe mit Quartalskupon vorliegen soll, so ist die Preisgleichung

$$P_0 = (1+j)^b \left(\frac{K}{m} \frac{(1+j)^n - 1}{j(1+j)^n} + \frac{(1+\alpha)N}{(1+j)^n} \right)$$

zu verwenden, in der $j = (1+i)^{1/m} - 1$ für den relativen Zinssatz und n für die Zahl der noch ausstehenden Teil-Kupons stehen. Die Zeitspanne b wird jetzt in „Kuponperioden" (hier: Quartalen) gemessen. Es geht also um die Bestimmung der Nullstelle der Funktion

$$f(j) = -P_0 + (1+j)^b \left(\frac{K}{m} \frac{(1+j)^n - 1}{j(1+j)^n} + \frac{(1+\alpha)N}{(1+j)^n} \right).$$

Die Restlaufzeit der Anleihe beträgt 6,167 Jahre oder 24,667 Quartale. Mithin stehen noch $n = 25$ Teil-Kupons aus, und seit der letzten Kuponzahlung sind $b = 25 - 24,667 = 0,333$ Quartale verstrichen. Die Stückzinsen betragen $b \frac{K}{m} = 0,333 \cdot 2 = 0,67 \, €$. Daher sieht die Funktion, deren Nullstelle wir berechnen müssen, so aus,

$$f(j) = -99,17$$
$$+ (1+j)^{0,333} \cdot \left(\frac{8}{4} \cdot \frac{(1+j)^{25} - 1}{j(1+j)^{25}} + \frac{1,01 \cdot 100}{(1+j)^{25}} \right).$$

Wieder verwenden wir das vereinfachte *Newton*-Verfahren mit $\Delta j = 0,00001$ und starten das Näherungsverfahren mit $j_0 = 0,02500$. Wir erhalten dann, wie die nachstehende Tabelle zeigt, mit der zweiten Iteration $j = 0,02110$, woraus wir die Effektivverzinsung mit

$$i = (1+j)^m - 1 = 1,02110^4 - 1 = 8,710\%$$

gewinnen.

Tabelle 5.17: Berechnung der Effektivrendite aus Aufgabe 5

k	j_k	$f(j_k)$	$\frac{f(j_k+\Delta j)-f(j_k)}{\Delta j}$
0	0,02500	-7,08	-1734,54
1	0,02092	0,35	-1906,08
2	0,02110	0,00	

Aufgabe 6: In dieser Aufgabe stehen wir vor dem Problem, den Kurs einer Annuitätenschuld zu berechnen. Der Kredit über 500000 € wurde am 01.01.00 zu einem Zinssatz von 6,25% aufgenommen und ist innerhalb von 6 Jahren zu tilgen. Die jährliche Annuität beläuft sich daher auf

$$A = \frac{0,0625 \cdot 1,0625^6}{1,0625^6 - 1} \cdot 500000 = 102481,37.$$

Die Bewertung der (restlichen) Ansprüche ist auf den Stichtag des 01.09.02 vorzunehmen. Es stehen also noch $n = 4$ Zahlungen des Schuldners aus. Seit der letzten Zahlung sind $b = \frac{8}{12} = 0,667$ Jahre vergangen. Daher ergibt sich der Kurswert der ausstehenden Zahlungen bei einem Marktzins von 6% aus

$$P_0 = (1 + i)^b A \frac{(1 + i)^n - 1}{i(1 + i)^n}$$

$$= 1,06^{0,667} \cdot 102481,37 \cdot \frac{1,06^4 - 1}{0,06 \cdot 1,06^4}$$

$$= 369174,72.$$

Aufgabe 7: Den Preis für Zahlungsansprüche aus einer Ratenschuld berechnet man mit Hilfe von

$$P_0 = \frac{N}{d} \frac{q^{b-n}}{i} \left(\left(i^*n - \frac{i^*}{i} + 1 \right) (q^n - 1) + i^*n \right),$$

wobei N den Nennwert der Schuld, d die Gesamtlaufzeit des Kredits, i^* den zwischen den Vertragsparteien vereinbarten Nominalzinssatz, i den im Zeitpunkt der Bewertung geltenden Marktzinssatz, n die Zahl der noch ausstehenden Tilgungsraten und b die seit der letzten Tilgungsleistung beziehungsweise der Kreditaufnahme verstrichene Zeit repräsentieren. Ist der Preis gegeben, so ist die Effektivrendite i jener

Zinssatz, für den die Funktion

$$f(i) = -P_0 + \frac{N}{d}\,\frac{q^{b-n}}{i}\left(\left(i^*n - \frac{i^*}{i} + 1\right)(q^n - 1) + i^*n\right)$$

gerade den Wert null annimmt. Im Rahmen der hier zu lösenden Aufgabe haben wir $N = 1500000$, $d = 5$, $i^* = 0,07$, $n = 3$ und $b = 0,417$. Bei einem Preis von $P_0 = 975000$ geht es also um die Nullstelle der Funktion

$$f(i) = -975000 + \frac{1500000}{5}\cdot\frac{(1+i)^{0,417-3}}{i}$$
$$\left(\left(0,07\cdot 3 - \frac{0,07}{i} + 1\right)\left((1+i)^3 - 1\right) + 0,07\cdot 3\right).$$

Wir halten uns nicht damit auf, diese Funktion nach i zu differenzieren, sondern verlassen uns auf das vereinfachte *Newton*-Verfahren, wobei wir $i_0 = 0,1$ und $\Delta i = 0,00001$ wählen. Die entsprechende Tabelle hat nachstehendes Aussehen.

k	i_k	$f(i_k)$	$\frac{f(i_k+\Delta i)-f(i_k)}{\Delta i}$
0	0,10000	−86593,79	−1193156,36
1	0,02742	9305,42	−1458345,13
2	0,03381	71,52	−1431893,67
3	0,03386	−0,10	−1431689,28
4	0,03386	0,00	

Der gesuchte Effektivzinssatz beträgt mithin 3,386 %.

Aufgabe 8: Die Aufgabe besteht darin, die Berechnung von Effektivzinssätzen nach drei verschiedenen Methoden vorzunehmen. Dabei geht es um einen Kredit, der am 01.07.00 Kredit in Höhe von 10000 € aufgenommen wird. Zwischen den Vertragsparteien ist folgender Rückzahlungsplan vereinbart:

· ab 01.08.00 bis einschließlich zum 01.07.01 monatliche Zahlungen in Höhe von 500 €,

· ab 01.08.01 bis einschließlich 01.05.02 vierteljährliche Zahlungen in Höhe von 1250 €.

Tabelle 5.18: Tagebuch eines Kredits

Datum	z_t	t	d_t
01.07.00	-10000	0	0,000
01.08.00	500	1	0,083
01.09.00	500	2	0,167
01.10.00	500	3	0,250
01.11.00	500	4	0,333
01.12.00	500	5	0,417
01.01.01	500	6	0,500
01.02.01	500	7	0,583
01.03.01	500	8	0,667
01.04.01	500	9	0,750
01.05.01	500	10	0,833
01.06.01	500	11	0,917
01.07.01	500	12	1,000
01.08.01	1250	13	1,083
01.11.01	1250	14	1,333
01.02.02	1250	15	1,583
01.05.02	1250	16	1,833

Wir können mit diesen Informationen leicht das „Tagebuch des Kredits" aufschreiben, vgl. Tabelle 5.18. Die ersten beiden Spalten der Tabelle erklären sich selbst; die beiden nachfolgenden Spalten bedürfen womöglich der Erläuterung. Die dritte Spalte enthält einen einfachen Laufindex für die Zahlungstermine und Zahlungen. Dabei wählen wir für die erste Zahlung den Index $t = 0$, für die zweite den Index $t = 1$ und so weiter. Die letzte Zahlung bekommt in unserem Beispiel den Index $t = n = 16$. Die letzte Spalte der Tabelle 5.18 enthält die in Kalenderjahren gemessene Entfernung der t-ten Zahlung vom Kreditvergabezeitpunkt $t = 0$. Zwischen dem 01.11.01 und dem 01.07.00 beispielsweise liegen genau 1 Jahr und 4 Monate oder $d_{14} = 1 + \frac{4}{12} = 1,333$ Jahre.

Grundsätzlich ermittelt man nun den Effektivzins des Kredits als Nullstelle der Funktion

$$f(i) = -P_0 + PV(i),$$

wobei der Barwert der Zahlungen $PV(i)$ jeweils in unterschiedlicher Weise definiert ist. P_0 entspricht immer dem Kreditbetrag, in unserer Aufgabe also $P_0 = 10000$.

1. Nach den Vorschriften der Preisangabenverordnung von 1985 galt für den Barwert folgende Definition,

$$PV(i) = \frac{\sum_{t=1}^{n} z_t (1 + d_{1t}i)(1 + i)^{d_{2t}} (1 + d_{3t}i)}{(1 + i)^{n_1} (1 + n_2 i)}$$

mit n_1 = $\text{int}(d_n)$
n_2 = $d_n - n_1$
d_{1t} = $d_n - d_t - d_{2t} - d_{3t}$
d_{2t} = $\max(0, \text{int}(n_1 - d_t))$
d_{3t} = $\left\{ \begin{array}{ll} n_2 & \text{wenn } n_1 > \text{int}(d_t) \\ d_n - d_t & \text{wenn } n_1 = \text{int}(d_t) \end{array} \right\}$.

Wir müssen also die Laufzeitkomponenten n_1 und n_2 sowie die Größen d_{1t}, d_{2t} und d_{3t} für alle Zahlungszeitpunkte $t > 0$ berechnen. Dabei erhalten wir $n_1 = 1$ und $n_2 = 0,833$. Die übrigen Laufzeitkomponenten haben wir in Tabelle 5.19 zusammengestellt. Mit diesen Daten

Tabelle 5.19: Zahlungen und Laufzeitkomponenten im Zusammenhang mit der Effektivzinsermittlung nach PangV 1985

t	z_t	d_t	d_{1t}	d_{2t}	d_{3t}
0	-10000	0,000			
1	500	0,083	0,917	0,000	0,833
2	500	0,167	0,833	0,000	0,833
3	500	0,250	0,750	0,000	0,833
4	500	0,333	0,667	0,000	0,833
5	500	0,417	0,583	0,000	0,833
6	500	0,500	0,500	0,000	0,833
7	500	0,583	0,417	0,000	0,833
8	500	0,667	0,333	0,000	0,833
9	500	0,750	0,250	0,000	0,833
10	500	0,833	0,167	0,000	0,833
11	500	0,917	0,083	0,000	0,833
12	500	1,000	0,000	0,000	0,833
13	1250	1,083	0,000	0,000	0,750
14	1250	1,333	0,000	0,000	0,500
15	1250	1,583	0,000	0,000	0,250
16	1250	1,833	0,000	0,000	0,000

geht es um die Nullstelle der Funktion

$$f(i) = -10000+$$

$$\left(500 \cdot (1 + 0,917\,i)(1 + i)^{0,000}(1 + 0,833\,i)\right.$$

$$+\ 500 \cdot (1 + 0,833\,i)(1 + i)^{0,000}(1 + 0,833\,i)$$

$$+\ \dots$$

$$+\ 1250 \cdot (1 + 0,000\,i)(1 + i)^{0,000}(1 + 0,250\,i)$$

$$\left.+\ 1250 \cdot (1 + 0,000\,i)(1 + i)^{0,000}(1 + 0,000\,i)\right) \Bigg/$$

$$(1 + i)^{1,000}(1 + 0,833\,i)$$

Berechnet man diese mit dem inzwischen wohlbekannten (vereinfachten) *Newton*-Verfahren, so erhält man rasch $i = 10,6904\,\%$.

2. Hat man dagegen mit der Methode *Braeß-Fangmeyer* zu arbeiten, so muss mit der Barwertdefinition

$$PV(i) = \frac{\sum_{t=1}^{n} z_t (1 + d_{1t}i)(1 + i)^{d_{2t}}}{(1 + i)^{n_1}(1 + n_2 i)}$$

mit
$$\begin{aligned}
n_1 &= \text{int}(d_n) \\
n_2 &= d_n - n_1 \\
d_{1t} &= d_n - d_t - d_{2t} \\
d_{2t} &= \text{int}(d_n - d_t)
\end{aligned}$$

gerechnet werden. n_1 und n_2 nehmen dieselben Werte an wie vorher, aber die Laufzeitkomponenten d_{1t} und d_{2t} sind jetzt vollkommen andere, vgl. Tabelle 5.20. Daher muss nun die Nullstelle der Funktion

$$f(i) = -10000+$$

$$\left(500 \cdot (1 + 0,750\,i)(1 + i)^{1,000}\right.$$

$$+\ 500 \cdot (1 + 0,667\,i)(1 + i)^{1,000}$$

$$+\ \dots$$

$$+\ 1250 \cdot (1 + 0,250\,i)(1 + i)^{0,000}$$

$$\left.+\ 1250 \cdot (1 + 0,000\,i)(1 + i)^{0,000}\right) \Bigg/$$

$$(1 + i)^{1,000}(1 + 0,833\,i)$$

Tabelle 5.20: Zahlungen und Laufzeitkomponenten im Zusammenhang mit der Effektivzinsermittlung nach *Braeß-Fangmeyer*

t	z_t	d_t	d_{1t}	d_{2t}
0	-10000	0,000		
1	500	0,083	0,750	1,000
2	500	0,167	0,667	1,000
3	500	0,250	0,583	1,000
4	500	0,333	0,500	1,000
5	500	0,417	0,417	1,000
6	500	0,500	0,333	1,000
7	500	0,583	0,250	1,000
8	500	0,667	0,167	1,000
9	500	0,750	0,083	1,000
10	500	0,833	0,000	1,000
11	500	0,917	0,917	0,000
12	500	1,000	0,833	0,000
13	1250	1,083	0,750	0,000
14	1250	1,333	0,500	0,000
15	1250	1,583	0,250	0,000
16	1250	1,833	0,000	0,000

ermittelt werden. Bei Verwendung eines geeigneten Näherungsverfahrens bekommt man hier einen Effektivzinssatz von $i = 10,6432\,\%$.

3. Im Vergleich zu den beiden bisherigen Verfahren ist die Ermittlung des Effektivzinssatzes nach der AIBD-Methode als verhältnismäßig anspruchslos zu bezeichnen. Die Barwertdefinition lautet einfach

$$PV(i) = \sum_{t=1}^{n} \frac{z_t}{(1+i)^{d_t}},$$

was uns erlaubt, direkt auf die Zeitabstände d_t aus der Tabelle 5.18 zurückzugreifen. Damit geht es um die Bestimmung der Nullstelle der Funktion

$$f(i) = -10000 + \frac{500}{(1+i)^{0,083}} + \dots + \frac{1250}{(1+i)^{1,833}},$$

eine Aufgabe, die mit dem Ergebnis $i = 10,6264\,\%$ endet.

Aufgabe 9: Jemand nimmt am 15.09.00 Kredit in Höhe von 6500 € auf und verpflichtet sich, die Schuld in 18 „bequemen" Monatsraten zurückzuzahlen. Die erste Rate beläuft sich auf 381 € und muss am 01.11.00 geleistet werden. Danach sind monatlich 400 € fällig. Wegen einer so genannten Bearbeitungsgebühr zahlt der Kreditgeber die Kreditsumme nicht vollständig, sondern nur zu 99,5 % aus.

Wenn die Effektivverzinsung nach der AIBD-Methode gerechnet werden soll, muss zunächst festgestellt werden, wie weit die Abstände zwischen dem Kreditvergabezeitpunkt und dem jeweiligen Rückzahlungszeitpunkt sind, wenn man diese Abstände in Jahren misst, vgl. dazu Tabelle 5.21.

Tabelle 5.21: Tagebuch eines Kredits nach AIBD

Datum	z_t	t	d_t	
			Jahresbruchteile (auf Monatsbasis)	Jahresbruchteile (auf Tagesbasis)
15.09.00	-6467,50	0	$0,0/12 = 0,00000$	$0/365 = 0,00000$
01.11.00	381,00	1	$1,5/12 = 0,12500$	$47/365 = 0,12877$
01.12.00	400,00	2	$2,5/12 = 0,20833$	$77/365 = 0,21096$
01.01.01	400,00	3	$3,5/12 = 0,29167$	$108/365 = 0,29589$
01.02.01	400,00	4	$4,5/12 = 0,37500$	$139/365 = 0,38082$
01.03.01	400,00	5	$5,5/12 = 0,45833$	$167/365 = 0,45753$
01.04.01	400,00	6	$6,5/12 = 0,54167$	$198/365 = 0,54247$
01.05.01	400,00	7	$7,5/12 = 0,62500$	$228/365 = 0,62466$
01.06.01	400,00	8	$8,5/12 = 0,70833$	$259/365 = 0,70959$
01.07.01	400,00	9	$9,5/12 = 0,79167$	$289/365 = 0,79178$
01.08.01	400,00	10	$10,5/12 = 0,87500$	$320/365 = 0,87671$
01.09.01	400,00	11	$11,5/12 = 0,95833$	$351/365 = 0,96164$
01.10.01	400,00	12	$12,5/12 = 1,04167$	$381/365 = 1,04384$
01.11.01	400,00	13	$13,5/12 = 1,12500$	$412/365 = 1,12877$
01.12,01	400,00	14	$14,5/12 = 1,20833$	$442/365 = 1,21096$
01.01.02	400,00	15	$15,5/12 = 1,29167$	$473/365 = 1,29589$
01.02.02	400,00	16	$16,5/12 = 1,37500$	$504/365 = 1,38082$
01.03.02	400,00	17	$17,5/12 = 1,45833$	$532/365 = 1,45753$
01.04.02	400,00	18	$18,5/12 = 1,54167$	$563/365 = 1,54167$

1. Rechnet man mit Jahresbruchteilen auf Monatsbasis, so ist der 01.11.00 vom 15.09.00 genau 1,5 Monate entfernt, weswegen man $d_1 = 1,5/12 = 0,12500$ erhält. Die nachfolgenden Zeitkomponenten ergeben sich daraus, indem man fortlaufend 1/12 addiert. Mit einer Kreditauszahlung in Höhe von $P_0 = 0,995 \cdot 6500 = 6467,50$ geht es um die Nullstelle der Funktion

$$f(i) = -6467,50 + \frac{381}{(1+i)^{0,12500}} + \ldots + \frac{400}{(1+i)^{1,54167}}.$$

Als Ergebnis für den Effektivzinssatz bekommen wir $i = 13,5526\%$.

2. Arbeitet man dagegen mit Jahresbruchteilen auf Tagesbasis, so ist zu ermitteln, wie viele Tage zwischen dem
15.09.00 und dem Zeitpunkt liegen, an dem die t-te
Zahlung erfolgt. So beträgt beispielsweise die Zeitspanne zwischen dem Kreditvergabezeitpunkt und dem Tag,
an dem der Schuldner die letzte Zahlung leistet, genau 563 Tage, und man bekommt $d_{18} = 563/365 =
1,54247$ Jahre. Die Funktion, deren Nullstelle wir jetzt
zu berechnen haben, lautet

$$f(i) = -6467,50 + \frac{381}{(1+i)^{0,12877}} + \ldots + \frac{400}{(1+i)^{1,54247}}.$$

Das Ergebnis für den Effektivzinssatz weicht spürbar
von dem Resultat bei Jahresbruchteilen auf Monatsbasis ab. Es beläuft sich auf $i = 13,5120\,\%$.

Aufgabe 10: Wir betrachten eine 7,5 %-Anleihe mit Halbjahreskupon, die am 01.02.00 zum Kurs von 98 € je 100 € nominal emittiert wird. Der erste Kupon ist am 01.05.00 fällig.
Die Laufzeit der Anleihe endet am 01.11.07.

Um die Effektivrendite nach der Methode *Moosmüller* zu berechnen, beginnen wir damit, das „Tagebuch des Kredits"
aufzuschreiben, vgl. Tabelle 5.22. Daraus leiten wir $N_1 =
\text{int}(md_n) = \text{int}(2 \cdot 7,75000) = 15$ und $N_2 = md_n - N_1 =
2 \cdot 7,75000 - 15 = 0,5$ ab. Wir suchen nun die Nullstelle der
Funktion

$$f(j) = -P_0 + \frac{\sum_{t=1}^{n} z_t (1+j)^{n-t}}{(1+j)^{N_1}(1+N_2 j)},$$

das heißt mit unseren Zahlen

$$f(j) = -98$$
$$+ \frac{3,75 \cdot (1+j)^{16-1} + \ldots + 103,75 \cdot (1+j)^{16-16}}{(1+j)^{15}(1+0,5 \cdot j)}.$$

Anwendung des *Newton*-Verfahrens liefert uns $j = 0,040891$,
woraus wir endlich die Effektivverzinsung mit $i = (1+j)^2 -
1 = 8,3454\,\%$ gewinnen.

Tabelle 5.22: Tagebuch eines Kredits nach *Moosmüller*

Datum	z_t	t	d_t
01.02.00	-98,00	0	0,00000
01.05.00	3,75	1	0,25000
01.11.00	3,75	2	0,75000
01.05.01	3,75	3	1,25000
01.11.01	3,75	4	1,75000
01.05.02	3,75	5	2,25000
01.11.02	3,75	6	2,75000
01.05.03	3,75	7	3,25000
01.11.03	3,75	8	3,75000
01.05.04	3,75	9	4,25000
01.11.04	3,75	10	4,75000
01.05.05	3,75	11	5,25000
01.11.05	3,75	12	5,75000
01.05.06	3,75	13	6,25000
01.11.06	3,75	14	6,75000
01.05.07	3,75	15	7,25000
01.11.07	103,75	16	7,75000

A Mathematischer Anhang

A.1 Arithmetische und geometrische Reihen

A.1.1 Arithmetische Reihen

Unter einer arithmetischen Reihe versteht man eine Summe von Zahlen a_t, für die gilt, dass die Differenz d zwischen je zwei benachbarten Zahlen konstant ist. Die Reihe lässt sich dieser Definition entsprechend in der Form

$$S = a + (a + d) + (a + 2d) + \ldots + (a + (n - 1)d)$$

$$= \sum_{t=1}^{n} a_t \quad \text{mit } a_t := a + (t - 1)d \tag{A.1}$$

schreiben. Um die Summe bequem ausrechnen zu können, setzt man zunächst die Definitionsgleichung ein und formt anschließend so um, dass

$$S = \sum_{t=1}^{n} \left(a + (t - 1)d \right)$$

$$= \sum_{t=1}^{n} a + \sum_{t=1}^{n} (t - 1)d$$

$$= a \sum_{t=1}^{n} 1 + d \underbrace{\sum_{t=1}^{n} (t - 1)}_{:=x} \tag{A.2}$$

entsteht. Konzentrieren wir uns auf den Term

$$x = 0 + 1 + 2 + \ldots + (n - 3) + (n - 2) + (n - 1) . \tag{A.3}$$

Das ist eine arithmetische Reihe entsprechend Gleichung (A.1) mit der Besonderheit, dass $a = 0$ und $d = 1$ ist. Wenn man in der Finanzmathematik Probleme behandelt, in denen arithmetische Reihen auftreten, so hat man es oft genau mit diesem Spezialfall zu tun.

Das bekannteste Beispiel für eine praktische Anwendung von Gleichung (A.3) besteht in der Aufgabe, die Summe aller Zahlen von 1 bis 100 zu berechnen. Es wird erzählt, dass *Gauß*[1] als zehnjähriger Schüler seinen Lehrer verblüffte, weil er die Lösung nach wenigen Sekunden gefunden hatte. Er hatte nämlich sofort erkannt, dass man sich der leicht auszuwertenden Formel (A.4) bedienen kann. Zu dieser Gleichung kommt man, indem man die durch (A.3) gegebene Reihe zweimal untereinander schreibt, einmal in aufsteigender und einmal in absteigender Reihenfolge,

$$
\begin{aligned}
x &= \quad 0 \quad + \quad 1 \quad + \ldots + \quad (n-2) \quad + \quad (n-1) \\
x &= (n-1) \quad + \quad (n-2) \quad + \ldots + \quad 1 \quad + \quad 0 \quad .
\end{aligned}
$$

Addiert man beide Reihen, so entsteht

$$
2x = \underbrace{(n-1) + (n-1) + \ldots + (n-1) + (n-1)}_{n-\text{mal}}
$$
$$
= n\,(n-1)
$$

und daraus einfach

$$
x = \frac{n\,(n-1)}{2}. \tag{A.4}
$$

Gauß brauchte also nur

$$
\frac{101 \cdot 100}{2} = 5050
$$

zu rechnen, während seine Schulkameraden sich damit abplagten, fortgesetzt zu addieren. Setzt man (A.4) in (A.2) ein, so erhält man mit

$$
\boxed{S = n\left(a + \frac{n-1}{2}\,d\right)} \tag{A.5}
$$

eine leicht zu handhabende Formel für die Summe einer arithmetischen Reihe, die nicht auf den speziellen Fall $a = 0$ und $d = 1$ eingeschränkt ist.

---

[1] *Carl Friedrich Gauß* (1777-1855), deutscher Mathematiker.

Soll beispielsweise die Summe aller geraden Zahlen von 50 bis einschließlich 100 berechnet werden, so ist $a = 50$, $d = 2$ und $n = 26$, und das gesuchte Resultat beläuft sich auf

$$S = 26 \cdot \left(50 + \frac{25}{2} \cdot 2\right) = 1950 \,.$$

Um zu beweisen, dass Gleichung (A.5) die Summe einer arithmetischen Reihe immer korrekt berechnet, müssen wir erstens zeigen, dass sie für den kleinsten zulässigen Wert von n richtig arbeitet, und zweitens allgemein nachweisen, dass sie für $n + 1$ richtige Ergebnisse liefert, wenn wir voraussetzen, dass sie dies für n tut (vollständige Induktion).

Für $n = 1$, $a = 5$ und $d = 2$ ergibt sich die Summe der arithmetischen Reihe aus

$$S = a = 5 \,.$$

Dasselbe Resultat liefert auch Gleichung (A.5), denn

$$\begin{aligned} S &= n\left(a + \frac{n-1}{2}\,d\right) \\ &= 1 \cdot \left(5 + \frac{1-1}{2} \cdot 2\right) = 5 \,. \end{aligned}$$

Setzen wir nun voraus, dass Gleichung (A.5) für n zutreffende Ergebnisse liefert, so können wir die arithmetische Reihe für $n + 1$ mit

$$S(n + 1) = S(n) + (a + nd)$$

berechnen. Einsetzen und Umformen führt auf

$$\begin{aligned} S(n + 1) &= n\left(a + \frac{n-1}{2}\,d\right) + (a + nd) \\ &= na + \frac{n-1}{2}\,nd + a + nd \\ &= (n + 1)a + \left(\frac{n-1}{2} + 1\right)nd \\ &= (n + 1)a + \frac{n+1}{2}\,nd \\ &= (n + 1)\left(a + \frac{n}{2}\,d\right) \,. \end{aligned}$$

Dasselbe bekommen wir aber auch dann, wenn wir Gleichung (A.5) benutzen und $n + 1$ an die Stelle von n treten lassen, womit wir den Induktionsbeweis abschließen können.

Summe von Quadratzahlen. Quadriert man die natürlichen Zahlen und bildet die Summe, so entsteht

$$S = 1 + 4 + 9 + 16 + \dots$$

oder in allgemeiner Schreibweise

$$S = \sum_{i=1}^{n} i^2 .$$

Das ist keine arithmetische Reihe. Trotzdem können wir von unseren Überlegungen zur arithmetischen Reihe profitieren, wenn wir nach einem bequemen Weg suchen, die Summe auszurechnen.

Wir beginnen damit, dass wir die Differenzen zwischen den Quadratzahlen betrachten, und erkennen, dass diese Differenzen ei-

Tabelle A.1: Quadratzahlen und ihre Differenzen

n^2	0	1	4	9	16	25	36	$\cdots$
Differenzen:	1	3	5	7	9	11	$\cdots$	

ne arithmetische Reihe bilden. Das erlaubt uns die Quadratzahlen wie folgt darzustellen:

$$1^2 = 1$$
$$2^2 = 1 + 3$$
$$3^2 = 1 + 3 + 5$$
$$4^2 = 1 + 3 + 5 + 7$$
$$5^2 = 1 + 3 + 5 + 7 + 9$$
$$\dots = \dots$$
$$n^2 = 1 + 3 + 5 + 7 + \dots + (2n - 1) .$$

Nun ordnen wir exemplarisch für $n = 5$ die Quadratzahlen in Reihendarstellung so an wie in Tabelle A.2, in der wir den Zeilenzähler mit i und den Spaltenzähler mit j bezeichnen. Wir nennen die Zahlen in den Feldern dieser Tabelle a_{ij} und stellen fest, dass für sie stets

$$a_{ij} = \begin{cases} 2i - 1, & \text{wenn } i \geq j; \\ 0, & \text{sonst} \end{cases}$$

Tabelle A.2: Erste Tabelle mit den Quadratzahlen von 1 bis $n = 5$ in Reihendarstellung (a_{ij})

$j = 1$	$j = 2$	$j = 3$	$j = 4$	$j = n = 5$	
1	1	1	1	1	$i = 1$
	3	3	3	3	$i = 2$
		5	5	5	$i = 3$
			7	7	$i = 4$
				9	$i = n = 5$
1	4	9	16	25	$S = 55$

gilt. Für die Summe der Quadratzahlen von 1 bis n können wir dann offensichtlich

$$\sum_{i=1}^{n} i^2 = \sum_{i=1}^{n} \sum_{j=1}^{n} a_{ij}$$

schreiben.

Nun ordnen wir die in Tabelle A.2 enthaltenen Zahlen dergestalt um, dass Tabelle A.3 entsteht. Wir bezeichnen die in dieser Tabelle enthaltenen Elemente mit b_{ij} und treffen die Feststellung,

Tabelle A.3: Zweite Tabelle mit den Quadratzahlen von 1 bis $n = 5$ in Reihendarstellung (b_{ij})

	$j = 1$	$j = 2$	$j = 3$	$j = 4$	$j = n = 5$	
25	9	7	5	3	1	$i = 1$
16		7	5	3	1	$i = 2$
9			5	3	1	$i = 3$
4				3	1	$i = 4$
1					1	$i = n = 5$
$S = 55$						

dass für sie immer

$$b_{ij} = \begin{cases} 2\,(n - j) + 1, & \text{wenn } i \geq j; \\ 0, & \text{sonst} \end{cases}$$

gilt. Unter Verwendung der b_{ij} lässt sich die Summe der Quadratzahlen in der Form

$$\sum_{i=1}^{n} i^2 = \sum_{i=1}^{n} \sum_{j=1}^{n} b_{ij}$$

aufschreiben.

Eine dritte Möglichkeit, dieselben Zahlen so anzuordnen, dass alle Felder unterhalb der Hauptdiagonalen leer bleiben, führt auf Tabelle A.4. Nennt man die in dieser Tabelle enthaltenen Zahlen

Tabelle A.4: Dritte Tabelle mit den Quadratzahlen von 1 bis $n = 5$ in Reihendarstellung (c_{ij})

$j = 1$	$j = 2$	$j = 3$	$j = 4$	$j = n = 5$	
1	3	5	7	9	$i = 1$
	1	3	5	7	$i = 2$
		1	3	5	$i = 3$
			1	3	$i = 4$
				1	$i = n = 5$
1	4	9	16	25	$S = 55$

c_{ij}, so können wir bei dieser Anordnung

$$c_{ij} = \begin{cases} 2(j - i) + 1, & \text{wenn } i \leq j; \\ 0, & \text{sonst} \end{cases}$$

notieren, und auch hier gilt wieder

$$\sum_{i=1}^{n} i^2 = \sum_{i=1}^{n} \sum_{j=1}^{n} c_{ij} \,.$$

Nach all diesen Vorbereitungen lassen wir eine weitere Tabelle entstehen, deren Elemente d_{ij} nach der Rechenvorschrift

$$d_{ij} = a_{ij} + b_{ij} + c_{ij}$$

entstehen und von denen wir allgemein zeigen können, dass sie alle identisch sind, sofern $i \leq j$ ist. Es gilt nämlich für alle von null verschiedenen Elemente

$$d_{ij} = 2i - 1 + 2(n - j) + 1 + 2(j - i) + 1$$
$$= 2n + 1 \,. \tag{A.6}$$

Und tatsächlich haben wir für $n = 5$ das in Tabelle A.5 gezeigte Bild. Wenn wir die d_{ij} addieren, gewinnen wir ein Resultat, das

Tabelle A.5: Tabelle mit den identischen Summentermen ($d_{ij} = a_{ij} + b_{ij} + c_{ij}$)

$j = 1$	$j = 2$	$j = 3$	$j = 4$	$j = n = 5$	
11	11	11	11	11	$i = 1$
	11	11	11	11	$i = 2$
		11	11	11	$i = 3$
			11	11	$i = 4$
				11	$i = n = 5$

dem Dreifachen der Summe der Quadratzahlen entspricht, also

$$\sum_{i=1}^{n} i^2 = \frac{\sum_{i=1}^{n} \sum_{j=1}^{n} d_{ij}}{3}.$$

Jetzt brauchen wir uns nur noch darum zu kümmern, wie viele von null verschiedene Elemente des Typs d_{ij} existieren. Es ist leicht, sich klar zu machen, dass sich deren Zahl auf

$$1 + 2 + \ldots + n = \frac{n(n + 1)}{2}$$

beläuft. Daher und wegen Gleichung (A.6) ergibt sich die Summe der Quadratzahlen von 1 bis n allgemein aus

$$\sum_{i=1}^{n} i^2 = \frac{n(n + 1)}{2} \frac{2n + 1}{3}$$

oder

$$\boxed{\sum_{i=1}^{n} i^2 = \frac{n(n + 1)(2n + 1)}{6}}. \tag{A.7}$$

Für unseren Beispielsfall mit $n = 5$ haben wir also

$$\sum_{i=1}^{5} i^2 = 1^2 + 2^2 + 3^2 + 4^2 + 5^2 = \frac{5 \cdot 6 \cdot (10 + 1)}{6} = 55.$$

Abschließend wollen wir beweisen, dass Gleichung (A.7) immer korrekt ist. Wir rechnen zunächst nach, wie groß die Summe der

Quadratzahlen bis 1^2 ist und erhalten $\frac{1 \cdot 2 \cdot 3}{6} = 1$. Das ist richtig. Anschließend unterstellen wir, dass Gleichung (A.7) für ein beliebiges n zutreffende Resultate liefert und überlegen uns, wie wir unter dieser Voraussetzung auf die Summe der Quadratzahlen bis $(n + 1)^2$ kommen können. Zu diesem Zweck berechnen wir

$$
\begin{aligned}
S(n + 1) &= S(n) + (n + 1)^2 \\
&= \frac{n(n + 1)(2n + 1)}{6} + (n + 1)^2 \\
&= \frac{2n^3 + 3n^2 + n}{6} + \frac{6n^2 + 12n + 6}{6} \\
&= \frac{2n^3 + 9n^2 + 13n + 6}{6}.
\end{aligned}
$$

Gehen wir von Gleichung (A.7) aus und lassen nur $n + 1$ an die Stelle von n treten, bekommen wir dasselbe Resultat, denn

$$
\begin{aligned}
S(n + 1) = \sum_{i=1}^{n+1} i^2 &= \frac{(n + 1)(n + 1 + 1)(2(n + 1) + 1)}{6} \\
&= \frac{(n + 1)(n + 2)(2n + 3)}{6} \\
&= \frac{2n^3 + 9n^2 + 13n + 6}{6},
\end{aligned}
$$

womit wir den Beweis abschließen können.

A.1.2 Geometrische Reihen

Von einer geometrischen Reihe spricht man dann, wenn sich eine Summe von Zahlen a_t dadurch auszeichnet, dass der Quotient aus zwei benachbarten Zahlen jeweils konstant ist. Dieser Definition folgend lässt sich ihre Summe in der allgemeinen Schreibweise

$$
\begin{aligned}
S &= a + aq + aq^2 + aq^3 + \ldots + aq^{n-1} \\
&= \sum_{t=1}^{n} a_t \quad \text{mit } a_t = aq^{t-1}
\end{aligned}
\tag{A.8}
$$

darstellen.

Will man den Wert einer solchen Summe ausrechnen, so empfiehlt sich eine bequemere Formel. Um diese zu gewinnen, setzt man die Definitionsgleichung ein und formt zu

$$S = \sum_{t=1}^{n} aq^{t-1}$$
$$= a \underbrace{\sum_{t=1}^{n} q^{t-1}}_{:=x} \tag{A.9}$$

um. Für den Term x gilt

$$x = q^0 + q^1 + q^2 + \ldots + q^{n-1}$$
$$= 1 + q^1 + q^2 + \ldots + q^{n-1}.$$

Multiplizieren mit q führt zu

$$qx = q^1 + q^2 + q^3 + \ldots + q^n.$$

Zieht man davon die vorige Gleichung ab, so entsteht

$$qx - x = q^n - 1$$
$$x(q - 1) = q^n - 1$$

und nach Division durch $q - 1$

$$x = \frac{q^n - 1}{q - 1}.$$

Einsetzen in Gleichung (A.9) ergibt schließlich

$$\boxed{S = a \frac{q^n - 1}{q - 1}}. \tag{A.10}$$

Hiermit kann man den Wert der Summe einer geometrischen Reihe einfach und rasch berechnen.

Soll etwa die Summe einer Folge von 20 Zahlen ermittelt werden, die mit 50 beginnt und jeweils um 10 % zunimmt, so ist $a = 50$, $q = 1,1$ und $n = 20$, und das Ergebnis lautet

$$S = 50 \cdot \frac{1,1^{20} - 1}{1,1 - 1} = 2863,75.$$

Um die Allgemeingültigkeit von (A.10) zu beweisen, wählt man zunächst $n = 1$ und zeigt, dass sich die Summe für $a = 100$ und $q = 1,1$ auf $a = 100$ beläuft. Das stimmt mit $100 \cdot \frac{1,1^1 - 1}{1,1 - 1}$ überein. Sodann unterstellt man, dass Gleichung (A.10) für ein beliebiges n gültig ist, und bemüht sich um den Nachweis, dass sie dann auch für $n + 1$ gilt. Wir gehen zu diesem Zweck von

$$S(n + 1) = S(n) + aq^n$$

aus, setzen ein und formen um. Das ergibt aufgrund unserer Voraussetzung

$$
\begin{aligned}
S(n + 1) &= a\,\frac{q^n - 1}{q - 1} + aq^n \\
&= a\left(\frac{q^n - 1}{q - 1} + \frac{(q - 1)q^n}{q - 1}\right) \\
&= a\,\frac{q^n - 1 + q^{n+1} - q^n}{q - 1} \\
&= a\,\frac{q^{n+1} - 1}{q - 1}\,.
\end{aligned}
$$

Genau dasselbe Resultat erhält man, wenn man in Gleichung (A.10) einfach nur $n + 1$ an die Stelle von n treten lässt, was zu beweisen war.

A.2 Nullstellenbestimmung von Funktionen

In der Finanzmathematik geht es häufig um Fragestellungen, die darauf hinauslaufen, die Nullstelle einer Funktion zu berechnen. Ein typisches Beispiel für eine solche Aufgabenstellung ist etwa die Ermittlung des Zinssatzes, der im Rahmen einer nachschüssigen Rente vereinbart werden muss, wenn der Rentenzahler einen bestimmten Rentenendwert erreichen will. Die Definitionsgleichung für den Rentenendwert lautet

$$R_n = r\,\frac{(1 + i)^n - 1}{i}$$

und hat die Eigenschaft, dass sie sich nicht allgemein nach i auflösen lässt. Wenn aber nun R_n, r und n gegeben sind, so ist die Berechnung von i gleichbedeutend mit der Bestimmung der Nullstelle der Funktion

$$f(i) = -R_n + r\,\frac{(1 + i)^n - 1}{i}\,,$$

denn subtrahiert man R_n auf beiden Seiten der ersten Gleichung, so sieht man sofort, dass i derjenige Zinssatz ist, der vorstehende Gleichung den Wert null annehmen lässt.

Im Folgenden werden wir vier Verfahren darstellen, die sich zur Lösung derartiger Aufgaben eignen. Allgemein ist das Problem

$$f(x) = 0$$

zu lösen, wobei $f(x)$ eine Funktion ist, die in eindeutiger Weise von ihrem Argument x abhängt. Alle im Folgenden beschriebenen Methoden der Nullstellenbestimmung sind so genannte Iterationsverfahren, die den Wert von x, der die Funktion gerade null werden lässt, von einem (oder zwei) Startwert(en) ausgehend schrittweise verbessert, bis ein genügender Grad der Genauigkeit erreicht ist. Das ist etwa bei Berechnungen des Zinssatzes dann der Fall, wenn man den Zinssatz bis auf zwei Stellen nach dem Komma genau ermittelt hat.

Allerdings werden wir uns auf solche Methoden beschränken, von denen wir sagen können, dass sie im Zusammenhang mit finanzmathematischen Fragestellungen besonders zweckmäßig sind. Wir haben es hier nämlich regelmäßig mit Funktionen zu tun, die – was die Nullstellenbestimmung betrifft – sehr angenehme Eigenschaften haben:

1. Die Funktionen sind immer stetig und monoton fallend oder wachsend.

2. Es lässt sich immer ein genügend großes (kleines) x finden, so dass $f(x)$ negativ ist; und es existiert auch stets ein genügend kleines (großes) x, so dass $f(x)$ positiv ist.

3. Meistens sind die Funktionen differenzierbar.

Die beiden zuerst genannten Eigenschaften haben zur Folge, dass die uns interessierenden Funktionen stets eine und nur eine Nullstelle aufweisen.

Für Illustrationszwecke werden wir ein sehr einfaches einheitliches Zahlenbeispiel benutzen, und zwar soll es darum gehen, die (positive) Nullstelle der Funktion

$$f(x) = x^4 - 50000$$

zu berechnen. Diese kann man leicht auch direkt ermitteln. Man erhält

$$x = \sqrt[4]{50000} = 14,9535\,.$$

A.2.1 Intervallhalbierung

Ein sehr robustes und zugleich voraussetzungsarmes Verfahren der Nullstellenbestimmung ist die Intervallhalbierung (Bisektion). Abbildung A.1 zeigt die Vorgehensweise. Man beginnt mit der Suche eines Intervalls, in dem die Nullstelle liegt, indem man einen ersten Startwert x_k^u, für den $f(x_k)$ negativ ist, und einen zweiten Startwert x_k^o vorgibt, für den $f(x)$ positiv ist. Durch Halbieren des Intervalls und Beantwortung der Frage, in welchem der beiden Teilintervalle die Nullstelle liegt, wird die Lage der Nullstelle genauer erkannt.

Man setzt also $k = 0$ und wählt x_k^u und x_k^o so, dass $f(x_k^u) < 0$ und $f(x_k^o) > 0$ ist. Sodann berechnet man

$$x_{k+1} = \frac{x_k^u + x_k^o}{2} \qquad (A.11)$$

und setzt

$$x_{k+1}^u = \left\{ \begin{array}{ll} x_k^u & \text{wenn } f(x_{k+1}) > 0 \\ x_{k+1} & \text{sonst} \end{array} \right\}$$

$$x_{k+1}^o = \left\{ \begin{array}{ll} x_k^o & \text{wenn } f(x_{k+1}) < 0 \\ x_{k+1} & \text{sonst} \end{array} \right\}\,.$$

Das Verfahren wird so lange fortgesetzt, bis das Intervall, in dem die Nullstelle liegt, genügend klein ist. Wir wenden diesen Ansatz auf unser Beispiel $f(x) = x^4 - 50000$ an und benutzen als Startwerte $x_0^u = 10$ und $x_0^o = 20$. Führt man die Berechnungen fort, bis der Funktionswert erstmals kleiner als 1 ist, so braucht man 16 Iterationen, vgl. Tabelle A.6.

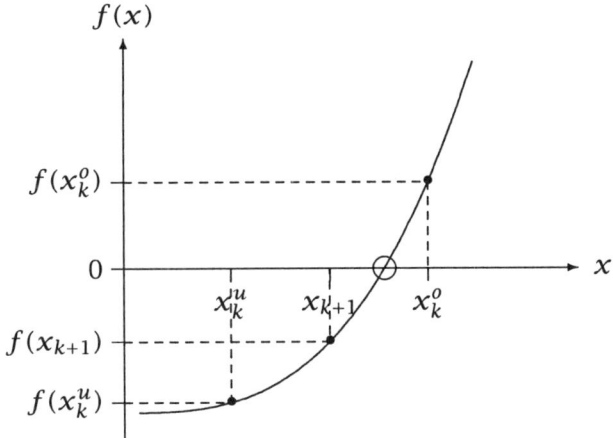

Abbildung A.1: Ermittlung einer Nullstelle mittels Intervallhalbierung

Tabelle A.6: Nullstellenbestimmung mit Hilfe der Intervallhalbierung

k	x_k^u	x_k^o	$f(x_k^u)$	$f(x_k^o)$	x_{k+1}	$f(x_{k+1})$
0	10,0000	20,0000	-40000,0	110000,0	15,0000	625,0
1	10,0000	15,0000	-40000,0	625,0	12,5000	-25585,9
2	12,5000	15,0000	-25585,9	625,0	13,7500	-14255,4
3	13,7500	15,0000	-14255,4	625,0	14,3750	-7299,7
4	14,3750	15,0000	-7299,7	625,0	14,6875	-3463,7
5	14,6875	15,0000	-3463,7	625,0	14,8438	-1451,6
6	14,8438	15,0000	-1451,6	625,0	14,9219	-421,5
7	14,9219	15,0000	-421,5	625,0	14,9609	99,7
8	14,9219	14,9609	-421,5	99,7	14,9414	-161,4
9	14,9414	14,9609	-161,4	99,7	14,9512	-31,0
10	14,9512	14,9609	-31,0	99,7	14,9561	34,3
11	14,9512	14,9561	-31,0	34,3	14,9536	1,7
12	14,9512	14,9536	-31,0	1,7	14,9524	-14,6
13	14,9524	14,9536	-14,6	1,7	14,9530	-6,5
14	14,9530	14,9536	-6,5	1,7	14,9533	-2,4
15	14,9533	14,9536	-2,4	1,7	14,9535	-0,4

A.2.2 Sekantenverfahren (Regula falsi)

Ebenso wie beim Verfahren der Intervallhalbierung benötigt man auch hier zwei Ausgangswerte x_k^u und x_k^o, deren Funktionswerte $f(x)$ verschiedene Vorzeichen haben müssen. Dann erhält man einen verbesserten Näherungswert aus

$$x_{k+1} = x_k^o - \frac{x_k^o - x_k^u}{f(x_k^o) - f(x_k^u)}\, f(x_k^o)\,. \tag{A.12}$$

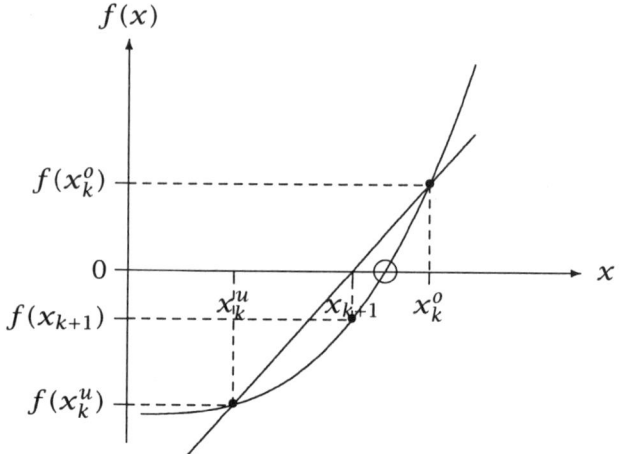

Abbildung A.2: Ermittlung einer Nullstelle mittels Sekantenverfahren

Sodann setzt man ebenso wie bei der Intervallhalbierungsmethode

$$x_{k+1}^u = \left\{ \begin{array}{ll} x_k^u & \text{wenn } f(x_{k+1}) > 0 \\ x_{k+1} & \text{sonst} \end{array} \right\}$$

$$x_{k+1}^o = \left\{ \begin{array}{ll} x_k^o & \text{wenn } f(x_{k+1}) < 0 \\ x_{k+1} & \text{sonst} \end{array} \right\}$$

und führt das Verfahren fort, bis ein genügender Grad an Genauigkeit erreicht ist.

Wendet man die beschriebene Verfahrensweise auf unser Standardbeispiel an und beginnt wieder mit den Startwerten $x_0^u = 10$

und $x_0^o = 20$, so hat man den Lösungswert $x = 14,9535$ mit
gleicher Genauigkeit wie bei der Intervallhalbierung nach 13 Iterationen gefunden, vgl. Tabelle A.7.

Tabelle A.7: Nullstellenbestimmung mit Hilfe des Sekantenverfahrens

k	x_k^u	x_k^o	$f(x_k^u)$	$f(x_k^o)$	x_{k+1}	$f(x_{k+1})$
0	10,0000	20,0000	-40000,0	110000,0	12,6667	-24257,6
1	12,6667	20,0000	-24257,6	110000,0	13,9916	-11675,6
2	13,9916	20,0000	-11675,6	110000,0	14,5682	-4957,5
3	14,5682	20,0000	-4957,5	110000,0	14,8024	-1989,9
4	14,8024	20,0000	-1989,9	110000,0	14,8948	-780,5
5	14,8948	20,0000	-780,5	110000,0	14,9308	-303,3
6	14,9308	20,0000	-303,3	110000,0	14,9447	-117,5
7	14,9447	20,0000	-117,5	110000,0	14,9501	-45,4
8	14,9501	20,0000	-45,4	110000,0	14,9522	-17,6
9	14,9522	20,0000	-17,6	110000,0	14,9530	-6,8
10	14,9530	20,0000	-6,8	110000,0	14,9533	-2,6
11	14,9533	20,0000	-2,6	110000,0	14,9534	-1,0
12	14,9534	20,0000	-1,0	110000,0	14,9535	-0,4

A.2.3 Newtons Verfahren

Sofern die Funktion $f(x)$ differenzierbar ist, empfiehlt es sich,
die Nullstelle mit Hilfe des *Newtonschen* Verfahrens zu bestimmen.[2] Ausgehend von einem Startwert x_k berechnet man den
besseren Näherungswert x_{k+1} bei dieser Methode aus

$$x_{k+1} = x_k - \frac{f(x_k)}{f'(x_k)}, \qquad (A.13)$$

wobei $f(x_k)$ der Wert ist, den die Funktion an der Stelle x_k besitzt, während $f'(x_k)$ der Wert der ersten Ableitung an der gleichen Stelle ist. Bei diesem Verfahren befindet sich x_{k+1} genau
dort, wo eine Gerade die x-Achse schneidet, welche die Funktion $f(x)$ an der Stelle x_k tangiert, vgl. Abbildung A.3. Das Verfahren wird so lange fortgesetzt, bis der gewünschte Grad an
Genauigkeit erreicht ist.

---

[2] *Isaac Newton* (1643-1727), englischer Physiker, Mathematiker und Astronom.

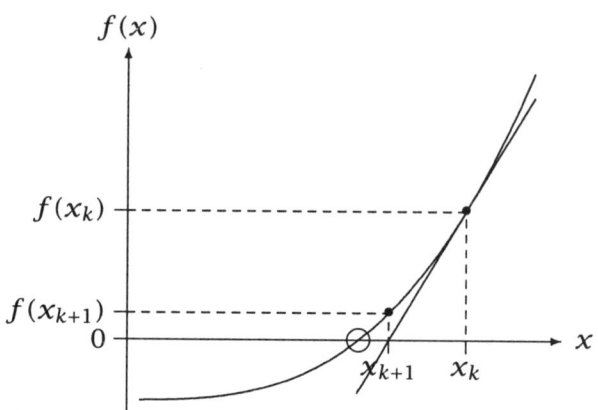

Abbildung A.3: Ermittlung einer Nullstelle mittels *Newtonverfahren*

Konvergenz ist gegeben, wenn es eine Zahl $L < 1$ gibt, so dass

$$\left| \frac{f(x_k) \cdot f''(x_k)}{(f'(x_k))^2} \right| \leq L$$

erfüllt ist.

Wir benutzen *Newtons* Tangentenverfahren zur Berechnung der Nullstelle unserer Standardfunktion und verwenden als Startwert $x_0 = 20$. Dazu brauchen wir die Funktion

$$f(x) = x^4 - 5000$$

und deren erste Ableitung

$$f'(x) = 4x^3.$$

Tabelle A.8 zeigt, dass die Methode wesentlich besser konvergiert als die beiden zuvor beschriebenen Verfahren. Die Lösung ist bereits nach 4 Iterationen gefunden.

A.2.4 Vereinfachtes Newtonverfahren

Mitunter hat man es mit Funktionen zu tun, bei denen die Berechnung der ersten Ableitung etwas mühsam ist. In solchen

Tabelle A.8: Nullstellenbestimmung mit Hilfe des *Newtonschen* Verfahrens

k	x_k	$f(x_k)$	$f'(x_k)$
0	20,0000	110000,0	32000,0
1	16,5625	25249,5	18173,5
2	15,1731	3003,2	13972,9
3	14,9582	63,2	13387,5
4	14,9535	0,0	

Fällen kann man sich des vereinfachten Newtonverfahrens bedienen. Diese Methode unterscheidet sich vom *Newtonverfahren* dadurch, dass man den Differentialquotienten $f'(x)$ durch den Differenzenquotienten approximiert,

$$f'(x) \approx \frac{\Delta f}{\Delta x} = \frac{f(x + \Delta x) - f(x)}{\Delta x}.$$

Δx sollte möglichst klein gewählt werden. Bei Verwendung des Differenzenquotienten anstelle der ersten Ableitung lautet die Iterationsformel

$$x_{k+1} = x_k - \frac{f(x_k)}{\frac{f(x_k + \Delta x) - f(x_k)}{\Delta x}}. \tag{A.14}$$

Wendet man diese Methode auf die Beispielfunktion $f(x) = x^4 - 50000$ an und benutzt $\Delta x = 0,1$ sowie $x_0 = 20$ als ersten Versuchswert, so zeigt sich, dass die vereinfachte Newtonmethode nur unwesentlich schlechter konvergiert als die nicht vereinfachte, vgl. Tabelle A.9. Dafür spart man das Differenzieren.

Tabelle A.9: Nullstellenbestimmung mit Hilfe des vereinfachten *Newtonverfahrens*

k	x_k	$f(x_k)$	$\frac{f(x_k + \Delta x) - f(x_k)}{\Delta x}$
0	20,0000	110000,0	32240,8
1	16,5882	25717,2	18423,9
2	15,1923	3271,6	14165,0
3	14,9614	105,3	13530,8
4	14,9536	1,1	13509,8
5	14,9535	0,0	

B Formelsammlung

B.1 Zinsrechnung

Symbole

i (nomineller) Jahreszinssatz

j (relativer) Zinssatz (z.B. je Quartal)

K_0 Anfangskapital

K_n Endkapital (Kapital nach n Jahren)

K_N Endkapital (Kapital nach N Zinsperioden, z.B. Quartalen)

m Zahl der Zinsperioden je Jahr

n Laufzeit (gemessen in Jahren)

N Laufzeit (gemessen in Zinsperioden, z.B. Quartalen)

q Zinsfaktor $(q = 1 + i)$

Jährliche Zinsrechnung

Einfache Zinsrechnung

$$K_n = K_0 \, (1 + ni)$$

Zinseszinsrechnung

$$K_n = K_0 \, (1 + i)^n = K_0 \, q^n$$

Gemischte Zinsrechnung

$$K_n = K_0 \, (1 + i)^{n_1} (1 + n_2 i) \quad \text{mit } n_1 = \text{int}(n) \text{ und } n_2 = n - n_1$$

Unterjährliche Zinsrechnung

Einfache Zinsrechnung bei analoger Vorgehensweise

$$K_N = K_0 \, (1 + Nj)$$

Zinseszinsrechnung bei analoger Vorgehensweise

$$K_N = K_0 \, (1 + j)^N$$

Gemischte Verzinsung bei analoger Vorgehensweise

$$K_N = K_0 \, (1 + j)^{N_1} (1 + N_2 j)$$
$$\text{mit } N_1 = \text{int}(N) \text{ und } N_2 = N - N_1$$

Einfache Zinsrechnung unter Verwendung des nominellen Zinssatzes

$$K_n = K_0 \, (1 + ni) \text{ mit } i = mj$$

Zinseszinsrechnung unter Verwendung des konformen Zinssatzes

$$K_n = K_0 \, (1 + i^*)^n \text{ mit } i^* = (1 + j)^m - 1$$

Stetige Verzinsung

$$K_n = K_0 \, e^{in}$$

B.2   Rentenrechnung

Symbole

i (nomineller) Jahreszinssatz

j (relativer) Zinssatz (z.B. je Quartal)

m_r Zahl der Rentenperioden je Jahr

m_z Zahl der Zinsperioden je Jahr

n Laufzeit (gemessen in Jahren)

N Laufzeit (gemessen in Rentenperioden, z.B. Quartalen)

r Rentenzahlung

r_t im Zeitpunkt t fällige Rentenzahlung

R_0 Rentenbarwert

R_n Rentenendwert (nach n Jahren)

R_N Rentenendwert (nach N Rentenperioden, z.B. Quartalen)

q Zinsfaktor ($q = 1 + i$)

Gleich bleibende Renten mit endlicher Laufzeit

Jährliche nachschüssige Rente mit jährlichen Zinsen

$$R_n = r \frac{q^n - 1}{i}$$
$$R_0 = r \frac{q^n - 1}{iq^n}$$

Jährliche vorschüssige Rente mit jährlichen Zinsen

$$R_n = r \, q \frac{q^n - 1}{i}$$
$$R_0 = r \, q \frac{q^n - 1}{iq^n}$$

Jährliche nachschüssige Rente mit unterjährlichen Zinsen

$$R_n = r \frac{(1 + i^*)^n - 1}{i^*}$$
$$R_0 = r \frac{(1 + i^*)^n - 1}{i^*(1 + i^*)^n}$$

mit

$$i^* = (1 + j)^{m_z} - 1 = \left(1 + \frac{i}{m_z}\right)^{m_z} - 1 \quad \text{(diskret)}$$
$$i^* = e^i - 1 \quad\quad\quad\quad\quad\quad\quad\quad\quad\quad \text{(stetig)}$$

Jährliche vorschüssige Rente mit unterjährlichen Zinsen

$$R_n = r \, (1 + i^*) \frac{(1 + i^*)^n - 1}{i^*}$$
$$R_0 = r \, (1 + i^*) \frac{(1 + i^*)^n - 1}{i^*(1 + i^*)^n}$$

mit

$$i^* = (1 + j)^{m_z} - 1 = \left(1 + \frac{i}{m_z}\right)^{m_z} - 1 \qquad \text{(diskret)}$$

$$i^* = e^i - 1 \qquad\qquad\qquad\qquad\qquad \text{(stetig)}$$

Unterjährliche nachschüssige Rente mit jährlichen Zinsen

$$R_n = r \left[\left(m_r + \frac{i}{2}(m_r - 1)\right) \frac{q^{n_1} - 1}{i} (1 + n_2 i) \right. $$
$$\left. + \left(N_2 + \frac{i}{m_r} \frac{(N_2 - 1)N_2}{2}\right)\right]$$

$$R_0 = \frac{R_n}{q^{n_1}(1 + n_2 i)}$$

mit

$$n_1 = \text{int}(n) \qquad n_2 = n - n_1 \qquad N_2 = n_2 m_r$$

Unterjährliche vorschüssige Rente mit jährlichen Zinsen

$$R_n = r \left[\left(m_r + \frac{i}{2}(m_r + 1)\right) \frac{q^{n_1} - 1}{i} (1 + n_2 i) \right.$$
$$\left. + \left(N_2 + \frac{i}{m_r} \frac{(N_2 + 1)N_2}{2}\right)\right]$$

$$R_0 = \frac{R_n}{q^{n_1}(1 + n_2 i)}$$

mit

$$n_1 = \text{int}(n) \qquad n_2 = n - n_1 \qquad N_2 = n_2 m_r$$

Veränderliche Renten mit endlicher Laufzeit

Sich regellos ändernde Rente

$$R_n = q^n \sum_{t=1}^{n} r_t q^{-t}$$

$$R_0 = \sum_{t=1}^{n} r_t q^{-t}$$

Jährliche arithmetisch fortschreitende Rente (nachschüssig)

$$R_n = r \frac{q^n - 1}{i} + \frac{d}{i}\left(\frac{q^n - 1}{i} - n\right)$$

$$R_0 = r \frac{q^n - 1}{iq^n} + \frac{d}{i}\left(\frac{q^n - 1}{iq^n} - nq^{-n}\right)$$

mit

$r :=$ Rentenzahlung im Zeitpunkt $t = 1$

$d :=$ Differenz zwischen zwei aufeinander folgenden
Rentenzahlungen

Unterjährliche arithmetisch fortschreitende Rente (nachschüssig)

$$R_n = r_1 \frac{q^n - 1}{i} + \frac{\delta}{i} \left(\frac{q^n - 1}{i} - n \right)$$

$$R_0 = r_1 \frac{q^n - 1}{iq^n} + \frac{\delta}{i} \left(\frac{q^n - 1}{iq^n} - nq^{-n} \right)$$

mit

$$r_1 = (1 + i)m_r \left(r + \frac{d}{2} (m_r - 1) \right) \left(\frac{r}{2} + \frac{d}{3} (m_r - 1) \right)$$

$$\delta = m_r d \left((1 + i)m_r - \frac{i}{2} (m_r + 1) \right)$$

$r :=$ Rentenzahlung im Zeitpunkt $t = 1$

$d :=$ Differenz zwischen zwei aufeinander folgenden
Rentenzahlungen

$m_r :=$ Zahl der Rentenperioden je Jahr

Jährliche geometrisch fortschreitende Rente (nachschüssig)

$$R_n = r \frac{q^n - g^n}{q - g} \qquad \text{wenn } q \neq g$$

$$R_0 = r \frac{q^n - g^n}{(q - g)q^n} \qquad \text{wenn } q \neq g$$

$$R_n = r n q^{n-1} \qquad \text{wenn } q = g$$

$$R_0 = \frac{r n}{q} \qquad \text{wenn } q = g$$

mit

$r :=$ Rentenzahlung im Zeitpunkt $t = 1$

$g :=$ Wachstumsfaktor für je zwei aufeinander folgende
Rentenzahlungen

Unterjährliche geometrisch fortschreitende Rente (nachschüssig)

$$R_n = \mathfrak{r}_1 \frac{q^n - \mathfrak{g}^n}{q - \mathfrak{g}} \qquad \text{wenn } q \neq \mathfrak{g}$$

$$R_0 = \mathfrak{r}_1 \frac{q^n - \mathfrak{g}^n}{(q - \mathfrak{g})q^n} \qquad \text{wenn } q \neq \mathfrak{g}$$

mit

$$\mathfrak{r}_1 = \frac{r}{g-1}\left((g^{m_r} - 1)\left(1 + \frac{i}{m_r(g-1)}\right) - i\right)$$

$$\mathfrak{g} = g^{m_r}$$

$r :=$ Rentenzahlung im Zeitpunkt $t = 1$

$g :=$ Wachstumsfaktor für je zwei aufeinander folgende
Rentenzahlungen

$m_r :=$ Zahl der Rentenperioden je Jahr

(Nachschüssige) Renten mit ewiger Laufzeit

Gleich bleibende Rente

$$R_0 = \frac{r}{i}$$

Arithmetisch fortschreitende Rente

$$R_0 = \left(r + \frac{d}{i}\right)\frac{1}{i}$$

Geometrisch fortschreitende Rente

$$R_0 = \left\{ \begin{array}{ll} \frac{r}{q-g} & \text{wenn } q > g \\ \infty & \text{wenn } q \leq g \end{array} \right\}$$

B.3 Tilgungsrechnung

Symbole

α Aufgeldprozentsatz

A_t im Zeitpunkt t fällige Annuität

i nomineller Jahreszinssatz

K_0 ursprünglicher Kreditbetrag

K_t Restschuld im Zeitpunkt t

n Laufzeit (gemessen in Jahren)

p Tilgungsprozentsatz

q Zinsfaktor ($q = 1 + i$)

T_t im Zeitpunkt t fällige Tilgungsrate

Z_t im Zeitpunkt t fälliger Zinsbetrag

Ratentilgung

$$T_1 = T_2 = \ldots = T_n = T$$
$$K_0 = nT$$
$$T = \frac{K_0}{n}$$
$$Z_t = i\left(1 - \frac{t-1}{n}\right)K_0$$
$$A_t = \left(i\left(1 - \frac{t-1}{n}\right) + \frac{1}{n}\right)K_0$$
$$K_t = \left(1 - \frac{t}{n}\right)K_0$$

Annuitätentilgung

Standardform der Annuitätentilgung

$$A_1 = A_2 = \ldots = A_n = A$$

$$K_0 = A\,\frac{q^n - 1}{i\,q^n}$$

$$T_t = \frac{i\,q^{t-1}}{q^n - 1}\,K_0$$

$$Z_t = \frac{i\,(q^n - q^{t-1})}{q^n - 1}\,K_0$$

$$A = \frac{i\,q^n}{q^n - 1}\,K_0$$

$$K_t = \frac{q^n - q^t}{q^n - 1}\,K_0$$

Annuitätentilgung mit einbezogenem Aufgeld

$$A = \frac{i\,(1 + k)^n}{(1 + k)^n - 1}\,K_0 \quad \text{mit } k = \frac{i}{1 + \alpha}$$

Prozentannuität

$$A = (i + p)\,K_0$$

$$n = \frac{\ln \frac{i+p}{p}}{\ln q}$$

B.4   Kurs- und Renditerechnung

Symbole

α Aufgeldprozentsatz

d Gesamtlaufzeit der Schuld (gemessen in Jahren)

d_t Zeitraum (gemessen in Jahren), der bei Zahlung des Betrages z_t seit dem Bewertungszeitpunkt vergangen ist

i Jahreszinssatz, Effektivrendite

i^* nomineller Jahreszinssatz

m Anzahl der Zahlungen des Schuldners je Jahr

N Nennwert einer Schuld

P_0 Preis (Kurs) einer Schuld

q Zinsfaktor ($q = 1 + i$)

T Restlaufzeit einer Schuld (gemessen in Jahren)

z_t t-te Zahlung des Schuldners an den Gläubiger mit $t = 1, \ldots, n$

Zinsschuld (Kuponanleihe)

Anleihe mit Jahreskupon

$$P_0 = q^b \left(K \frac{q^n - 1}{i\, q^n} + \frac{(1 + \alpha)N}{q^n} \right)$$

mit

$K = i^* N$

n = kleinste ganze Zahl, für die $n \geq T$ gilt

$b = n - T$

Anleihe mit m Kupons je Jahr

$$P_0 = (1 + j)^b \left(\frac{K}{m} \frac{(1 + j)^n - 1}{j\,(1 + j)^n} + \frac{(1 + \alpha)N}{(1 + j)^n} \right)$$

mit

$K = i^* N$

n = kleinste ganze Zahl, für die $n \geq mT$ gilt

$b = n - mT$

$j = (1 + i)^{1/m} - 1$

Annuitätenschuld

$$P_0 = q^b \frac{i^* (1 + i^*)^d}{(1 + i^*)^d - 1} N \frac{q^n - 1}{i\, q^n}$$

mit

n = kleinste ganze Zahl, für die $n \geq T$ gilt

$b = n - T$

Ratenschuld

$$P_0 = \frac{N}{d}\,\frac{q^{b-n}}{i}\left[i^*\,n\,q^n + (q^n - 1)\left(1 - \frac{i^*}{i}\right)\right]$$

mit

n = kleinste ganze Zahl, für die $n \geq T$ gilt
$b = n - T$

Effektivzins nach PangV 1985

Nullstellenbestimmung der Funktion

$$f(i) = \frac{\sum_{t=1}^{n} z_t(1 + d_{1t}i)(1 + i)^{d_{2t}}(1 + d_{3t}i)}{(1 + i)^{n_1}(1 + n_2 i)} - P_0$$

mit

$n_1 = \text{int}(n)$
$n_2 = d_n - n_1$
$d_{1t} = d_n - d_t - d_{2t} - d_{3t}$
$d_{2t} = \max(0, \text{int}(n_1 - d_t))$
$$d_{3t} = \left\{\begin{array}{ll} n_2 & \text{wenn } n_1 > \text{int}(d_t) \\ d_n - d_t & \text{wenn } n_1 = \text{int}(d_t) \end{array}\right\}$$

Effektivzins nach Braeß–Fangmeyer

Nullstellenbestimmung der Funktion

$$f(i) = \frac{\sum_{t=1}^{n} z_t(1 + d_{1t}i)(1 + i)^{d_{2t}}}{(1 + i)^{n_1}(1 + n_2 i)} - P_0$$

mit

$n_1 = \text{int}(n)$
$n_2 = d_n - n_1$
$d_{1t} = d_n - d_t - d_{2t}$
$d_{2t} = \text{int}(d_n - d_t)$

Effektivzins nach Moosmüller

Nullstellenbestimmung der Funktion

$$f(i) = \frac{\sum_{t=1}^{n} z_t (1+j)^{n-1}}{(1+j)^{N_1}(1+N_2 j)} - P_0$$

mit

$$j = \sqrt[m]{1+i} - 1$$
$$N_1 = \text{int}(m d_n)$$
$$N_2 = m d_n - N_1$$

Effektivzins nach AIBD beziehungsweise PangV 2000

Nullstellenbestimmung der Funktion

$$f(i) = \sum_{t=1}^{n} z_t (1+i)^{-d_t} - P_0$$

Literaturverzeichnis

Altrogge, Günter (1999) *Finanzmathematik*, Oldenbourg, München, Wien.

Ayres jr., Frank (1979) *Finanzmathematik:* Theorie und Anwendung, McGraw-Hill, New York.

Bosch, Karl (2002) *Finanzmathematik*, 6. Auflage, Oldenbourg, München, Wien.

Brealey, Richard A. und Myers, Stewart C. (2003) *Principles of Corporate Finance*, 7. Auflage, McGraw-Hill, Boston et al.

Bühlmann, Niklaus und Berliner, Baruch (1992) *Einführung in die Finanzmathematik*, Band 1, Haupt, Bern.

Bussmann, Karl Ferdinand (1980) *Kaufmännisches Rechnen und Finanzmathematik*, 4. Auflage, Poeschel, Stuttgart.

Caprano, Eugen (1999) *Finanzmathematik*, 6. Auflage, Vahlen, München.

van Ditzhuyzen, Karl Hans (1995) *Finanzmathematik*, Vahlen, München.

Frühwirth, Manfred (2002) *Handbuch der Renditeberechnung*, 2. Auflage, Oldenbourg, München, Wien.

Grob, Heinz Lothar und Everding, Dominik (1992) *Finanzmathematik mit dem PC:* Lehrbuch mit Diskette, Gabler, Wiesbaden.

Hass, Otto (2000) *Finanzmathematik:* Finanzmathematische Methoden der Investitionsrechnung, 6. Auflage, Oldenbourg, München, Wien.

Herzberger, Jürgen (1999) *Einführung in die Finanzmathematik*, Oldenbourg, München, Wien.

Hettich, Günter; Jüttler, Helmut und Luderer, Bernd (2001) *Mathematik für Wirtschaftswissenschaftler und Finanzmathematik*, 7. Auflage, Oldenbourg, München, Wien.

Ihrig, Holger und Pflaumer, Peter (2003) *Finanzmathematik:* Intensivkurs, 9. Auflage, Oldenbourg, München, Wien.

Kahle, Egbert und Lohse, Dieter (1998) *Grundkurs Finanzmathematik*, 4. Auflage, Oldenbourg, München, Wien.

Kobelt, Helmut und Schulte, Peter (1999) *Finanzmathematik:* Methoden, betriebswirtschaftliche Anwendungen und Aufgaben mit Lösungen, 7. Auflage, Neue Wirtschafts-Briefe, Herne, Berlin.

Köhler, Harald (1997) *Finanzmathematik*, 4. Auflage, Hanser, München, Wien.

Kosiol, Erich (1966) *Finanzmathematik:* Zinseszins-, Renten-, Tilgungs-, Kurs- und Rentabilitätsrechnung. Lehrbuch für Praktiker und Studierende, 10. Auflage, Gabler, Wiesbaden.

Kruschwitz, Lutz und Decker, Rolf O.A. (1994) "Effektivrenditen bei beliebigen Zahlungsstrukturen", *Zeitschrift für Betriebswirtschaft*, 64, 619–628.

Locarek-Junge, Hermann (1997) *Finanzmathematik:* Lehr- und Übungsbuch, 3. Auflage, Oldenbourg, München, Wien.

Lohmann, Karl (1989) *Finanzmathematische Wertpapieranalyse*, 2. Auflage, Schwartz, Göttingen.

Nicolas, Marcel (1967) *Finanzmathematik*, 2. Auflage, De Gruyter, Berlin.

Rahmann, John (1976) *Praktikum der Finanzmathematik:* Methoden und Erkenntnisse zu Finanzierungsfragen von heute, 5. Auflage, Gabler, Wiesbaden.

Schierenbeck, Henner und Rolfes, Bernd (1986) "Effektivzinsrechnung in der Bankpraxis", *Zeitschrift für betriebswirtschaftliche Forschung*, 38, 766–778.

Wagner, Eckehard (1988) *Effektivzins von Krediten und Wertpapieren*, Richardi, Frankfurt am Main.

Ziethen, Rüdiger E. (1992) *Finanzmathematik*, 2. Auflage, Oldenbourg, München, Wien.

Sachverzeichnis

360-Tage-Methode, 85–89, 207

Abwicklungskosten, 189
Abzinsungsfaktor, 16
Agio, s. Aufgeld
AIBD-Methode, 201, 213
Anfangskapital
–, bei einfacher Zinsrechnung, 8
–, bei gemischter Zinsrechnung, 21
–, bei Zinseszinsrechnung, 16
Anleihe, 165–168, 187–195
–, Kupon-, 187–195
Annuität
–, Begriff, 141
–, bei Ratentilgung, 148
–, gerundete, 165–168
–, Prozent-, 161–164
Annuitätenfaktor, 55, 149
Annuitätenschuld, 195–197
Annuitätentilgung, 148–154, 175–181
–, Begriff, 142
–, mit einbezogenem Aufgeld, 158–160
–, mit zusätzlichem Aufgeld, 157
Arbitrage, 184
Aufgeld, 154, 156–160
Aufzinsungsfaktor, 11

Barwert
–, bei gleich bleibender Rente, 52, 63, 76, 78, 82, 85, 133, 135

–, bei veränderlicher Rente, 100, 107, 122
Bisektion, s. Intervallhalbierung
Braeß-Fangmeyer-Methode, 207–210

Diskontierungsfaktor, s. Abzinsungsfaktor

Effektivrendite
–, einer Annuitätenschuld, 196–197
–, einer Kuponanleihe, 190–191, 194–195
–, einer Ratenschuld, 200–201
–, einer Schuld, 183
–, nach 360-Tage-Methode, 85
–, nach AIBD, 213–215
–, nach Braeß-Fangmeyer, 207–210
–, nach internationalem Standard, 93–94, 215
–, nach Moosmüller, 210–213
–, nach Preisangabenverordnung 1985, 202–207
–, nach Preisangabenverordnung 2000, 216–217
Endkapital
–, bei einfacher Zinsrechnung, 6
–, bei gemischter Zinsrechnung, 19
–, bei Zinseszinsrechnung, 11

Endwert
-, bei gleich bleibender Rente,
   50, 62, 76, 78, 80, 84
-, bei veränderlicher Rente, 99,
   105, 121
Ersatzzinsfuß, s. Zinssatz,
   Ersatz-
Eulersche Zahl, 36
Exponentialfunktion, 13

Gordon-Shapiro-Modell, 139

Halbjahreskupon, 192
Handelsprovision, 189
de L'Hospital
-, Regel von, 136
Hypothekenkredit, 73

Induktion
-, vollständige, 279, 284, 285
Intervallhalbierung, 288
ISMA, 201

Jahreskupon, 187

Kalender, 2
Konsumverzicht, 1
Kontokorrentkredit, 141
Kuponanleihe, s. Anleihe,
   Kupon-
Kuponbogen, 188
Kurs
-, einer Annuitätenschuld, 196
-, einer Kuponanleihe, 189
-, einer Ratenschuld, 199
-, einer Schuld, 183

Laufzeit
-, bei einfacher Zinsrechnung,
   9
-, bei gemischter
   Zinsrechnung, 28
-, bei gleich bleibender Rente,
   58-60
-, bei veränderlicher Rente,
   110, 124

-, bei Zinseszinsrechnung, 18
-, einer Prozentannuität, 162

Maklergebühr, 189
Mantel, 188
Moosmüller-Methode,
   210-213

Newton-Verfahren, 22,
   291-293
Nullkuponanleihe, s. Zero
   Bond
Nullstellenbestimmung, 22,
   286-293

Obligation, s. Anleihe

Preisangabenverordnung, 202
pro anno, 3
pro rata temporis, 3
Prozentannuität, s. Annuität,
   Prozent-

Quadratzahlen, 280-284

Ratenkredit, 87
Ratenschuld, 198-201
Ratentilgung, 145-148,
   171-175
-, Begriff, 142
-, mit Aufgeld, 156
Regula falsi, 290-291
Reihe
-, arithmetische, 277-279
-, geometrische, 284-286
Rente
-, endliche, 48-131
-, ewige, 131-139
-, gleich bleibende, 48-97
-, jährliche, 48-72
-, konforme, 73, 75, 78, 112,
   125
-, nachschüssige, 44, 48-60,
   75-76
-, unterjährliche, 73-97
-, veränderliche, 98-131

Sachverzeichnis

313

-, vorschüssige, 44, 60-67, 76-79
Rentenbarwert, s. Barwert
-, Begriff, 46
Rentenbarwertfaktor
-, nachschüssiger, 53
-, vorschüssiger, 63
Rentenendwert, s. Endwert
-, Begriff, 46
Rentenendwertfaktor
-, nachschüssiger, 51
-, vorschüssiger, 62
Rentenperiode, 45
Restschuld
-, bei Annuitätentilgung, 153
-, bei Ratentilgung, 147
Restzahlung bei Prozentannuität, 163

Sekantenverfahren, s. Regula falsi
Stückzinsen, 189, 190

Tangentenverfahren, s. Newton-Verfahren
Tilgungsfreie Zeit, 154-156
Tilgungsrate, 142
-, bei Annuitätentilgung, 152
Tilgungsrückstand, 167

Verzinsung
-, Effektiv-, s. Effektivrendite
-, kontinuierliche, 36
Vorleistung bei Prozentannuität, 163

Wiedergewinnungsfaktor, s. Annuitätenfaktor

Zero Bond, 186
Zinsbetrag, 142
-, bei Annuitätentilgung, 153
-, bei Ratentilgung, 147
Zinsen
-, dekursive, 3
-, einfache, 5-9
-, gemischte, 18-28
-, jährliche, 5-28
-, nachschüssige, 3
-, rekursive, 3
-, unterjährliche, 29-39, 67-72, 89-97
-, vorschüssige, 3
-, zeitanteilige, 7, 14
-, Zinses-, 10-18
Zinsfaktor, 10
Zinsperiode, 29, 45
Zinssatz
-, bei einfacher Zinsrechnung, 9
-, bei gemischter Zinsrechnung, 21-25
-, bei gleich bleibender Rente, 55-58
-, bei veränderlicher Rente, 108-109, 123
-, bei Zinseszinsrechnung, 17
-, Effektiv-, s. Effektivrendite
-, Ersatz-, 42
-, konformer, 34, 68
-, nomineller, 33, 68
-, relativer, 33, 71, 171
Zinsscheinbogen, s. Kuponbogen
Zinsschuld, s. Anleihe

Schulte, Corporate Finance

Die aktuellen Konzepte und Instrumente
im Finanzmanagement
Von Dr. Christof Schulte, Kamp-Lintfort
2005. XI, 468 Seiten. Kartoniert € 45,–
ISBN 3-8006-3201-2

Finanzmanagement auf einen Streich

Basel II, Rating, Mezzanine-Finanzierung, Value Based Management, Asset Backed Securities, Risikomanagement und weitere aktuelle Herausforderungen des Finanzmanagements werden in diesem Werk umfassend und praxisgerecht dargestellt:

- Ziele und Funktionen des Corporate Finance
- Kapitalbedarfsplanung und Finanzierungsstrategie
- Beteiligungsfinanzierung
- Hybride Finanzierung
- Kreditfinanzierung
- Sonderformen der Finanzierung
- Unternehmenskäufe und -verkäufe (M&A)
- Asset Management
- Cash-Management
- Devisenmanagement
- Zinsmanagement
- Finanzcontrolling
- Treasury-Organisation

Aufbauend auf einer strategieorientierten Finanzplanung werden dabei Finanzierungskonzepte vorgestellt, Kriterien zur optimalen Entscheidungsfindung angeboten sowie zahlreiche realisierte Praxisbeispiele aufgezeigt. Das Werk enthält den aktuellen Stand des praxisrelevanten Finanzierungswissens. Durch die übersichtliche, hervorragend strukturierte Darstellung kann der Leser Inhalte und Zusammenhänge rasch erschließen.

Bestellen Sie bei Ihrem Buchhändler oder bei:
Verlag Vahlen, 80801 München · Fax: 089/38189-402
www.vahlen.de · E-Mail: bestellung@vahlen.de

Priermeier
Finanzrisikomanagement
im Unternehmen

Ein Praxishandbuch
Von Thomas Priermeier, München
2005. XXXIII, 427 Seiten. Kartoniert € 39,–
ISBN 3-8006-3078-8

Umfassend

Finanzrisikomanagement darf sich nicht nur auf Liquidität, Zins- oder Währungsrisiken beschränken. Viele weitere betrieblichen Risiken werden früher oder später Finanzrisiken. So zieht Thomas Priermeier die Klammer des Finanzrisikomanagements in diesem Buch auch bewusst weiter. Er geht auch auf die Steuerung von Finanzrisiken ein, die häufig „unter den Tisch fallen", aber durchaus von entscheidender Bedeutung für ein Unternehmen sein können und beantwortet umfassend die offenen Fragen des Finanzrisikomanagements.

Nachholbedarf

Lösungsorientiert wendet sich der Autor mit konkreten Praxistipps an alle Praktiker im Finanz- und Rechnungswesen, im Controlling und in der Unternehmensüberwachung sowie an alle Entscheidungsträger eines Unternehmens.

„Es ist nicht unsere Aufgabe, die Zukunft vorauszusagen, sondern auf sie gut vorbereitet zu sein."

Perikles

Bestellen Sie bei Ihrem Buchhändler oder bei:
Verlag Vahlen, 80801 München · Fax: 089/38189-402
www.vahlen.de · E-Mail: bestellung@vahlen.de

Pilz
Erfolgreiche Anlagepraxis
Wie Sie von der Finanzmarktforschung
profitieren
Von Dr. Dr. Gerald Pilz, Kornwestheim
2005. XII, 222 Seiten. Kartoniert € 29,–
ISBN 3-8006-3110-5

Unterliegt die Börse gewissen Gesetzmäßigkeiten, die sich der Anleger zunutze machen kann? Oder sind die Börsenkurse vom Zufall abhängig? Ist es sinnvoller, Aktiencharts zu analysieren oder Bilanzen zu lesen? Und welche Strategien ergeben sich daraus?

Die Finanzmarktforschung hat in den letzten Jahrzehnten immer neue Ansätze entwickelt und kann heute als eines der dynamischsten Fachgebiete der Wirtschaftswissenschaften angesehen werden. Das Werk hilft dem Leser, die Ergebnisse dieser Entwicklung für sich zu nutzen.

Das Buch gibt einen Überblick über die Entwicklungen in der Finanzmarktforschung von der Modernen Portfolio- und Kapitalmarkttheorie bis zu Behavioral Finance. Es zeigt auf, welche Schlussfolgerungen für eine erfolgreiche Anlagepraxis gezogen werden können.

Endlich Schluss mit
π mal Daumen!

Bestellen Sie bei Ihrem Buchhändler oder bei:
Verlag Vahlen, 80801 München · Fax: 089/38189-402
www.vahlen.de · E-Mail: bestellung@vahlen.de

Ertl, Aktives Cashflow-Management

Liquiditätssicherung
durch wertorientierte
Unternehmensführung und
effiziente Innenfinanzierung
Von Dr. Manfred Ertl, München

**2004. XXI, 191 Seiten.
Kartoniert € 29,–**
ISBN 3-8006-3022-2

Cashflow und ...

Rentabilitätspotenziale stecken in jedem Unternehmen – müssen jedoch gehoben werden. Dies wird durch aktives Cashflow-Management umgesetzt. Als praxisnaher Leitfaden konzentriert sich der Inhalt auf die Schaffung der Voraussetzungen für ein erfolgreiches Cashflow-Management und formuliert daraus resultierend konkret zu ergreifende Aktivitäten. Detailliert werden Maßnahmen zur Erkennung von Liquiditätsproblemen sowie Instrumente der Liquiditätssicherung und Finanzierung behandelt. Im Mittelpunkt der Betrachtung stehen dabei die Instrumente der aus Unternehmenssicht kostengünstigen Innenfinanzierung.

... Management

Des Weiteren wird ausgiebig der Management-Ansatz der wertorientierten Unternehmensführung als Grundvoraussetzung für die Liquiditätssicherung vorgestellt sowie abschließend eine Vielzahl von Lösungs- und Verbesserungsvorschlägen unterbreitet, die alle sofort oder mit zeitlicher Verzögerung eine Verbesserung der eingangs erwähnten Ziele mit sich bringen.

Frank Richter
Mergers & Acquisitions
Investmentanalyse,
Finanzierung und
Prozessmanagement

Verlag Vahlen

Richter
Mergers & Acquisitions

Von Prof. Dr. Frank Richter, Universität Ulm
2005. XXVI, 251 Seiten. Gebunden € 48,–
ISBN 3-8006-3207-1

Eine neue Perspektive!

Der Autor distanziert sich von den bisher üblichen Vorgehensweisen bei M&A-Prozessen und stellt den Wert eines Unternehmens in neuer Perspektive dar.

„Frank Richter legt eine prinzipiengeleitete und didaktisch eindringliche Arbeit vor. Vergleichbarkeit und Verfügbarkeit der Alternativen, Additivität und ggf. Kongruenz sind die Folgerungen, die er aus den Postulaten der Vergleichbarkeit und Verfügbarkeit für eine theoriegeleitete Bewertung zieht. Dabei ist die Verschiebung der Gewichte der Fragestellung in Vergleich zum Mainstream-Denken beachtenswert."

Prof. Dr. Dr. h.c. Jochen Drukarczyk, Universität Regensburg

Der Unternehmenswert lässt sich in geringerem Maße als angenommen von den erwarteten Cashflows, die mit den Kapitalkosten auf den Entscheidungs-zeitpunkt abgezinst werden, herleiten. Vielmehr kann die Erfolgswahrscheinlichkeit im M&A-Management erhöht werden, wenn der Fokus der Preisbestimmung nicht ausschließlich auf den Kapitalwert gerichtet ist. Letztlich entscheidet die Frage, wie begehrenswert ein Unternehmen ist, über den Preis.

Von entscheidender Bedeutung ist in diesem Zusammenhang auch die Berücksichtigung von vergleichbaren Referenzobjekten und die Verfügbarkeit von entsprechenden Informationen darüber. Aus diesem Grund ist auch der Transaktionsprozess selbst für das vom Autor vorgestellte Bewertungskonzept von Bedeutung: Interessensgegensätze sowie unvollständige und ungleich verteilte Informationen bestimmen die M&A-Verhandlungen und damit die erzielbaren Preise eines Unternehmens.

Bestellen Sie bei Ihrem Buchhändler oder bei:
Verlag Vahlen, 80801 München · Fax: 089/38189-402
www.vahlen.de · E-Mail: bestellung@vahlen.de

Storck
Globale Drehscheibe
Euromarkt

Von Dr. Ekkehard Storck, Tegernsee
3. Auflage. 2005. XX, 539 Seiten.
Gebunden € 48,–
ISBN 3-8006-3095-8

Mehr als ein Erfahrungs-bericht ...

Dr. Ekkehard Storck hat die Entwicklung des Euromarktes maßgeblich mitgeprägt. Seine Erfahrungen und sein umfangreiches Know-how stellt er in diesem Werk pointiert und kenntnisreich dar.

Der Euromarkt ist der einzige Globalmarkt der Welt! Im Zeitalter des computergestützten round-the-clock-banking gehen die Größenordnungen der Geldvolumina vielfach ins Gigantische. Entsprechend groß sind Chancen und Risiken. Gegen Desaster schützen sich die Banken, die der Autor treffend als ruheloses Gewerbe beschreibt, durch das, was sie bislang alle Kriege, Krisen und Katastrophen hat überleben lassen: ihren Erfindungsgeist.

Das Buch ist eine umfassende Darstellung und Analyse der globalen Drehscheibe Euromarkt. Sie wird durch ein breites Glossarium, eine Marktchronologie, die Dokumentation der wichtigsten Umschul-dungsabkommen und einen Musterkreditvertrag abgerundet und enthält zahlreiche Schaubilder und Statistiken.

Bestellen Sie bei Ihrem Buchhändler oder bei:
Verlag Vahlen, 80801 München · Fax: 089/38189-402
www.vahlen.de · E-Mail: bestellung@vahlen.de